"管"用模型

超实用 50⁺
管理模型与实践

Managing by Models ....

50⁺ Practical Management
Tools and Practices

德衍睿通研究院 —— 编著

企业管理出版社
ENTERPRISE MANAGEMENT PUBLISHING HOUSE

图书在版编目（CIP）数据

"管"用模型：超实用50+管理模型与实践／德衍睿通研究院编著. －北京：企业管理出版社，2023.9

ISBN 978-7-5164-2885-6

Ⅰ.①把… Ⅱ.①德… Ⅲ.①企业管理－管理模式－研究　Ⅳ.①F272

中国国家版本馆CIP数据核字(2023)第160650号

书　　名：	"管"用模型：超实用50+管理模型与实践
书　　号：	ISBN 978-7-5164-2885-6
作　　者：	德衍睿通研究院
责任编辑：	蒋舒娟
出版发行：	企业管理出版社
经　　销：	新华书店
地　　址：	北京市海淀区紫竹院南路 17 号　　邮　　编：100048
网　　址：	http://www.emph.cn　　电子信箱：26814134@qq.com
电　　话：	编辑部（010）68701661　　发行部（010）68701816
印　　刷：	三河市荣展印务有限公司
版　　次：	2023 年 9 月第 1 版
印　　次：	2023 年 9 月第 1 次印刷
规　　格：	700 毫米 × 1000 毫米　　开　　本：1/16
印　　张：	18.25 印张
字　　数：	282 千字
定　　价：	78.00 元

版权所有　翻印必究　·　印装有误　负责调换

编 写 组

主　编：韩　昕

参编人员：王新伟　王　硕　李玮烨　冯婷婷　王　露
　　　　　　胡海涛　阎宏达　杜雨松　蒋绍越　张耀鑫
　　　　　　温　潇　刘立夫　靳士琦

编者序一

《"管"用模型：超实用50+管理模型与实践》是德衍睿通正式出版的第一个知识产品，定位在解读管理模型，传递应用方法。这些模型中有管理学上的经典，也有一些是德衍睿通在过往的咨询项目中沉淀下来的经验，谈不上经典，但是直接帮助企业解决过实际问题。经典模型的特点是抽象出来的，适用很多的管理场景，但是在实际应用过程中，需要跟企业具体的管理问题结合。经典模型不能给企业正确答案，但是可以帮助企业找到正确答案，它提供的是如何思考问题的框架。通过咨询项目沉淀出来的管理模型（从学术意义上来说，未必能被称为管理模型），是跟企业具体的管理场景结合的。例如，Dwise组织效能评估模型，就只能用在评估组织效能上，应用不到其他的管理场景中。因此，本书有三个特点。

第一，内容上本书各篇章之间的逻辑关系并不强。之所以这样设计，是因为我们认为企业的管理者每天都会遇到不同的问题，我们希望每遇到一个问题，管理者可以直接进入书中的某部分内容，无须从头开始查阅。完全可以把本书当成一本案头工具书，有时间就可以翻出来看看，只花10分钟就能看完一篇完整的内容。

第二，作者是一群人，也是本书的一个特点。读者将看到写作风格不同的作者帮助大家解读不同的管理模型。当然，每篇内容的作者都是严格筛选的，未必是行业里最厉害的，但一定是实实在在用过这个管理模型、应用效果得到客户认可的顾问。全书整体内容最终经过了德衍睿通研究院的重新编辑和整理。所以，从每篇文字中，读者都能感受到顾问的精神。

我认为这是一件挺有意义的事情。

第三，这是一本线上线下互动的书，是与德衍睿通的很多客户一起互动出来的书。选出来的51个管理模型，包含了德衍睿通公众号的这几年对于管理模型的一些期待、我们在项目中经常被问到的一些管理问题，以及最早的时候与客户一起做的管理模型。这些互动共同造就了这本《"管"用模型：超实用50+管理模型与实践》。

出版这样一个知识产品，想法其实由来已久。到真正付诸实践才发现，还是需要花费大量的心血。一方面我们研究了市面上大多数讲管理模型的书籍，借鉴它们好的地方，弥补它们的不足，以满足想象中的读者对这本书的期待；另一方面是大家解读模型的过程中，每篇篇幅都不长，需要更加精练，要少一些废话、多一些实用的内容，又怕少说一句，都不利于读者理解，反复推敲，诚惶诚恐。经过德衍睿通同事们一年多的一起努力，《"管"用模型：超实用50+管理模型与实践》终于面世，算是给关心我们的人提交了一份答卷，分数如何，还需要读者评判。我们非常期待读者的反馈和意见，以帮助我们继续进步。

王新伟
写于CA4166北京—贵阳的航班上
2023年3月27日

编者序二

本书是德衍睿通研究院成立后的第一本书，是德衍睿通2022年"把管理写进日子里"管理台历文章的合集。

德衍睿通在十几年管理咨询的过程中一直秉承传递管理理论的理念，通过管理理论、信息技术与企业实践的深度融合，用系统的方法解决具体管理问题。德衍睿通对行业的理解与洞察、对企业痛点的审视与把握、对方案的产出与实施辅导，无一不是源于对管理理论的传承和发展。

德衍睿通乐于向企业传递经典的管理理论，更乐于见证这些管理理论、工具模型在企业不同场景中因为高度共识、高频使用而带来管理效率的改善，甚至是企业收益的提升。但在管理咨询的过程中，我们越来越深刻、清晰地认识到，在借鉴西方管理理论的探索上，企业往往面临两种现实情况：一种是觉得这些管理模型、理论的场景与企业实际发展不符，解决不了当下企业的复杂情况；另一种是面临具体管理问题、管理场景时，企业对于能够解决该管理问题的理论工具知之甚少或者理解不一，需要我们在咨询过程中解读管理模型，统一认知。

2021年，德衍睿通在与某客户的合作中，编制了管理模型手册。该手册汇总了常见的33个高频管理模型与工具，简要介绍了模型的来源、应用场景及使用介绍。这本手册在其受训学员中广受好评，因着这些喜爱，也收集到一种新的声音——希望能对这些模型有更深入的解读和应用案例参考。这些建议，也更加坚定了德衍睿通的想法——推出一系列管理知识普及内容。2022年率先印制了"把管理写进日子里"的管理台历，我们从战略、组织、人力、流程、营销、项目管理等常见管理场景中筛选了53个管理理论与模型。德衍睿通研究院持续在公众号上为每周台历的管理模型发文解读，更详细地阐述该周管理模型的原理、应用场景。匹配每周的台历，读者能够深度了解一个管理模型的使用方法，更容易与实际工作结合。

在这几十个管理模型中，绝大多数是沿用已久的经典管理模型，如SWOT、波特五力、波士顿矩阵等。其实，介绍经典管理模型的图书屡见不鲜。本书重提这些模型，是要有所区别的。

一是管理理论和模型工具提供的是一个管理的思维，为某种场景下的难题提供一种解决思路，这种思路相对系统且逻辑通顺。这些理论所体现的思维，经历几十年的企业实践验证是普遍适用且行之有效的。因此，即使解决具体问题的理论和模型并不唯一，但是基于场景选择下的思维重构，在该特定场景下的模型选择需保持唯一性。比如，书中选择了PESTEL而不是PEST这个战略环境分析工具，是基于思维的全面性和适用性的考虑，借助模型以更为广阔的视角去洞察环境的变化。但最终用哪个模型的哪些维度去分析具体问题所处的环境，还需要读者从需求出发，从问题出发。

二是管理理论和模型工具的本质还是作为管理沟通工具、模型结构化的表达方式更利于统一思想。不管用何种理论，都是为了能够实现企业上下层的管理贯通和横向的业务协同。只有实现从上到下的管理理解一致性，从顶层战略到个人的日常任务才具有执行力。在这种理念下，理论和工具便不再是企业管理者的层级管控工具，而是协同、赋能的沟通工具，使不同角色的人员用同一种模式进行思考和相互理解，并基于达成的共识去开展工作、创造价值。在咨询过程中，经常会有管理者因为追求新的管理理论而摒弃某个管理理论下长期构建而成的管理方式。若如此理解，沟通工具又何来过时一说呢？所以，并不是BSC、KPI过时了，就要紧跟潮流用OKR，这些都不过是将战略目标拆分到工作任务的不同方式。管理者需要选择的是，哪种绩效的沟通方式更适于企业业务间的全员理解和业绩达成，更重要的一点是，哪种方式能使员工在接受任务的过程中乐于持续产生价值贡献。

三是管理理论的使用是分层次和目的性的，一套理论或一个模型并不能解决管理体系上的问题，也不能解决全部的管理问题。某些理论工具可能更适用于基层管理者，某些工具更适用于特定业务领域。所以，当不同发展时期的客户在面对各自不同的复杂管理问题时，单一的管理理论和模型工具不足以给出思维建议，或者现有的管理理论中暂无解决该类复杂问题的理论原型。德衍睿通沿用模型的思维，综合跨业务领域的传统理论工具，设计众多适用于复杂管理场景的Dwise管理模型系列。例如：Dwise组织效能评估模型用来评估组织效能水平，识别组织问题；Dwise员工编制总量的预估模型中，用多重的指标设计和数据验证来预测企业编制总量。

以上也是我们将管理模型的解读文章进行合集出版的初心。企业会面临更多新的管理实践和问题，在通过管理改善来支撑转型升级、数字化变革的进程中，亦难有普适的一致性理论，需要利用某些管理理论结合企业实践进行"共创"，来解决新环境、新模式、新需求所引发的各类管理难题。德衍睿通将一如既往地参与这些"共创"的过程，助力企业将管理理念、管理创新更好地应用于企业实践和发展。我们愿以此书作为这些探索结果的记录。

韩昕
写于本书定稿日
2023年3月19日

目录

战略篇

1. PESTEL分析模型 2
2. 波特五力模型 6
3. SWOT分析 10
4. GE矩阵 16
5. 波士顿矩阵 24
6. 平衡计分卡 31
7. 战略管理五看三定模型 38
8. BLM业务领先模型 43
9. 波特价值链分析模型 49
10. 商业模式画布 56

组织篇

11. 组织结构设计 64

12	组织协调五大机制	67
13	麦肯锡7S模型	71
14	Dwise组织效能评估模型	76

人力资源篇

15	Dwise人力资源价值提升模型	82
16	人力资源战略规划流程	86
17	Dwise基于人力资源与流程的管理HRPMF模型	91
18	Dwise员工编制总量预估模型	95
19	基于流程的岗位编制评估模型	100
20	基于流程的岗位价值评估	104
21	Dwise岗位工作手册框架模型	108
22	薪酬设计的三个公平	115
23	薪酬结构的付薪原则	119
24	职级体系设计四步法	123
25	盖洛普Q12测评法	126

26	海氏工作评价系统	132
27	冰山模型	138
28	洋葱模型	142

流程篇

29	流程的价值	150
30	端到端流程设计	153
31	流程设计三要素	158
32	流程优化考虑的三个方向	161
33	流程体系	164
34	APQC航空航天与防务行业流程分类框架PCF	171
35	基于业务场景差异化的流程审批设计	176
36	ESIA流程优化法	180
37	PACE产品开发系统结构	185

营销篇

38 销售漏斗模型 — 192

39 安索夫矩阵 — 197

40 客户需求分析工具$APPEALS模型 — 201

供应链管理和项目管理篇

41 SCOR供应链运作参考模型 — 210

42 PRINCE 2受控环境下的项目管理 — 216

43 PRINCE 2流程 — 223

44 RACI责任矩阵 — 229

45 CMMI能力成熟度模型 — 234

46 IPMA卓越项目基准模型 — 239

47 质量屋 — 244

思维工具篇

48 5W2H分析法 — 254

49 工作清单 — 260

50 金字塔原理——自上而下的思维表达方式 — 265

51 马斯洛需求层次理论 — 268

附录

战略篇

PESTEL分析模型

1. PESTEL分析模型介绍

PESTEL分析模型[1]是开展宏观环境分析的工具，包括六大因素。

P-政治因素（Political）：对组织经营活动具有实际与潜在影响的政治力量和有关的政策、法律法规。

E-经济因素（Economic）：经济结构、产业布局、资源状况、经济发展水平及未来的经济走势。

S-社会因素（Social）：组织所在社会中成员的历史发展、文化传统、价值观念、教育水平及风俗习惯。

T-技术因素（Technological）：引起革命性变化的发明，包括新技术、新工艺、新材料的出现和发展趋势及应用前景。

E-环境因素（Environmental）：组织的活动、产品或服务中能与环境发生相互作用的要素。

L-法律因素（Legal）：组织外部的法律法规、司法状况和公民法律意识所组成的综合系统。

PESTEL分析模型如图1所示。

---

[1] Agarwal, F. The PESTEL model for macro-environmental analysis [J]. Strategic Management Journal, 1967, 8(2), 153-160.

图1 PESTEL分析模型中各因素说明：

- **P-政治因素（Political）**：对组织经营活动具有实际与潜在影响的政治力量和有关的政策、法律法规
- **E-经济因素（Economic）**：经济结构、产业布局、资源状况、经济发展水平及未来的经济走势
- **S-社会因素（Social）**：组织所在社会中成员的历史发展、文化传统、价值观念、教育水平及风俗习惯
- **T-技术因素（Technological）**：引起革命性变化的发明，包括新技术、新工艺、新材料的出现和发展趋势及应用前景
- **E-环境因素（Environmental）**：组织的活动、产品或服务中能与环境发生相互作用的要素
- **L-法律因素（Legal）**：组织外部的法律法规、司法状况和公民法律意识所组成的综合系统

图1　PESTEL分析模型

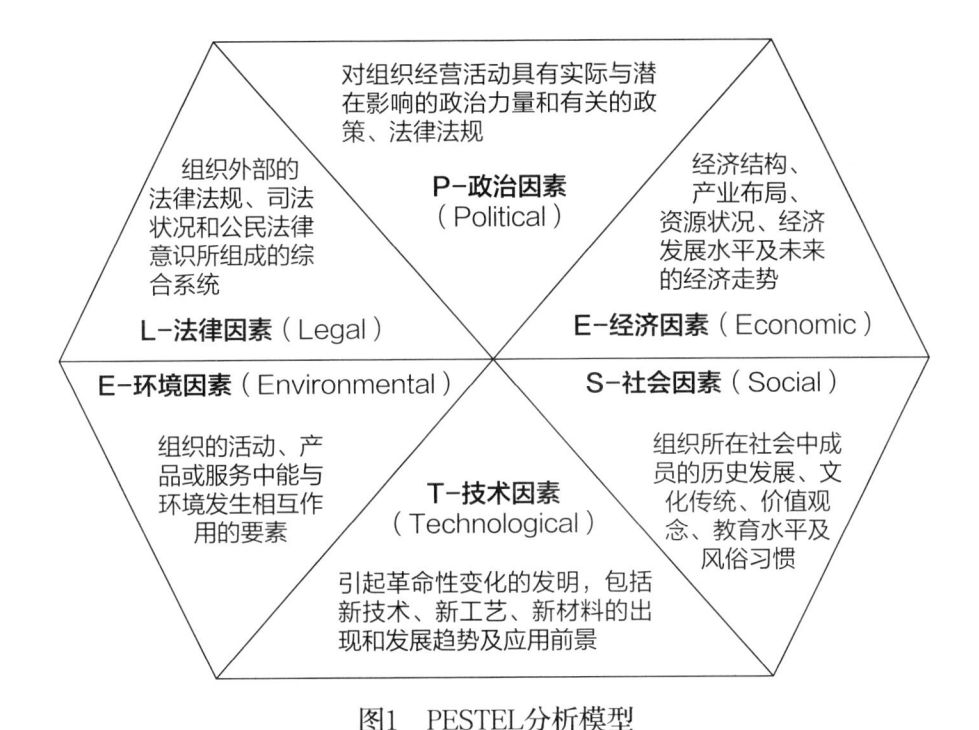

2. PESTEL分析模型的分析前提

在分析过程中企业只需要考虑那些对业务真正有意义的因素，而不是很泛泛的描述。辨别对业务真有意义的因素，首先需要解决三个方面的问题。

（1）定位是什么

定位不清晰，企业分析时会发现很多因素跟其有关系，但是感觉关系又没有那么直接。例如，一家为铁路旅客送餐的公司，每年20多亿人的铁路旅客发运量跟公司关系并不大，与公司业务关系大的是在饭点路过公司能服务的站点的客运量，以及中国国家铁路集团有限公司会不会自己推出送餐业务。分析时分析者要抓住与业务直接相关的环境因素。

洞察市场之前，企业要先做价值链分析来明确定位。

（2）业务模式或收入结构是什么

分析前，分析者要明确自身的业务模式或者收入结构。公司是产品型公司还是项目型公司？收入的主要来源是销售产品，还是提供服务？是增量市场重要，还是

存量市场重要？哪些因素会影响市场的增量？哪些因素会影响存量市场的格局？

明确业务模式或收入结构，才能通过不断的细分，找出真正影响公司业务的因素。

（3）过去哪些因素产生过影响

分析过去的目的是展望未来。"历史总是惊人的相似"，分析过去哪些因素影响过公司所处的行业，怎么影响的，造成了多大的影响。并在此基础上展望哪些因素会对未来产生影响，发生这种事情的可能性有多大，以及会造成哪些影响。

3. PESTEL分析模型的分析步骤

PESTEL分析模型常用于公司战略规划、市场规划、产品规划、商业模式设计等需要分析外部环境的场景。通过环境分析，了解、摸清外部情况，更重要的是基于环境分析评估环境对自身的影响。环境分析不是一次性的，外部环境是不断变化的，因此环境分析需要持续开展，如每半年进行市场分析时需要分析外部环境。

在实际应用中，PESTEL分析可以按照以下步骤开展。

（1）因素拆分

对于不同的分析场景、所处行业、细分市场，因素涉及的内容不同。因此分析某一因素时，找到与行业相关的事项，如经济因素中与航电行业相关的可能包括国际贸易情况、国防预算等；按照拆分后的事项收集资料，描述内容。

需要注意的是，对技术的分析，很多时候会走向两个极端：一个极端是觉得很多的技术变革都跟公司业务有关系；另一个极端是觉得公司所处的技术领域是特殊的技术领域，很多技术变革跟公司关系不大。要解决这个问题，可以从两个角度入手：一是列举公司目前使用的技术，要逐级拆分至基础/通用技术，并以此为基础进行深入分析；二是研究相关行业正在被哪些技术变革影响。

另外，在某些特殊行业，如军工，某些领域的封锁或者禁运需要在进行宏观分析的时候被识别并列出，后续进行业务设计、细分市场选择，乃至制订市场计划时，这都是很重要的假设。

（2）影响分析

PESTEL分析模型的目的是帮助分析者明确外部环境对自身的影响，因此，分析不能仅局限于资料的收集、分类、描述，还需要分析影响。要按照拆分因素分析每个事项对自身的影响，除了填写已经产生的影响外，还应站在整个行业的角度进行思考，分析潜在影响，开拓思维大胆假设未来发展的信号。

（3）机会和威胁分析

在环境的影响下，机会和威胁都是存在的。

存在的机会：针对自身业务发展，此影响因素可能带来的机会，即有没有一种趋势或一个事件，如果对此做出战略响应，就能够带来竞争地位上的积极转变。

存在的威胁：针对自身业务发展，此影响因素可能带来的威胁，即一种趋势或一个事件，如果不对此做出战略响应，就会给竞争地位带来消极影响。

波特五力模型

1. 五力模型介绍

五力模型[1]是由迈克尔·波特提出，用于竞争战略的分析。

波特认为行业中存在着决定竞争规模和程度的五种力量，这五种力量综合起来影响着产业的吸引力及现有企业的竞争战略决策。

五种力量分别为同行业内现有竞争者的竞争能力、潜在进入者的进入能力、替代品的替代能力、供应商的讨价还价能力、购买者的讨价还价能力。五种力量的不同组合变化将最终影响行业利润的潜力变化。五力模型可用于有效分析竞争情况、制定竞争战略、预估投资期望、分析能力及明确战略方向等。企业通过对行业中竞争特点的分析，决定自己要采取的竞争策略。

波特五力模型如图1所示。

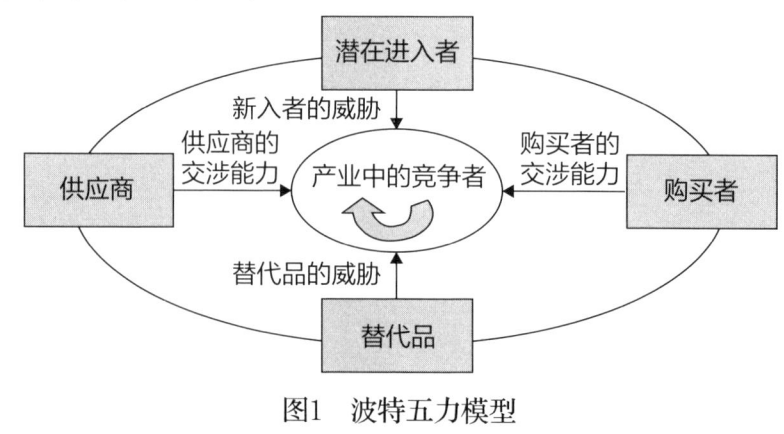

图1 波特五力模型

---

[1] 迈克尔·波特.竞争战略[M].陈丽芳,译.北京：中信出版社，2014.

2. 量化分析五力模型

在实际分析过程中，对每一种力量的描述，都应该细化到更小的维度，而且要尽可能地对每个维度进行描述，给予量化(见表1)。五力量化分析结果示意如图2所示。

表1　量化分析五力模型

五力	细分维度	重要维度
竞争者	• 行业增长 • 固定（或不变）成本／附加价值 • 间歇的产能过剩 • 产品差别 • 品牌的认同 • 转移成本 • 集中度和均衡 • 信息的复杂性 • 竞争者的多样性 • 公司利益 • 退出障碍	• 行业增长 • 集中度和均衡 • 利润率变化 • 品牌认同
潜在进入者	• 规模经济 • 产品差异性 • 品牌的认同 • 转移成本 • 资本需求 • 销售渠道 • 绝对成本优势 　√ 独有的学习曲线 　√ 必要的进货渠道 　√ 独有的低成本产品设计 • 政府政策 • 可能引起的报复	• 规模经济 • 绝对成本优势 • 资本需求 • 销售渠道
替代品	• 替代品的价格影响 • 转移成本 • 客户对替代品的倾向 • 政策或法律的限制	• 客户对替代品的倾向 　√ 替代品的价格 　√ 产品体验 　√ 替代成本
供应商	• 进货差别 • 转移成本 • 替代货源的出现 • 供应商的集中度	• 供应商的集中度 • 采购量对供应商的重要性 • 行业内公司的前向和后向整合的威胁

续表

五力	细分维度	重要维度
供应商	• 采购量对供应商的重要性 • 行业内与整体采购有关的成本 • 进货成本或差别的影响 • 行业内公司的前向和后向整合的威胁	
购买者	• 客户集中度 • 客户购买量 • 转移成本 • 客户信息 • 客户后向整合的能力 • 替代产品 • 价格敏感度 • 产品差别 • 品牌的认同 • 客户内部决策者的动机	• 客户集中度 • 客户购买量 • 客户后向整合的能力 • 价格敏感度

购买者
谈判能力高
采购比例低

供应商
技术型谈判力高
基础类话语权低
替代性低

竞争者
有资源优势
产品差异小
已拓展市场

与各方角力分析

替代者
自主知识产权
产品上市
易融资

潜在进入者
其他领域
技术切入

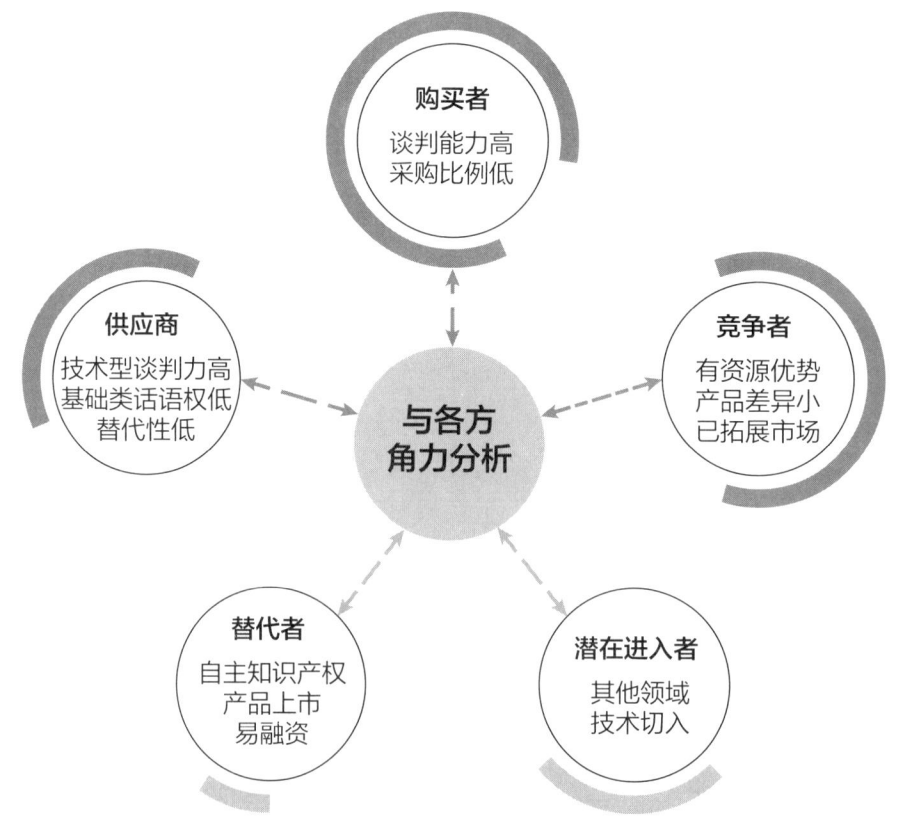

图2 五力量化分析结果示意

3. 五力模型分析难点

除了对这些维度进行细分之外，进行波特五力模型分析的时候，分析者往往还会面临两方面难点。一是不能完全掌握整个行业的信息。信息的不完整往往影响其对整个行业态势的判断。二是五力模型研究的对象是行业，行业不像企业，可以选择某一个标杆作为参照物，行业的发展很难有参照物可以选。因此，分析者很难基于分析提出具有针对性的解决方案。

具体开展咨询项目时，为了解决以上两方面的难点，波特五力模型的分析往往需要结合行业发展的周期规律（科尔尼公司的行业整合生命周期），以及企业所在行业当前的发展阶段来做整体把握。

在解决信息不完整的难点时，分析者通过分析该行业内几家有代表性的公司，"窥"得行业的全貌。例如：通过分析公司的预收款占比，可以看出公司对渠道的话语权；分析公司的应收款占比，可以看出公司与客户之间的话语权；分析公司的应付款情况，可以看出公司对供应商的话语权。

"如果你不能评估，你就不能管理，你就不能改进"，不一定必须做到都量化，而是要尽可能地做到可衡量。

3 SWOT分析

1. SWOT分析介绍

SWOT分析[1]是对企业内外部条件各方面内容进行综合概括的工具，分析组织的优劣势、面临的机会和威胁的一种方法。通过匹配分析各种因素得出带有决策性的结论。

SWOT分析可用于自身实力分析、竞争对手情况分析和发展战略制定，帮助企业把资源和行动聚集在自己的强项和有最多机会的地方。SWOT分析模型如表1所示。

表1 SWOT分析模型

外部环境	内部因素	
	优势 Strengths 了解公司的优势	劣势 Weaknesses 了解公司的劣势
机会 Opportunities	SO	WO
掌握外部环境的机会因素	利用优势的外部环境机会的应用战略方案 （最大限度地发展）	存有劣势的外部环境机会的应用战略方案 （利用机会、回避弱点）
威胁 Threats	ST	WT
掌握外部环境的威胁因素	利用优势的外部环境风险的对应战略方案 （利用优势、减轻威胁）	存有劣势的外部环境威胁的对应战略方案 （收缩、合并）

---

[1] 约翰逊，斯科尔斯.战略管理[M].王军，等译.6版.北京：人民邮电出版社，2004.

2. SWOT分析矩阵

SWOT分析是一种态势分析，也是一种战略性的规划方法。SWOT从外部因素和内部因素两个维度收集信息、分析信息，是了解自己、掌握市场环境、认识竞争对手的过程，最后依据SWOT分析结论找出制胜关键，制定相应策略。

S优势（Strengths），是指自身在市场竞争中的比较优势、特有强项，是可以控制的力量。

W劣势（Weaknesses），是指自身在市场竞争中的劣势、弱点，是削弱自身力量的因素。

O机会（Opportunities），是指外部环境变化带来的成长机遇，是外部因素。

T威胁（Threats），是指外部环境带来的挑战和风险，是不确定性的、无法掌控的外部因素。

优势、劣势着重反映自身、内部状态的强弱，机会、威胁分析体现的是外部环境的状态。

SWOT分析矩阵如图1所示。

SWOT		
内部因素	Strengths 优势	Weaknesses 劣势
外部因素	Opportunities 机会	Threats 威胁

图1　SWOT分析矩阵

3. SWOT分析方法

SWOT分析简单易用，分析得透彻、清晰又全面，但有时较难执行。其实，

SWOT分析并不仅是按照四个维度的内容简单罗列，还需要在一定的分析前提下，按照分析步骤，进行内容和分析结论的匹配。

SWOT分析有三个前提。

一是明确分析目的和市场领域。同一个技术在某个市场上的劣势可能是另一个市场上的优势。只有确定了SWOT分析的目的、目标市场，才能明确分析和比较的对象——与哪些竞争对手比较自身的优劣势，市场环境中存在哪些机会和威胁。

二是诚实面对分析。SWOT分析是为了深入了解自身情况，如不能坦然面对自身的弱点和危机，任何高估或是将理想状态作为现实情况都难以得出准确的分析结论。

三是定期进行。SWOT分析不是一次性工作，需要定期开展。一般每半年到一年，内外部环境会发生变化，SWOT分析的结果需要相应调整，所以至少每年需要进行一次SWOT分析。

4. SWOT分析应用三大步骤

（1）SWOT的内外部四维度分析

1）优劣势分析（SW）

客观地识别优势和劣势，是为了利用优势，改善或接受劣势。优劣势分析是针对自身实力进行的分析，是与外部竞争对手对比后得出的分析。优劣势分析体现的是企业在某一领域、某一市场的竞争力。企业竞争力体现在多个方面，分析者可以运用波特价值链、$APPEALS等成熟的工具分析企业竞争力，也可以根据SWOT的应用场景进行调整。

常用的优劣势分析维度包括：资源，主要涉及资金、场地、外部关系等；技术，主要指技术的先进性、创新性、技术保护、研发创新能力等；产品，站在产品潜在消费者的角度，包括产品价格、质量、功能性能、售后服务等；市场，主要是渠道管理、销售网络、自身在价值链/产业链的影响力等；管理，主要是自身的管理水平、组织能力、中后台服务支持等方面。

优势和劣势分析如表2所示。

要想保持竞争力，需要强化优势，减少劣势带来的伤害或影响，必要时采取后续措施，让某些劣势消失。

表2 优势和劣势分析

优劣势分析维度	优势	劣势
产品质量		
产品价格		
成本		
渠道/销售网络		
销售促进		
人员素质		
管理水平		
研发能力		
规模/资金		
增值服务		
关系建立		
其他		

2）机会威胁分析（OT）

机会威胁分析是针对外部环境因素开展的评估分析。外部环境不是静止不变的，因此，机会威胁分析也不是只针对已存在环境的分析，还包括对未来环境可能出现的变化所进行的机会预测分析。

开展机会威胁分析前，分析者应广泛地收集市场环境信息，对外部的宏观环境、行业环境以及中观的竞争环境中的信息进行整理，得出对自身影响显著的外部环境的机会和威胁。分析者可以使用常见的PEST、PESTEL分析模型、波特五力模型等工具，确定对企业利好的机会因素，以及削弱竞争力、不利发展的威胁因素。

机会和威胁分析如表3所示。

表3 机会和威胁分析

分析维度	机会	威胁
××政策发布	政策利好	
××禁运		核心部件供应短缺
××投资	市场规模增加	
××技术突破	需求增加	
……		

从外部环境分析来看，充分评价每个可能带来成长和利润的机会的同时，政治、经济、社会环境、技术壁垒、竞争对手等都是可能对企业目前或未来造成威胁的因素，分析者需要一一识别。威胁的不确定性需要用确定性的方式应对，预先防范突发事件或者风险，以减轻伤害或者降低损失，避免经营风险。

（2）构建SWOT矩阵，进行因素排序

首先，结合内外部分析，将与SWOT四个维度相关的信息进行罗列，汇总各维度的分析要点。

其次，按照一定的原则排序构建SWOT矩阵。区分SWOT分析的各个分析点的轻重缓急，并有序呈现在二维四象限的SWOT矩阵中。分析者可以依据分析目的确定排序标准，如按照"重要—紧急""成本—时间""影响力—执行力""竞争力—吸引力"等诉求的程度进行排序。力求前置对企业发展有直接的、重要的、迫切的、持续的影响因素，将间接的、次要的、少量的、短期的影响因素后置。

需要注意的是，列举的分析条目可以多，但是排序时需要提炼表述、精简内容，使SWOT矩阵的每个象限保留3—5点。这样既容易统一认识，便于制定后续的SWOT策略，也使SWOT分析聚焦。

（3）制定SWOT应对策略

在完成自身竞争力的优劣势分析、外部环境吸引力的机会威胁分析和SWOT矩阵排序后，分析者需要通过两两组合的方式制定SWOT分析策略，即利用优势抓住机会、利用优势减少威胁、利用机会改进弱点、消除劣势和威胁。

1）SO——利用优势抓住机会

利用机会的进攻策略。面对外部环境带来的市场机会，分析者根据自身优势明确三点：一是要针对哪些机会进行资源投入，强化优势；二是如何利用机会，将机会最大化，推动未来的发展；三是考虑是否有必要努力克服某些弱点，将弱势转变为优势。

2）ST——利用优势减少威胁

减少威胁的缓冲策略。面对外部环境带来的威胁和风险，分析者需要根据自身优势扬长避短，制定积极措施。针对识别到的风险点，结合自身能力和资源，制订风险应对计划，以规避或减少未来可能存在的威胁。

3）WO——改进弱点抓住机会

利用外部机会弥补内部弱势的改善策略。为了更好地抓住市场机会，分析者需要审视自身的劣势，制订相应的短板改进计划，避免因弱点而错失机会。通常企业可以通过合作、并购的方式弥补劣势，顺应行业发展，为机会到来做好铺垫。

4）WT——消除劣势和威胁

减少内部弱点的同时避免外部环境威胁的防御策略。应对市场威胁的过程中，自身劣势可能使风险带来的不利结果更加严重，因此需要制订改进计划，尽可能地消除劣势。在内外部环境持续不利的情况下，企业应保持警惕，避免损失最大化。

5. SWOT分析应用场景

SWOT的应用场景极其广泛。大到公司小到个人，都可以运用SWOT分析模型对内外部各方面进行综合分析，并据此制定应对措施。SWOT分析常见的应用场景包括但不限于战略规划、产业布局、业务选择、市场策略制定、产品策划制定、组织分析、个人发展计划等。

4 GE矩阵

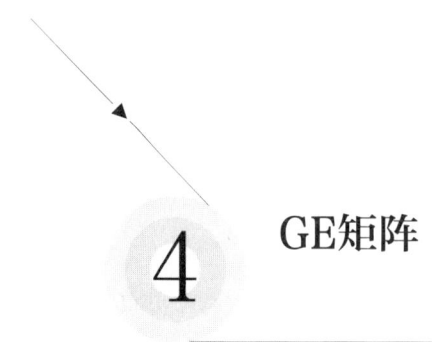

1. GE矩阵介绍

GE矩阵又称通用电气公司法、麦肯锡矩阵、九盒矩阵法、行业吸引力矩阵。它是美国通用电气公司（GE）在波士顿矩阵的基础上开发的新的投资组合分析方法。GE矩阵比波士顿矩阵更复杂，分析也更准确。GE矩阵包含了更多可考量、可自定义的因素，而不只聚焦于波士顿矩阵中固定的市场增长率和占有率两个因素。

GE矩阵可用于战略规划中，确定业务/产品的发展定位，明确差异化发展策略，比较多种业务情况，判断公司业务及产品组合的强项和弱点。

GE矩阵从业务/产品的市场吸引力和市场竞争力两个维度评估现有业务/产品。每个维度分为高、中、低三级，九个格表示两个维度不同级别的组合。两个维度上可以根据不同情况确定评价指标及影响。

市场吸引力，是企业进行市场比较和选择的价值标准，也称为行业价值，是不确定性的外部影响因素。

市场吸引力主要是企业从行业和市场等外部环境角度对市场进行评价描述，包括市场情况、竞争参与者情况、产品情况、客户情况等，以此判断市场吸引力的大小。不同场景下的市场吸引力可以根据业务情况设定不同细分因素，如与市场情况相关的市场规模容量、市场增长率、市场成长性等因素，与产品及竞争相关的如行业竞争结构、进入壁垒、行业盈利能力等因素，与客户情况相关的如价格敏感度、品牌忠诚度等因素。

市场竞争力，即业务（或产品）自身实力，取决于企业内部的各项可控因素。

市场竞争力是根据企业和行业的总体情况，通过行业关键成功要素分析（KDFS）描述企业与细分市场上竞争对手的相对实力，包括市场占有率、制造和影响能力、技术研究与开发能力、业务模式、财力、质量和管理能力等因素。

GE矩阵如图1所示。

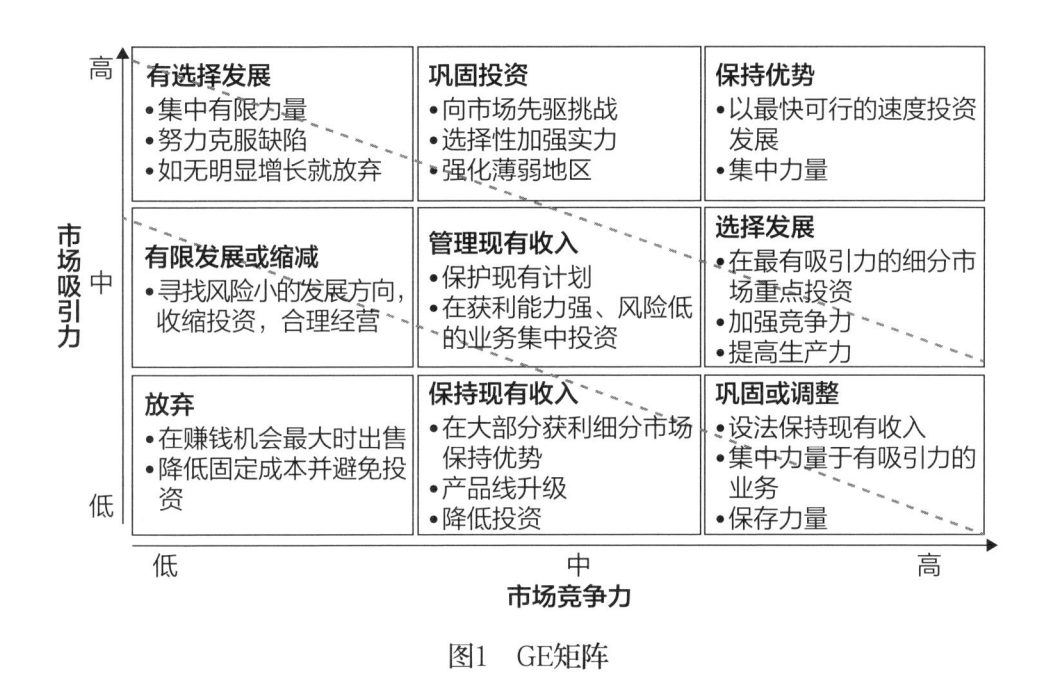

市场吸引力	低	中	高
高	**有选择发展** • 集中有限力量 • 努力克服缺陷 • 如无明显增长就放弃	**巩固投资** • 向市场先驱挑战 • 选择性加强实力 • 强化薄弱地区	**保持优势** • 以最快可行的速度投资发展 • 集中力量
中	**有限发展或缩减** • 寻找风险小的发展方向，收缩投资，合理经营	**管理现有收入** • 保护现有计划 • 在获利能力强、风险低的业务集中投资	**选择发展** • 在最有吸引力的细分市场重点投资 • 加强竞争力 • 提高生产力
低	**放弃** • 在赚钱机会最大时出售 • 降低固定成本并避免投资	**保持现有收入** • 在大部分获利细分市场保持优势 • 产品线升级 • 降低投资	**巩固或调整** • 设法保持现有收入 • 集中力量于有吸引力的业务 • 保存力量

市场竞争力

图1　GE矩阵

2. GE矩阵评估的五步法

使用GE矩阵评估，确定市场吸引力和市场竞争力两个维度上的具体评价因素，量化评估每个因素在GE矩阵中的位置，体现企业的业务/产品在市场中的具体情况，并据此制定差异化业务战略以指导业务的开展。因此，GE矩阵的评估可以分为五个步骤。

（1）确定GE评估对象并进行市场研究

首先，企业需要确定针对哪些业务或产品开展GE评估，确保多个评估对象的层次一致性。GE矩阵用于产业投资时，GE评估对象为该企业的不同产业板块；用于业务选择时，GE评估对象为该企业的多个业务；用于产品定位时，GE评估对象为具体多个不同产品。切记：在同一个GE矩阵评估中，不要同时对产业板块、业务和具体产品进行评估。

其次，针对进行GE评估的业务或产品进行内外部环境分析。通过内外部市场洞察，掌握不同业务或产品的市场、竞争等不同方面的具体情况，用于后续的指标设定和量化标准的描述。与GE矩阵相关的市场洞察研究越翔实、充分，评估结果越客观、准确。

GE矩阵与市场洞察、战略规划关系示意如图2所示。

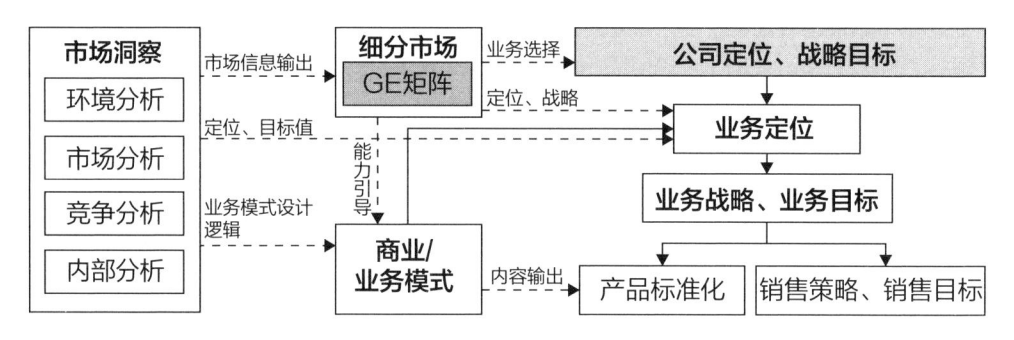

图2　GE矩阵与市场洞察、战略规划关系示意

（2）确定评估细分指标

市场吸引力和市场竞争力的评价指标没有通用标准，一般围绕GE矩阵评估的目的，结合企业所处的行业特点和企业发展阶段、行业竞争状况进行细分指标的确定。

从总体上讲，市场吸引力主要由行业的发展潜力、盈利能力、竞争程度决定，市场竞争力主要由企业的业务模式、盈利能力、技术实力、财务及人力资源等决定。GE矩阵细分指标如表1所示。

表1　GE矩阵细分指标

影响市场吸引力的典型性外部因素	影响市场竞争力的典型性内部因素
市场规模	业务/产品自身资产与实力
市场成长率	品牌
市场收益率	市场份额
竞争强度	利润率
投资风险	成本结构

续表

影响市场吸引力的典型性外部因素	影响市场竞争力的典型性内部因素
进入壁垒障碍	产品/服务质量水平
产品/服务差异化机会	产品生产能力
产品/服务需求变动性	技术研发与创新能力
技术发展	分销渠道结构
市场分销渠道结构	融资能力
定价趋势	管理能力
……	……

由于内外部环境因素众多,可以运用头脑风暴法来识别哪些是关键影响因素,在统一指标的基础上评价企业业务/产品的市场吸引力和市场竞争力的情况。

(3)设计指标的评估标准与权重

确定市场吸引力和市场竞争力的细分评价指标后,对每个指标进行评价标准的详细描述,设定各个指标的权重。

1)设计指标评价标准

每个评价指标要尽量定量化、数据化。例如,结合外部市场研究,预估"十四五"工业软件领域市场规模约为4000亿元,可设定研发类细分软件领域的"市场规模"指标评价标准为:<100亿元为1分,100亿—500亿元为2分,500亿—1000亿元为3分,1000亿—1500亿元为4分,>1500亿元为5分,规模越大分值越高。

难以量化的指标可以划分量级进行定性评估,对每个量级的分值统一规定。例如,依据机械制造技术水平或资质,某精密仪器制造企业的"技术水平"指标设定评价标准为:国内低端为1分,国内中端为3分,国内高端为5分。技术水平越高,分值越大。量级划分可以减少评估者的主观影响,将其评估结果限定在相对固定的范围内。

2)设定指标评价权重

分别对市场吸引力和市场竞争力两个维度的细分指标设定指标权重。权重可体现各个细分指标对吸引力或竞争力的影响程度。

业务不同,每个评价指标的权重可以不同。由于每项业务单元所处的生命周期、业务特点不同,企业关注每项业务的侧重点也不同,评价指标权重可以根据每项业务的特点确定。比如，对于成长型业务，企业可能更关GE矩阵中该业务的增长潜力和发展速度；对于成熟型业务，企业可能更关注市场总量和盈利能力。但是，不同业务/产品设置差异权重的方式会增加GE评估的复杂度。一方面，对市场地位、业务发展阶段和自身特点的各种信息的掌握程度要求较高；另一方面，这些业务需要企业对自身情况了如指掌，需要对每项业务/产品在企业发展中的战略定位和发展方向有明确的说明。而这些在企业管理运营中往往并不是很清晰，达成差异化权重设置的共识过程也会影响GE评估的进度。

市场吸引力评估如表2所示。

表2 市场吸引力评估

业务	指标							
	市场增长率	市场规模	收益率	竞争对手强弱	技术壁垒	人才可获得性	……	加权总分
评分标准								
权重								
业务A								
业务B								
业务C								
……								

（4）评估打分与GE矩阵分布

根据上述指标评估要求，评价人可对几项业务/产品的市场吸引力和竞争力进行评估和打分。评价人由具有不同视角、不同工作经验的相关人员担任，包括企业领导、中层干部、内部专家及员工。各位评价人基于内外部市场洞察结果和自身对行业、业务应用场景和产品功能、公司发展的了解、判断，给予评价。

在同一评价指标下对各项业务/产品进行打分，体现了业务/产品之间在同一评价指标下的可比较性，并得到相对分数。对评分进行加权求和后，得出每项业务/产品的市场吸引力和市场竞争力的最终得分。

根据每项业务/产品在市场吸引力和市场竞争力两个维度的得分，将每项业务/产品的战略业务单位标在GE矩阵上。

GE矩阵评估示意如图3所示。

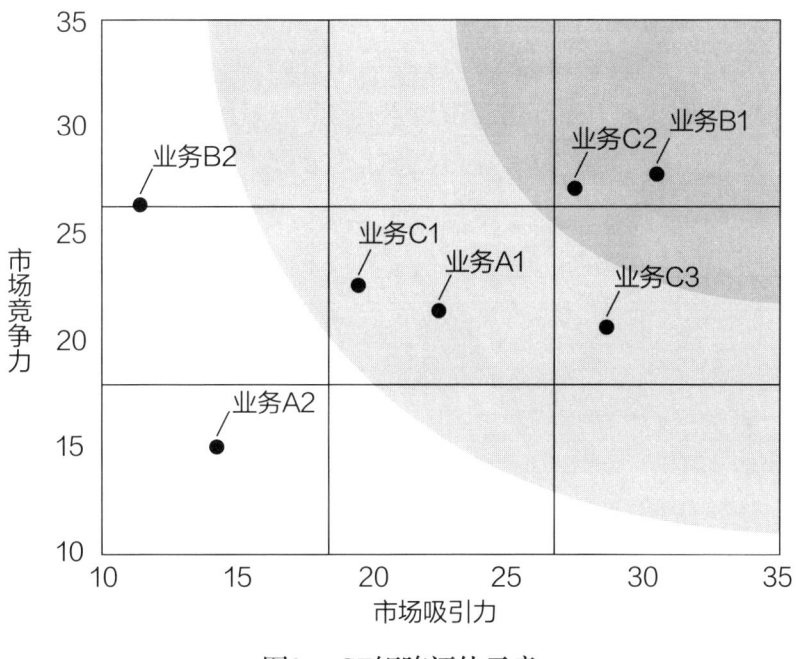

图3　GE矩阵评估示意

（5）结合GE矩阵结果制定策略

GE矩阵对二维九宫格内的不同维度均有相应的建议性策略：

・高市场吸引力、高市场竞争力类业务/产品，作为重点业务采取增长与发展战略，优先分配资源；

・较高市场竞争力和吸引力类业务/产品，作为基础业务采取维持或有选择发展的战略，调整发展方式，保护规模；

・较低市场竞争力和市场吸引力的收缩业务，采取停止、转移或撤退战略。

GE矩阵策略如图4所示。

企业需要结合GE矩阵评估结果，根据每项业务/产品在GE矩阵上位置的对应战略建议，对各项业务/产品的发展战略进一步说明和确认，作为各项业务/产品制定战略与实施策略的指导。

	低	中	高		

高	**有选择发展**
	・集中有限力量
	・努力克服缺陷
	・如无明显增长就放弃
		巩固投资
		・向市场先驱挑战
		・选择性加强实力
		・强化薄弱地区
			保持优势
			・以最快可行的速度投资发展
			・集中力量
				重点业务	・发展战略支持的重点，优势扩张
					・发展与维持
					  ▷取决于公司经营实力的提高
					  ▷取决于行业是否更具吸引性

中	**有限发展或缩减**
	・寻找风险小的发展方向，收缩投资，合理经营
		管理现有收入
		・保护现有计划
		・在获利能力强、风险低的业务集中投资
			选择发展
			・在最有吸引力的细分市场重点投资
			・加强竞争力
			・提高生产力
				基础业务	・维持战略的对象
					  ▷注重业务拓展能力的提高
					  ▷注重成本控制

低	**放弃**
	・在赚钱机会最大时出售
	・降低固定成本并避免投资
		保持现有收入
		・在大部分获利细分市场保持优势
		・产品线升级
		・降低投资
			巩固或调整
			・设法保持现有收入
			・集中力量于有吸引力的业务
			・保存力量
				收缩业务	・收缩战略的对象
					  ▷强调市场的利用
					  ▷强调成本的控制
					・放弃、转让、清算

市场吸引力（纵轴）　市场竞争力（横轴）

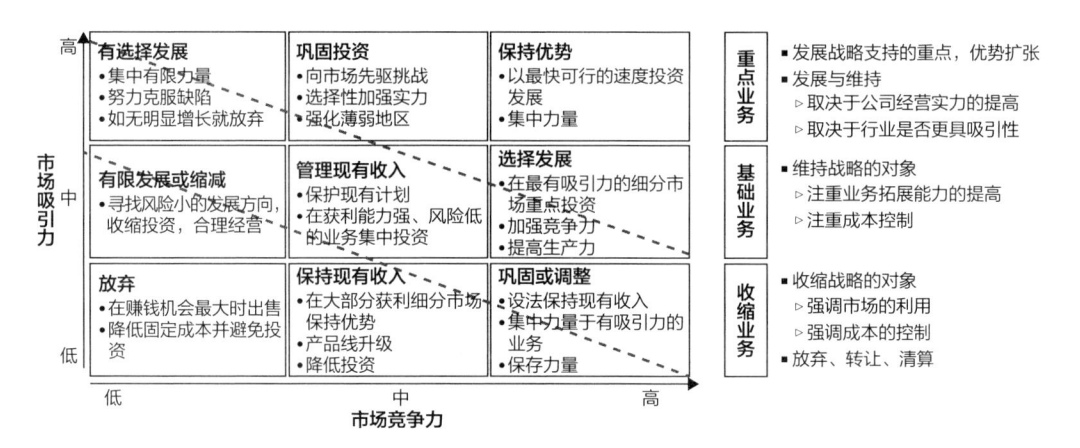

图4　GE矩阵策略

3. GE矩阵应用场景

（1）业务选择

在战略规划层面，企业可以通过GE矩阵进行业务定位，明确业务的发展策略。结合GE矩阵分析，企业可以对现有和计划投资的产业/业务板块进行比较分析，了解不同业务在市场竞争中的具体情况，对业务进行取舍，调整资源投入的力度与规模，确定产业/业务的发展定位（培养/维持/收缩），明确企业未来发展的业务方向和资源投入。

（2）策略制定

企业依据GE矩阵中各项业务/产品所处位置，可以制定相应的市场、营销、产品等方面的业务战略，进一步匹配绩效目标、工作计划，有效推动企业战略目标的落地。例如，针对未来重点拓展业务，增加研发、市场拓展方面的人员与预算投入；针对相对成熟的维持性业务，设定合理业绩目标与激励措施并举办市场活动等。

（3）核心能力构建

GE矩阵的细分评估指标可以体现企业在市场竞争中所处的位置和自身能力。各指标评估结果在GE矩阵中定位后，直观地反映了企业在市场环境和适应竞争环境中的表现，企业可以做出决策：需要维持和改善哪些关键能力来支撑未来发展。

GE矩阵评估还有助于企业在战略规划和日常工作中将其核心能力构建在行业

关键成功因素上，聚焦资源投入。企业资源投入应从拥有程度高、本身重要性不高的业务和因素中转移出来，转而投入那些目前拥有程度低，但对行业竞争成功意义重大、符合企业战略发展方向的关键因素和业务。

（4）引导业务模式设计

基于GE矩阵中对业务/产品的明确定位和策略，企业可以优化业务/产品模式设计。GE矩阵评估后的战略决策可以帮助企业将市场的关键成功因素、渐进明晰的发展方向落实到业务模式设计（商业模式画布）中，使企业未来的业务发展方向更有针对性和市场适应性，更能体现业务/产品在市场中的价值。

5 波士顿矩阵

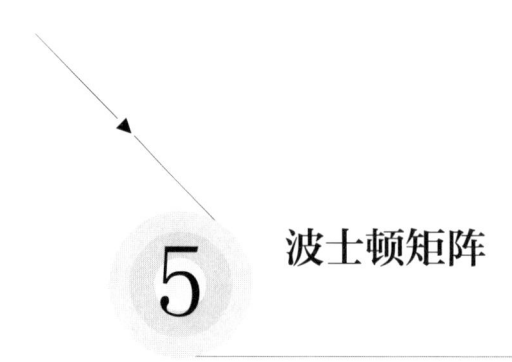

1. 波士顿矩阵介绍

波士顿矩阵（BCG矩阵），又称市场增长率—相对市场份额矩阵、四象限分析法、产品系列结构管理法等。

BCG矩阵由波士顿咨询集团（Boston Consulting Group，BCG）开发，BCG矩阵从市场份额、市场增长率两个维度对产品进行描述，将组织的每个战略事业单位（SBUs）标在二维矩阵上，对产品进行分类。确定投资的产品，做出取舍，以使业务组合达到最佳经营成效。通过业务的优化组合实现企业的现金流量平衡。

波士顿矩阵可用于确定产品最优组合、定位产品和制定公司层业务战略。

（1）产品类型划分

波士顿矩阵对产品的市场表现进行分类描述时，从市场份额、市场增长率两个维度划分产品。

市场份额，即市场占有率，反映企业的竞争实力，是企业内部技术、设备、资金利用等能力的体现。

市场增长率，即销售增长率，反映市场吸引力，包括利润高低、竞争对手强弱、竞争环境优劣等外部环境因素。

市场份额和市场增长率两个维度都是可量化的指标，波士顿矩阵用这两个维度交叉形成四个象限，区分出四种不同性质的业务及产品类型。波士顿矩阵如图1所示。

图1 波士顿矩阵

明星类产品是市场增长率高、市场份额高的产品群。明星类产品的发展处于快速发展阶段，具备良好市场前景；企业也具备相应的适应能力；面临的竞争压力较小；利润水平较高且利润稳定增长；对现金流的贡献较好。

问题类产品是市场增长率高、市场份额低的产品群。问题类产品的市场前景良好、机会大；企业竞争力不足导致市场份额少；面临较大的竞争压力；利润较低；对现金流贡献较小，或因占用大量资金，对现金流产生负面影响。例如，在产品生命周期中处于引进期，但因种种原因未能打开市场局面的新产品。

金牛类产品是市场增长率低、市场份额高的产品群。金牛类产品的市场已进入成熟期；销售量大，享有规模经济优势；产品利润率高；有稳定的现金流，可为其他类别业务提供资金支持。

瘦狗类产品是市场增长率低、市场份额低的产品群。瘦狗类产品的市场吸引力逐步下降；在企业内部和外部处于劣势地位，面临的竞争激烈，属于衰退类产品；利润率低，负债比率高，处于保本或亏损状态。

（2）产品策略选择

依据经验，企业战略目标定位不同，产品定义和对应的战略对策也不同。企业按产品类型的定位进行分类管理，制定不同策略，保证公司产品对经营业绩的贡献及产品的迭代发展。业务策略可以有以下四种选择：

- 发展，以增加资金投入、提高市场份额为目标；
- 维持，以维持现有市场份额的状态和收益、不额外增加资金投入为目标；
- 收获，以最大额度获取短期利益为目标的策略选择；
- 放弃，以清理、撤销业务为目标，用有限资源投资收益较高的业务策略。

波士顿矩阵中四类产品处于不同的象限，其产品策略选择如图2所示。

	高市场份额	低市场份额
高市场增长率	**明星（Stars）** 维持增长率或投资以增加增长率 纵向整合 横向整合 市场渗透 市场开发 产品开发 合资经营	**问题（Question Marks）** 增加市场份额或收获/放弃 市场渗透 市场开发 产品开发 资产（业务）剥离
低市场增长率	**金牛（Cash Cows）** 维持或增加市场份额 产品开发 多元化	**瘦狗（Dogs）** 收获/放弃 裁员 资产（业务）剥离 资产（业务）清算

图2 波士顿矩阵四类产品的策略选择

1）明星类产品

此类产品的发展策略是维持或发展。采取发展的增长策略，需要积极扩大市场规模和抓住市场机会，以长远利益为目标，提高市场占有率，加强竞争地位；若加大投资和产品开发可能成为金牛类产品。

具体的发展手段：纵向整合、横向整合、市场渗透、市场开发、产品开发、合资经营等。

2）问题类产品

此类产品的发展策略是发展、收获或放弃，建议此类产品采取选择性投资战略。若采取发展策略需要加大投入、增加市场占有率，未来存在成为明星类或金牛类产品的两种选择。若选择收获、放弃策略，应尽快做出放弃该类产品的决策，避免产品长期处于问题产品类别，并占用公司资金而影响其他产品的投资。

具体的发展手段：市场渗透、市场开发、产品开发、资产（业务）剥离。

3）金牛类产品

此类产品的发展策略是维持或发展。需要保持稳定高回报，通过该产品回收资金，为其他产品（尤其是明星类产品）或销售增长率仍有所增长的产品提供现金流，应进一步细分市场，维持现存市场增长率或延缓其下降速度。若采取发展策略，需要尽量增加市场份额，长期维持优势地位，否则市场份额下降，可能变为瘦狗类产品。

具体的发展手段：产品开发、多元化。

4）瘦狗类产品

此类产品的方法策略是收获或放弃，若战略得当，也有促使业务起死回生，成为有活力、能营利的业务的可能。若采用收获、撤退战略，首先应减少批量，逐渐撤退，并将剩余资源向其他产品转移；也可采用产品整顿的方式，将瘦狗类产品与其他产品、业务合并，进行统一管理。对那些销售增长率和市场占有率均极低的产品则采取放弃策略，建议立即淘汰那些产品。

具体的发展手段：裁员、资产（业务）剥离、资产（业务）清算。

2. 波士顿矩阵应用步骤

（1）划分产品

按照企业经营业务板块、产品单元，划分进行波士顿矩阵评估的产品。确保进行业务评估的产品在层次、颗粒度上一致，明确区分业务构成、产品构成，避免业务与产品混为一谈。

（2）分析市场份额及增长率

通过市场分析与调研，了解待评估业务或产品的市场情况与自身情况，掌握业务或产品所在细分市场的相关数据指标，包括1—3年或更长时间的市场占有率、市场增长率、市场规模总量等数据。

1）计算市场增长率

通过外部市场分析得出业务或产品所在市场的增长率数据，也可以得出企业的产品销售额或销售量增长率。增长率一般计算三年及以上的复合增长率，一年的增长率不具有规律性特征，在变化波动影响下策略准确性易被影响。

2）计算产品的市场占有率

通过对市场及竞争对手进行分析，计算每种产品的市场占有率，可以用相对市场占有率或绝对市场占有率来表示。

产品绝对市场占有率=该产品企业销售量÷该产品市场销售总量

产品相对市场占有率=该产品企业市场占有率÷该产品市场占有份额最大者（或特定的竞争对手）的市场占有率

（3）设定评估标准

确定市场占有率、市场增长率的高、低标准以便于形成二维矩阵。该标准并非绝对、一成不变的，企业需要根据前期市场分析的数据做出判断。

市场占有率的高低标准分界可以参考行业参与者的市场占有率。例如，行业前五名的市场参与者市场占有率都在5%以上，则5%可以作为市场占有率高低的分界。

市场增长率的高低标准分界可以参考企业所有产品3—5年的市场增长率。例如，所有产品的市场增长率平均值为10%，则以10%的市场增长率为高低标准的分界线。一般来说，高市场增长率的定义是达到销售额10%及以上的年增长率。

（4）绘制产品矩阵图

企业将评估产品按其销售增长率和市场占有率数据绘制散点图。产品在四个象限中的分布结果将产品划分为四种类型，如图3所示。

（5）策略制定

根据产品所处的不同象限，企业可以对各个象限的产品采取不同的经营策略，实现各产品的同质化管理、差异化发展。通过有针对性的差异化策略，保持"问题""明星""金牛"类产品的合理组合，适当地淘汰无发展前景的"瘦狗"类产品，实现产品及资源分配结构的良性循环。

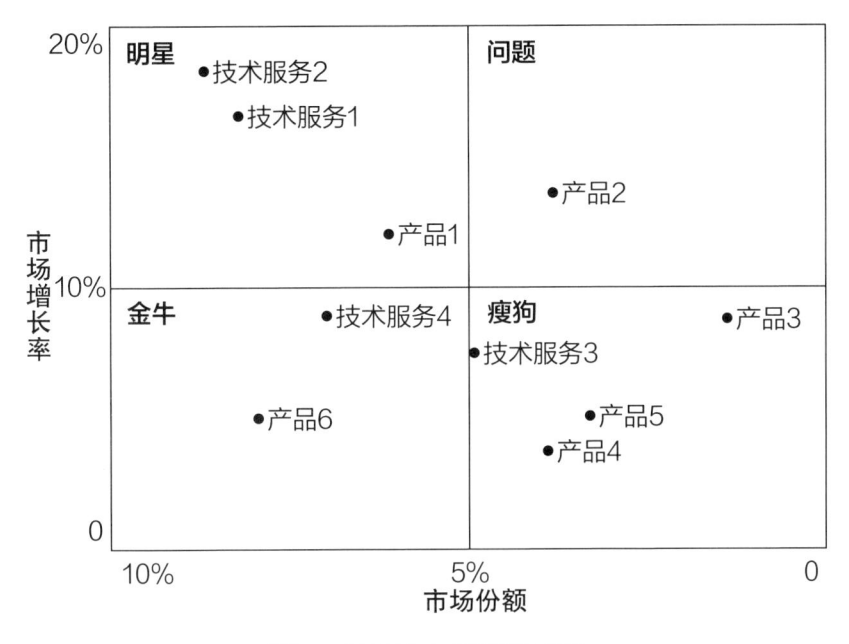

图3　产品波士顿矩阵示意

3. 波士顿矩阵的应用与局限

波士顿矩阵是业务层面的分析工具，仅用于产品策略制定，可为企业提供资本、资源配置建议。波士顿矩阵可用于产品生命周期的不同阶段，进行产品及业务的定位及组合、产品开发及营销策略选择、产品管理等。企业利用波士顿矩阵对所有产品进行评估，明确所有产品在不同生命周期下的市场发展状态。基于产品的市场状态，确定当前产品在波士顿矩阵中的位置，进一步明晰每个产品的发展策略，并相应地调整公司对业务的资本投资及资源配置。

需要注意的是，波士顿矩阵不是战略分析工具，仅适用于公司战略制定，为公司业务选择与业务战略提供决策依据。二维四象限的波士顿矩阵仅分析市场增长和占有情况，且仅划分高低两档，不能全面地反映行业吸引力、竞争力、自身实力等方面的真实情况。波士顿矩阵假设企业的市场份额与投资回报为正相关，因此波士顿矩阵不适用市场份额较小的细分市场，此领域内的企业通过创新、差异化和市场细分等战略仍可获得较好收益。

4.波士顿矩阵对思维的拓展

波士顿矩阵提供了一种分类管理的思维方式，可以帮助企业建立矩阵式分类管理的思考模型。对管理中较为复杂的管理问题，当影响分类的要素归纳为两个及以上维度时，企业就可以采用矩阵式思维方式对产品进行分类。根据维度数量进行程度划分，有a×b等不同数量的分类，如2×2、3×3、2×5，不一定局限在波士顿矩阵中的四个象限中。

6 平衡计分卡

1. 平衡计分卡构成

罗伯特·卡普兰与大卫·诺顿博士建立的平衡计分卡（Balanced Score Card, BSC）是一种基于战略管理的绩效考核方式，也是一种绩效管理工具。平衡计分卡将企业战略目标逐层分解转化为各种具体的、可操作的、相互平衡的绩效考核指标，并对这些指标的实施状况进行不同时段的考核，为企业战略目标的完成建立可靠的执行基础。

卡普兰和诺顿博士在《平衡计分卡：化战略为行动》[1]一书中详细描述了平衡计分卡作为一种系统的方法为组织验证成功实施战略的设想。平衡计分卡确定了企业的目标、衡量指标、目标值和将战略转化为行动的战略举措。制定一张平衡计分卡向组织的下级部门贯彻，是企业战略管理的一种方式。平衡计分卡作为绩效衡量工具，为企业提供具有可量化、可测度、可评估性的指标，更有利于企业进行全面系统的监控，促进企业战略与愿景目标的达成。平衡计分卡也是一种沟通工具，它可以清楚地描述制定的战略并使抽象的愿景与战略变得生动并易于理解。

平衡计分卡衡量未来业绩的驱动因素指标，计分卡的目标和指标来源于企业愿景和战略。这些目标和指标从四个层面考察企业的业绩，分别是财务、客户、内部业务流程、学习与成长。

财务业绩指标：显示企业战略及其实施和执行是否对改善企业盈利做出贡献，

---

[1] 罗伯特·卡普兰，大卫·诺顿. 平衡计分卡：化战略为行动[M]. 刘俊勇，孙薇，译. 广州：广东经济出版社. 2013.

提供了组织成功的最终定义。不是所有的长期策略都能很快产生短期的财务盈利。非财务性绩效指标（如质量、生产时间、生产率和新产品等）的改善和提高是实现目的的手段，而不是目的本身。财务业绩指标有营业收入、资本报酬率、经济增加值；财务目标可以是销售额的迅速提高或创造现金流量、资产的利用和投资战略等。

客户指标：为企业定义以"目标顾客和目标市场为导向，其业务单位在这些目标客户和市场中的衡量指标"。客户指标专注于满足核心顾客需求，而不是所有客户的偏好。客户层面衡量的核心结果指标包括市场份额、客户满意度、客户保持率、客户获得率、客户盈利率等。

内部业务流程指标：随着客户和财务结构改进的指标，管理层需要确认组织必须擅长的关键内部流程，这些流程帮助业务单位提供价值主张以吸引和留住目标细分市场的客户，同时满足股东对卓越财务回报的期望。内部业务流程指标以客户满意度和实现企业财务目标影响最大的内部业务流程为核心。内部业务流程指标涉及企业的改良/创新过程、经营过程和售后服务过程，既包括短期的现有业务改善，也涉及长远的产品和服务的革新。

学习与成长指标：为前三个方面的宏大目标提供基础架构，是驱使上述三个方面获得卓越成果的动力。企业的学习与成长目标主要来源于人、系统和组织程序。平衡计分卡的财务、客户、内部业务流程揭示了人、系统、程序的实际能力和实现突破性业绩所必需的能力之间的巨大差距。为弥补差距，企业需投资于员工的技术再造、技术系统升级、组织优化和日常工作的理顺等，并以此作为平衡计分卡学习与成长层面的目标。学习与成长指标涉及员工的能力、信息系统的能力与激励、授权的相互配合。

平衡计分卡包括四个层面，每个层面包含4—7个不同指标，这15—25个指标通过一系列因果关系把结果指标和业绩驱动因素结合起来，阐明了业务单位的全貌，反映了企业近期努力与战略目标的实现情况。因此，平衡计分卡能够清晰地诠释企业战略，也能体现战略与团队及个人目标的关联和执行情况。

化战略为行动的平衡计分卡框架如图1所示。

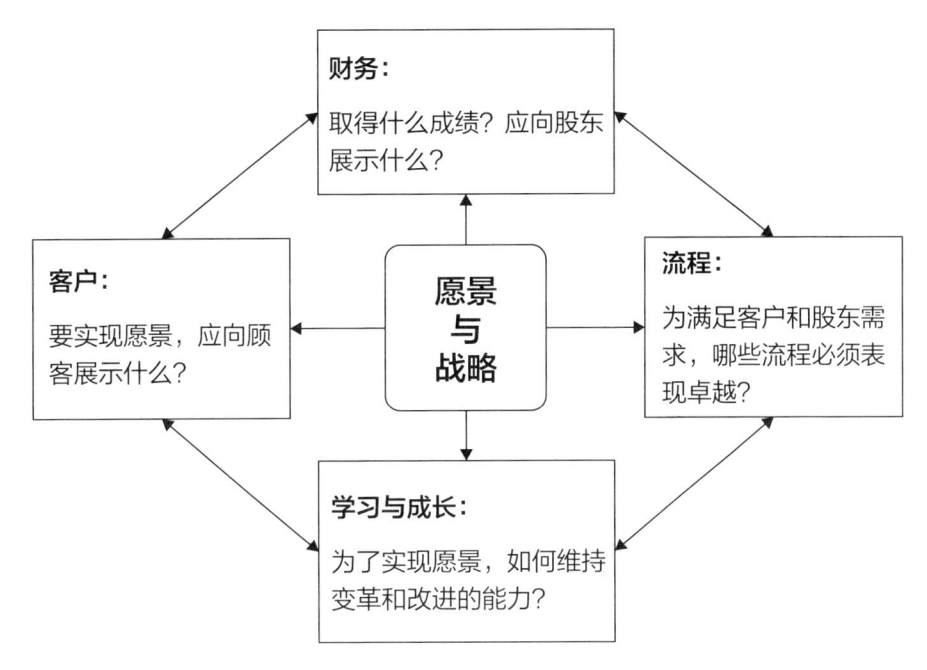

```
              ┌─────────────────┐
              │ 财务：          │
              │ 取得什么成绩?应向股东 │
              │ 展示什么?       │
              └─────────────────┘
                      ↕
┌──────────────┐   ┌──────┐   ┌─────────────────┐
│ 客户：        │   │ 愿景 │   │ 流程：          │
│ 要实现愿景,应向顾 │↔ │  与  │ ↔ │ 为满足客户和股东需 │
│ 客展示什么?   │   │ 战略 │   │ 求,哪些流程必须表 │
│              │   │      │   │ 现卓越?         │
└──────────────┘   └──────┘   └─────────────────┘
                      ↕
              ┌─────────────────┐
              │ 学习与成长：     │
              │ 为了实现愿景,如何维持 │
              │ 变革和改进的能力? │
              └─────────────────┘
```

图1　化战略为行动的平衡计分卡框架

2. 平衡计分卡与战略管理

（1）战略衡量

平衡计分卡可以视为一个战略管理系统，关注战略衡量。企业应长期规划企业战略，利用平衡计分卡的衡量重点完成重要的管理流程。

阐明并诠释愿景和战略。平衡计分卡流程始于高级管理层考虑收入和市场成长、盈利能力，把经营单位的战略转换为特定的战略目标，明确指出经营单位应该在哪些客户群体和市场中竞争。学习与成长目标，揭示企业投资于员工的知识更新、信息技术和系统以及强化企业管理程序等在内部流程、客户和股东等方面产生重大影响的革新和改善。

沟通并联结战略目标和指标。结合企业内部各种宣传形式，将平衡计分卡的战略目标和指标在整个企业中推广。企业中的每个人都应该了解经营单位的长期目标和达成这些目标的战略，每个人制订的局部行动方案将为实现经营单位的目标做出贡献。

计划、制定目标值并协调战略行动方案。平衡计分卡可用于驱动组织变革。一方面，驱动高层管理者设定具有挑战性的3—5年的目标值，促使企业把整合战略计划和年度预算结合起来；另一方面，平衡计分卡为持续改进、再造和转型提供了自始至终的合理性、重点和整合的基础。短期的里程碑为经营单位长期战略进程中的近期评估提供了具体的目标值。

加强战略反馈与学习。通过平衡计分卡企业可以完成战略分解到执行的循环，使战略流程融入下一个愿景和战略流程，各个方面的目标得到研究、刷新和取代，以符合最新的战略结果和后续发展必要的业绩驱动因素。平衡计分卡不仅衡量变化，而且助长变化。

以平衡计分卡作为行动的战略框架如图2所示。

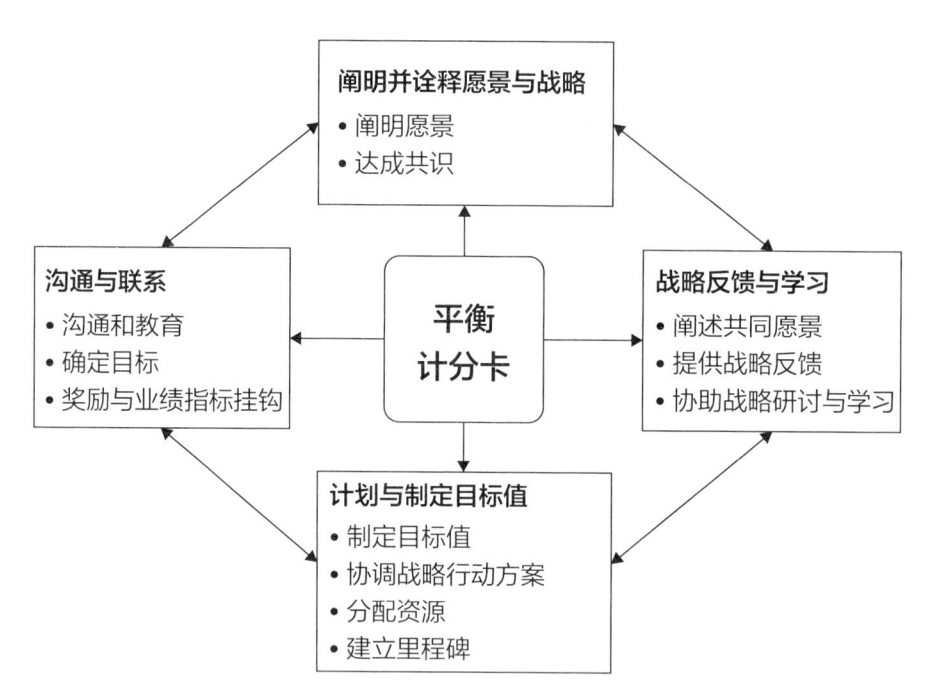

图2 以平衡计分卡作为行动的战略框架

（2）战略描述

《平衡计分卡：化战略为行动》认为"不能描述的就不能衡量，不能衡量的就不能管理"。平衡计分卡作为描述和实施组织战略的工具，众多组织联合起来推广使用平衡计分卡，将平衡计分卡的四个层面模型发展形成战略地图。因此，在卡普兰和诺顿博士的《战略地图：化无形资产为有形成果》[2]一书中，战略地图增加了细节层和颗粒层，说明战略的时间动态性和重点，形成了描述战略的统一方法，使目标和指标可以被建立和管理。战略地图为战略从制定到执行搭建了框架和解码的桥梁。

战略地图在财务层面界定了将无形资产转化成有形价值的逻辑链条，在客户层面明晰创造客户价值的条件，在内部层面界定了无形资产转化为客户和财务成果的流程，在学习与成长层面界定了价值创造协同一致的无形资产。由此，企业战略在不同层面被阐释并形成因果联系，使组织、团队和个人形成对战略的一贯性理解。与战略地图一脉相承的平衡计分卡就成为战略实施工具，使领导者拥有全面统筹战略、人员、流程和执行四个关键因素的管理工具；领导者可以平衡长期和短期、内部和外部的目标与行动计划，确保企业持续发展。战略地图说明组织如何创造价值观（见图3）。

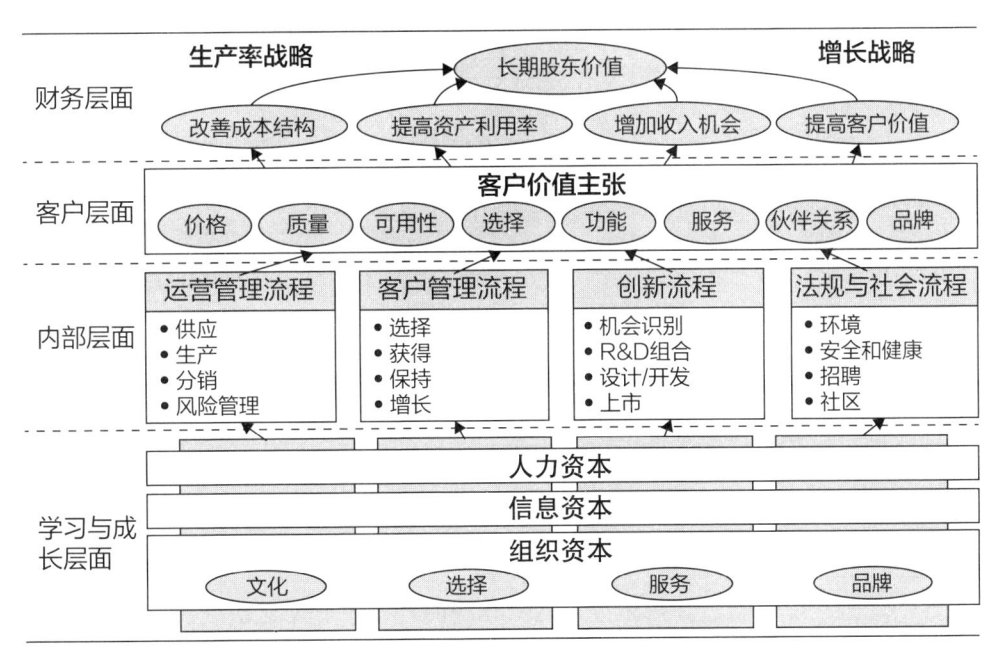

图3　战略地图说明组织如何创造价值

---

[2] 罗伯特·卡普兰，大卫·诺顿.战略地图：化无形资产为有形成果[M].刘俊勇，孙薇，译.广州：广东经济出版社，2005.

（3）战略执行

卡普兰和诺顿博士基于平衡计分卡先后创作了三部曲，分别是《平衡计分卡：化战略为行动》《战略地图：化无形资产为有形成果》《战略中心型组织：平衡计分卡的制胜方略》[3]。平衡计分卡在前两部作品中形成了图、卡、表三种形式，以此实现企业战略规划（见图4）。

流程：运营管理 主题：地面周转	战略地图	平衡计分卡 目标	指标	目标值	行动计划 行动方案	预算
财务层面	利润←收入增长、减少飞机	• 营利性 • 收入增长 • 减少飞机	• 市场价值 • 座位收入 • 飞机租赁成本	• 30%CAGR • 20%CAGR • 5%CAGR		
客户层面	吸引和保持更多客户、服务准时、最低票价	• 吸引和保持更多客户 • 航班准时 • 最低票价	• 回头客数量 • 客户数量 • FAA准时到达评比 • 客户评比	• 70% • 每年提高12% • #1 • #1	• 实施CRM系统 • 质量管理 • 客户忠诚项目	• $XXX • $XXX • $XXX
内部层面	快速地面周转	• 快速地面周转	• 降落时间 • 准时起飞	30分钟 90%	• 周转期最优化	• $XXX • $XXX
学习与成长层面	战略工作舷梯管理、战略系统员工排班、地面员工协调一致	• 开发必要的技能 • 开发支持系统 • 地面员工与战略协调一致	• 战略工作准备度 • 信息系统可用性 • 战略意识 • 地面员工持股比例	• 1%—7% • 3%—9% • 5%—100% • 100% • 100% • 100%	• 地面员工培训 • 完成员工排版系统 • 沟通项目 • 员工持股计划	• $XXX • $XXX • $XXX • $XXX • $XXX
					预算总额	$XXXX

图4　战略实施图、卡、表示意

战略地图描述了战略的逻辑性，为企业构建了可视化架构，并将四个层面的目标体现在平衡计分卡的衡量指标中。

平衡计分卡的建立顺序，通常是先制定财务和客户层面的目标与指标，然后制定企业内部流程层面的目标与指标。这个顺序能够使企业抓住重点，专心衡量那些与股东和客户目标息息相关的流程。

企业的领导者可利用平衡计分卡实施一系列的战略举措（战略行动计划表），

---

[3]　罗伯特·卡普兰，戴维·诺顿. 战略中心型组织：平衡计分卡的制胜方略［M］.上海博意门咨询有限公司，译.北京：北京联合出版公司，2017.

通过内部业务流程、学习与成长的人力资源协调一致，使业务流程与财务、实物资源结合起来。对目标值设定、资源分配、战略行动方案及战略预算进行有效结合，实现平衡计分卡目标与指标的匹配和实施。

3. 平衡计分卡的实施步骤

用平衡计分卡整合企业长期战略规划及实施行动方案，需要四个步骤。

（1）制定挑战性目标值

管理层为平衡计分卡指标制定挑战性的目标值，并识别关键驱动因素推进重要成果指标。挑战性目标值需要被所有员工接受，以便达成预期的突破性业绩。

（2）确定及合理化战略行动方案

面对平衡计分卡指标中的当前业绩与挑战性目标值之间的差距，企业管理层需要编制对应的行动方案来缩小现实与期望的差距。与行动方案对应的是管理层能有针对性地确定出重要性、优先级，并进行资本与资源的匹配性投入。

（3）确定关键性的跨业务单位行动方案

管理层需要确定对业务单位或集团战略目标有利、有益、协同的行动方案。

（4）年度资源分配与预算挂钩

管理层应把3—5年的战略计划与下一年度的支出预算和目标业绩挂钩，通过业绩拆解与挂钩对业务单位战略实施的进展情况进行跟踪与监控。

以此方式确定的行动计划和平衡计分卡目标，与企业长期战略一脉相承，既为企业短期财务指标设定了业务目标，也为内部改善、成长学习等非财务指标确定了短期目标。

7 战略管理五看三定模型

1. 五看三定模型

战略管理框架是帮助企业发现外部环境的变化在哪里、企业准备去哪里、解决如何去那里的工具。战略管理框架是华为制定战略的五看三定模型[1]，包含了战略从规划到实施的四个阶段，即战略洞察阶段、战略制定阶段、战略展开阶段、战略执行和评估阶段（见图1）。

华为的战略规划基于本套模型得以贯彻实施，确保华为持续"做正确的事"，在各个领域实现了快速发展和超越。

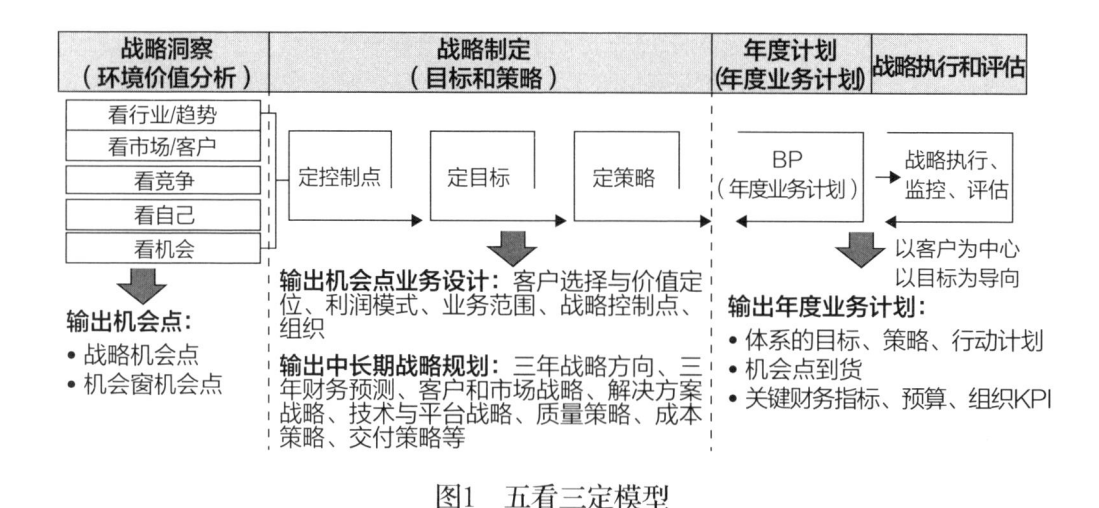

战略洞察 （环境价值分析）	战略制定 （目标和策略）	年度计划 （年度业务计划）	战略执行和评估
看行业/趋势 看市场/客户 看竞争 看自己 看机会	定控制点 → 定目标 → 定策略	BP （年度业务计划）	战略执行、监控、评估
↓	↓	↓	以客户为中心 以目标为导向
输出机会点： • 战略机会点 • 机会窗机会点	输出机会点业务设计：客户选择与价值定位、利润模式、业务范围、战略控制点、组织 输出中长期战略规划：三年战略方向、三年财务预测、客户和市场战略、解决方案战略、技术与平台战略、质量策略、成本策略、交付策略等	输出年度业务计划： • 体系的目标、策略、行动计划 • 机会点到货 • 关键财务指标、预算、组织KPI	

图1 五看三定模型

---

[1] 王京刚，谢雄. 华为的战略［M］. 北京：华文出版社，2020.

2. 战略洞察阶段

战略洞察是通过市场洞察、分析，让企业发现外部环境的变化在哪里，掌握宏观环境、行业环境、竞争对手等外部动态变化。

战略洞察主要着眼于五个方面，即五看。

（1）看行业/趋势

主要针对企业所处的宏观环境，对国家经济、政治、文化、社会层面的变化趋势进行分析，了解这些趋势给行业带来的影响和变化。

企业需要针对自身所在的行业，在了解国家宏观层面的政策指导基础上，对行业的上下游产业链、产业链生态发展、行业发展趋势和市场容量、竞争格局以及产业技术发展趋势进行分析和研判。

（2）看市场/客户

这种洞察主要围绕潜在行业客户展开，分析目标细分市场。

企业需要尽可能地了解细分市场的发展趋势及容量，以及细分市场中客户未来几年的发展战略，了解客户发展过程中最需要什么，理解其发展中的痛点和难点在哪里，以便于更好地解决客户问题，为客户创造价值。

（3）看竞争

企业需要在洞悉竞争格局的基础上，尽可能地了解竞争对手情况，掌握对手的未来发展战略、市场定位、竞争优势等信息，做到"知己知彼"。

（4）看自己

企业在了解外部环境和竞争态势的同时也要分析自身优势和劣势。

自身分析包括经营情况、运营情况、核心竞争力、商业模式等维度的自评，既要明白自身的优势，又要清楚自己的不足，要看到与竞争对手的差距，提升匹配自身发展需要的能力。

（5）看机会

前四看是掌握内外部的确定因素和不确定因素，有机会也有威胁。对企业来说，洞察机会，发现新的机会窗，确定新的战略机会点，才能持续发展。

企业的机会可以是投融资机会、市场机会、品牌机会、产品机会、内生机会等，需要企业深入分析和研究。

企业通过"五看"，确认变化在哪里，明确战略机会点、机会窗，为决策未来发展的路径（业务设计）奠定基础。

3. 战略制定阶段

战略制定是企业具体战略的生成过程，解决企业走哪条路的问题。在战略制定的过程中，需要注意三个关键点，即三定。

（1）定战略控制点

战略控制点即企业的核心竞争力，企业确定战略控制点的必要性是显而易见的。

战略控制点是企业的独特优势，这种竞争力不会轻易形成，也不会轻易被人仿效，更不会轻易被人赶上，并且需要维持较长一段时期。

战略控制点包括但不限于成本优势、产品性能、技术储备能力、品牌效应、客户群体稳定性、市场占有率、价值链掌控水平、专利和标杆应用等。企业对战略控制点的管理要采取分阶段、分级管理的方式。

（2）定目标

为把握当前外部环境的战略机会，基于战略控制点，需要确定战略目标。设定3年或者更长期的战略发展目标，是为了将企业全体力量和资源集中起来，持续发挥企业的优势，抓住发展机会。

确定的目标，即要符合企业的愿景使命，也要合理、可实现。

一般战略目标分为业绩目标和核心竞争力发展目标。其中，业绩目标包括但不限于公司需要达成的经营收入、经营收益、市场占有率等。核心竞争力发展目标是基于核心战略控制点，设置维持和发展的目标，指导公司导入资源，维持长期的优势地位。

（3）定策略

明晰自身的定位、目标后，企业需要制定合适的策略，对企业3年至5年的前进路线进行具体规划并实施，以便达成理想的效果。

企业如何选人、如何解决售前支持、怎样处理客户关系等问题，都需要企业制定合适的战术（策略）。在明确的战略目标指导下，需要对组织、供应链、客户服务等一系列问题设计相关的策略，形成一个承接战略的体系，支撑业务的运转。

企业通过"三定",输出机会点的业务设计和中长期战略规划。其中,机会点业务设计包括客户选择与价值定位、利润模式、业务范围、战略控制点、组织等;中长期战略规划包括三年战略方向和财务预测、客户和市场战略、解决方案战略、技术与平台战略、质量策略、成本策略、交付策略等。

4. 战略展开阶段

在明确战略目标和制定战略后,企业需要通过战略解码将战略规划分解到市场、产品、研发、品牌等不同领域的业务工作中,形成具体的业务计划来支撑战略规划的达成。

因此,战略展开过程中的一个非常重要部分叫作年度业务计划,年度业务计划是逐级分解的。这一计划包含三部分内容。

(1) 整个体系的目标、策略和实行计划

不管是在生产、销售,还是在人力资源和财务管理等方面,企业都需要结合战略规划,制定本业务领域清晰明确的年度目标。然后将这些目标逐级分解成可管理的组织单元,再制定一系列的对应策略,形成年度部门工作计划,最后一一落实到员工的年度工作计划中。

只有制定明确、清晰的目标,才能快速制定实现对应目标的策略和实施计划。通过从公司到部门、从部门到个人逐级拆解的目标,才能让员工快速、理解目标,积极开展实现目标的业务任务和日常工作,保障战略落地。

(2) 重视从机会到合同/订单的过程

销售额(收入)是年度业务计划中业绩目标的核心内容。因此,一旦抓住战略机会点就需要将其转化为年度销售额。将机会点分解成合同/订单的过程也是战略解码的过程。合同/订单与企业当年的目标、年度计划、资源配置等内容相关。

(3) 清晰的企业预算、重要财务指标和组织KPI

企业预算一般指企业财务预算,是在预测和决策的基础上,围绕企业战略目标,对一定时期内企业资金的取得和投放、各项收入和支出、企业经营成果及其分配等资金做出的具体安排。企业预算包含企业的重要财务指标。组织KPI需要围绕公司/组织目标,按一定的逻辑关系层层分解到每个工作岗位,形成组织KPI。只要

每个岗位在规定的时间内,完成既定任务并满足程度要求,组织绩效就实现了。

企业预算和组织KPI是战略目标的量化,为执行提供指导,并为评估提供清晰的标准。

5. 战略执行和评估阶段

战略管理框架的最后环节是战略执行和评估。这是将战略落地的最终环节,也是价值分配的必备环节。

逐级评估战略的执行情况,从组织评估到岗位评估。评估过程是绩效分配的过程,也是监督战略执行、保障战略落地的过程。员工根据不同任务和目标的执行情况,得到相应的评估等级,评估等级直接影响他们对应的绩效分配。

战略管理框架基于战略洞察,通过战略解码,将目标、策略与计划结合,进行层层目标拆解和工作任务明晰;通过评估对战略实施情况进行复盘,形成闭环的战略动态管理过程。在这个框架中,时刻保持了战略目标的一致性、工作任务的明确性和规划实施的持续性。

8 BLM业务领先模型

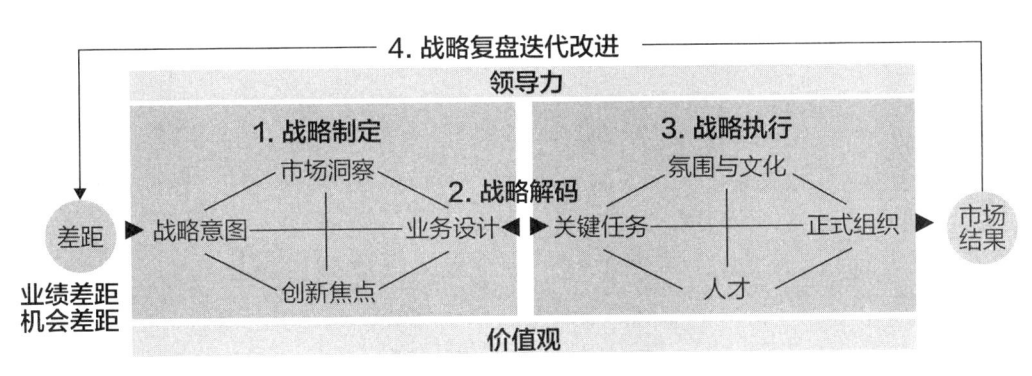

1. BLM业务领先模型简介

BLM业务领先模型[1]（Business Leadership Model）是一套完整的战略规划方法论，从差距分析到顶层设计，再到执行落地，是一套可循环的战略规划工具。BLM业务领先模型源自哈佛大学，被IBM发扬光大。华为引入后，在制定战略规划过程中坚持使用业务领先模型，现被中国科技企业普遍认识和接受。BLM业务领先模型可用于战略制定、调整、执行跟踪等不同规划阶段。BLM业务领先模型如图1所示。

图1 BLM业务领先模型

2. BLM业务领先模型构成

BLM业务领先模型为企业战略规划的制订、业务模式、经营计划等关键问题提供了统一的战略框架和方法论。BLM业务领先模型作为战略框架，可以指导企业及

---

[1] 王京刚，谢雄.华为的战略[M].北京：华文出版社，2020.

其下属企业、业务部门制定和执行战略，帮助企业达成发展目标。BLM业务领先模型由领导力、战略制定、战略执行和价值观四大部分构成。

领导力驱动了企业的转型和发展，它贯穿了战略制定与执行的全过程。领导力并不是组织赋予领导者的权力，而是领导者带领大家对企业未来发展的战略问题进行识别，对事物进行不断深入的洞察和剖析，带领大家不断地解决问题，推动企业持续发展。领导力要求领导者有推动整个企业执行战略的能力。

市场是战略规划的起点，战略是对市场的规划，用来解决现状与预期之间的差距。根据市场现状与预期之间的差距，制定战略，拆解战略并执行战略。BLM业务领先模型包括战略制定和战略执行两个主要部分，共包含八个相互影响、相互作用的方面：战略意图、市场洞察、创新焦点、业务设计、关键任务、氛围与文化、人才及正式组织等。

BLM业务领先模型认为价值观是战略的基础，是企业领导者对企业愿景、使命、价值取向做出的选择，是企业决策与行动的基本准则，是企业全体成员都接受的共同观念。在战略制定和执行的过程中，价值观使企业全体成员认同企业价值理念、战略发展的方向和目标。

3. BLM业务领先模型使用

（1）战略制定

战略制定包含战略意图、市场洞察、创新焦点与业务设计，为企业长远的发展确定战略方向和发展定位。战略制定的前提是差距分析和市场洞察。

差距分析是市场洞察的基础。这种差距分为业绩差距和机会差距两个方面。业绩差距，是指现有经营结果和期望值之间差距的一种量化陈述。业绩差距可以通过高效的组织执行力来弥补，不需要改变业务设计。机会差距，是指现有经营结果和新的业务设计所能带来的经营结果之间差距的一种量化评估。机会差距的弥补需要新的业务设计。

1）市场洞察

市场洞察的视角主要是向外看，观察宏观环境、行业环境、竞争对手、客户等外部的动态变化，聚焦于未来3—5年的市场发展趋势及其影响。通过市场洞察与分析，了解客户需求、掌握主要竞争对手动向、明确技术发展趋势和市场经济整体运行状况，为企业找到发展机遇并识别潜在风险。市场洞察的目的在于解释市场上正在发生什么，让企业发现外部环境的变化在哪里，以及这些变化对企业来说意味着什么。华为在市场洞察中，主要着眼于五个方面，即"五看"，看行业/趋势、看市场/客户、看竞争、看自己、看机会。

已有诸多成熟工具可帮助企业人员从不同角度洞察市场。如用于宏观环境分析的PEST/PESTEL分析模型，用于竞争分析的波特五力模型、波特价值链、标杆分析法，用于市场分析的规模趋势分析，用于客户分析的$APEALS，用于自身分析的SWOT分析等。

2）战略意图

战略意图是战略思考的起点，是组织的顶层共识，包括组织的使命、愿景和最终目标，与企业的战略重点一致。战略意图为企业回答"去哪里"的问题，除了明晰企业的使命、愿景和定位，还需要对战略目标进行准确表达。战略意图还需要明确企业的竞争优势、核心竞争力，以及3—5年的战略业绩目标和目标的年度分解，并设定可衡量的业绩指标，如利润、成长率、市场份额、客户满意度及新产品等。

战略目标的确定应基于对市场、客户和竞争对手的分析和判断，市场洞察的分析结果是战略目标设定的有效输入。合理、可行的业绩目标不是拍脑袋的灵光一现，而是"洞察一切，知己知彼"的理性思考。

3）创新焦点

创新是基于战略意图，为应对外部市场变化而在企业内部的同步探索，可以理解为业务层面的战略。创新焦点，包括业务组合创新、模式创新和资源利用三个方面。

业务组合创新，指设计企业未来的业务/产品组合，明确各类业务定位及发展举措。在盘点组织内部业务的基础上，结合市场洞察识别的机会，探索和发现新的业务组合及新的机会增长点。通过业务组合，优化现有业务运营方式，培育未来新兴战略机会点。可用于业务组合和策略制定的成熟工具有GE矩阵、麦肯锡三层面理论、安索夫矩阵等。

模式创新，组织由内而外，可以分为管理创新、商业模式创新和产品（服务）创新。管理创新着眼于内部管理机制、组织架构、流程体系等的优化、变革，以提升组织效率；商业模式创新着眼于业务运营模式的设计和创新，以提高市场运作效率和盈利能力；产品（服务）创新着眼于产品及服务本身，聚焦客户需求和变化，拓展新的市场领域或推广验证新的产品。

资源利用旨在通过聚焦战略目标，优化企业投资和资源配置，提高企业内部资源的利用效率，包括人力资源、资金资源、技术资源等，最大化保障战略目标达成的同时能够应对行业的不断变化。

4）业务设计

战略制定的最终落脚点是业务设计。业务设计是战略规划中体现业务运行模式的环节，围绕价值创造进行业务设计。业务设计可以应对外部环境变化，推动内部能力的持续改进与变革，改善业务运营效率或探索可替代的业务设计。业务设计可以借助商业模式画布这一成熟工具，从九个维度梳理企业的业务运作模式，建立企业价值创造与传递的业务逻辑。

在华为的BLM业务领先模型中，业务设计从六个方面展开，包括客户选择、价值主张、价值获取、业务范围、持续增值和风险管理。每个方面都需要深入思考，并在业务设计中充分体现。业务设计关注点如表1所示。

表1　业务设计关注点

关注点	业务设计关键问题
客户选择	谁是企业的主要目标客户？哪类客户需要拓展或放弃？客户有哪些特定需求？
价值主张	企业的产品或服务能给目标客户带来哪些价值？
价值获取	企业主要通过什么获得利润？主要竞争对手是如何营利的？
业务范围	在产业链中企业处于什么环节？哪些外包、外购？如何开展合作？
持续增值	在价值链中如何处于战略控制点？如何保障持续的利润增长？
风险管理	有哪些潜在风险？企业如何应对？

业务设计是战略意图迈向执行的关键。在业务设计中，市场洞察、战略意图和创新焦点的主要结论，最终都直接影响业务设计的最终产出。因此，企业需要充分考虑并体现组织的内部能力，明确新的业务设计要求的能力内涵，包括业务与组织、技能、考核标准、文化和合作伙伴依赖程度等方面的关联与影响。

在战略制定过程中企业需要注意的是，市场洞察、业务设计和创新焦点都需要围绕战略意图展开，并始终与战略意图的目标、方向保持一致。

（2）战略解码

战略解码指将战略的内容拆解到各个业务及职能部门。通过对战略的阐述和分解，明确自上而下的各层级、各业务模块在战略中的位置，明晰战略的各个业务模块及部门的依赖关系。战略解码的过程，是战略与企业实际情况达成均衡的过程。

战略解码需要依据战略，制定各个业务及职能部门的战略。结合战略目标、业务模式和创新，设定各业务及职能部门的业务发展目标、发展举措（关键任务），明确重要工作内容及目标，指导所在领域战略期内的能力发展。后续各个领域按照顶层规划要求，编制专项规划，专项规划与战略上下衔接，成为企业总体战略拆解和具体执行的实施行动方案。

BLM业务领先模型的战略解码过程也是绩效目标体系建立的过程。华为在应用BLM业务领先模型过程中，将公司战略分解为各业务发展战略、关键成功因素、KPI、重点工作任务和各级管理者的PBC（Personal Business Commitment，个人绩效承诺），建立华为的目标体系。

（3）战略执行

战略执行环节是将战略举措落地、落实，战略变现的过程。战略执行包括关键任务、正式组织、人才、氛围与文化四个相互影响与作用的方面。

1）关键任务

关键任务，指持续性的战略举措（业务举措与能力保障举措），进一步明确了战略执行的关键任务事项和时间节点、关键流程及要求。关键任务支持业务设计的实现，连接战略解码形成的各项职能战略，是战略执行的基础。关键任务的设定需要与创新焦点、业务设计保持一致，以保障业务及职能战略目标能够达成。

在执行战略中，未来期的战略里程碑点可以拆分并入年度的关键任务。每年的关键任务也可以有所侧重。所有关键任务必须拆解、落地到具体某个部门或者某个岗位上，明确责任人与预算，形成工作计划。因此，关键任务需要将重要的相关流程设计与落实考虑在内。

关键任务一般是年度性的，需要将关键任务、战略拆解目标落实到年度计划中，细化到日常工作任务里，战略才能落地执行。编制各层级的年度计划，可按季度、半年度进行评估，监控、监督计划执行情况并及时发现战略在实施执行中的问题。

2）正式组织

战略决定组织，组织支撑战略。正式组织是战略执行的保障，能够统筹协调资源，提高管理效率，达成战略目标。组织设计需要与战略目标相一致的组织结构、管理制度、管理系统及管理流程，包括岗位设置、考核标准、奖励与激励系统等内容。同时，针对组织设计划分的关键任务和职责，通过责权利的统一，保证战略的执行结果。

3）人才

基于战略意图和战略拆解的关键任务目标，组织需要对人才能力、数量需求进行规划，构建能达成战略目标、支撑业务设计的团队。同时，组织需要详细定义关键岗位和人才布局的要求，以保证匹配相应技能的人才执行战略，实现战略意图。结合现有人才队伍，在人才获得、发展、激励和保留方面制定具体执行措施。

4）氛围与文化

战略的执行需要企业文化的氛围影响。企业文化理念层面的规范需要与战略匹配，包括核心价值观、管理理念、经营理念、企业氛围、文化与活动。组织氛围反映了员工对工作环节的感知，组织需要考虑停止、保持和开展哪些措施和活动，使员工能充分理解并支持企业的战略。

（4）战略复盘迭代改进

战略的制定和执行都是动态的。战略目标源自对市场洞察结果的预测，战略规划不能一成不变。所以，战略复盘应贯穿于战略制定、战略解码与战略执行之中，形成战略复盘的机制。针对战略制定的每个阶段，对战略执行的市场结果进行复盘和改进，形成战略管理的闭环。在某个战略里程碑点或者季度/年度的经营分析节点，企业自上而下的各个责任部门需要集体研讨与反思，根据市场环境和当前业绩情况，不断迭代、优化战略举措，以确保战略目标达成。

9 波特价值链分析模型

1. 波特价值链的定义

价值链是由企业各种价值活动构成的价值链条，价值链将企业行为分成具体活动。迈克尔·波特认为企业的价值链由九种特定方式关联的活动共同构成，这九种活动的动态关联使企业的内外价值增加。

波特用价值链分析企业与买方、供应方之间的关系，进而为企业明确三方相互关联的活动和创造价值的过程。企业的竞争优势体现在"企业能为买方创造超越成本价值的能力，能以低于竞争对手的价格满足顾客的相同利益或向顾客提供他们愿意额外加价的特殊利益"。

波特价值链分析是一种价值分析方法，也是一种战略工具。通过价值链模型来分析企业的竞争优势，可以明确竞争优势的成因与关联关系，有助于企业认清运作活动链上的优劣环节，调整价值链结构、明确成本地位、制定差异化、补强薄弱环节、保持原有的强项并创造新的竞争优势，进一步确定企业核心竞争力。价值链分析可用于制定公司战略或者市场准入、产能扩张、产品策略以及企业内配置资源等重要战略决策过程。

2. 波特价值链的构成要素

迈克尔·波特在《竞争优势》[1]中定义的价值链包括价值活动和利润。价值活动是企业开展具备实体和技术独特性的活动，是企业为买方生产有价值产品的基

---

[1] 迈克尔·波特.竞争优势[M].陈丽芳, 译.北京：中信出版社，2014.

础；这些互不相同但又相互关联的生产经营活动，构成了一个创造价值的动态过程，也就是价值链。

价值链上的价值活动可分为主要活动和支持活动。每种活动都需要购买投入要素、人力资源、技术来执行其功能，任何行业的竞争都涉及五种主要活动，即进货物流、生产运营、出货物流、销售、服务。支持活动是对主要活动的协助，按照竞争涉及的支持价值，包括采购、技术、人力资源和企业基础设施，前三项支持活动与特定的主要活动发生关联，企业基础设施不与特定的主要活动关联，但支持整个价值链。价值链基本形态如图1所示。

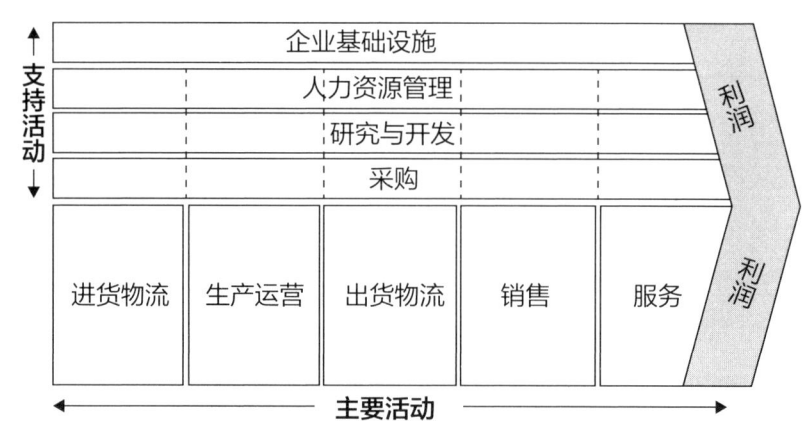

图1　价值链基本形态

（1）主要活动

进货物流（Inbound Logistics）：与接收、储存和分配产品投入相关的活动，包括原材料或其他生产所需的基本成分/服务的材料处理、仓储、存货控制、分类、分配、调度等。企业在此环节与供应商间关系的好坏对成本竞争优势的形成具有重大影响。

生产运营（Operations）：将投入的各种生产资料转化为最终产品形式的相关活动，包括加工制造、包装、组装、设备维护、检测、设施运行等。

出货物流（Outbound Logistics）：是以集中、存储和向消费者交付产品/服务过程中相关的各类活动，如仓储、分配、运输、调度等。

销售（Sales）：将产品或服务投入市场相关的活动，使自己在竞争中脱颖而出，为客户创造优势。包括广告、促销、销售队伍、渠道选择、定价等。

服务（Service）：为提高或维护保持产品价值所提供的服务，包括安装、维修、培训、备件提供、产品调试等。

（2）支持活动

采购（Procurement）：指与购买企业价值链所需投入要素相关的所有支持活动，而非购买要素本身。投入要素包括原材料、货物及其他耗材、设备、资产等。采购活动覆盖整个公司，不限定在单独采购部门。采购活动对价值链的其他主要活动会产生影响，如采购中的成本对企业总体成本和差异化竞争行为产生重大影响，购买活动的改善能够对产品或服务质量、企业与供应商的关系产生影响。

研究与开发（Technology Development）：每种价值活动都包含技术成分，无论是专有知识、程序，还是在工艺设备中所体现出来的技术。企业应用不同种类的技术范围非常广泛。多数价值活动利用创新和优化创造价值，与组织内外部的产品或服务的发展有关。

人力资源管理（Human Resource Management）：人力资源管理包括规划、招聘与配置、岗位、培训、绩效管理、激励管理、员工管理等内容。人力资源管理决定了劳动技能和员工激励水平。在某些行业里，人力资源管理是企业竞争优势的关键。

企业基础设施（Firm Infrastructure）：涉及企业内部管理等一系列支持活动，保持企业维持日常运作。能支持整个价值链而非单个活动，如规划、财务、法律、质量等常见职能。企业基础设施常被视为间接成本，是竞争优势的有效源泉。

3. 价值链与竞争优势

波特认为，价值链的价值活动是企业竞争优势的组成要素。价值链中的九种价值活动内，五种主要活动对企业的竞争优势具有关键作用。《竞争优势》一书认为企业拥有两大竞争优势——成本优势和差异化，这两大竞争优势主要来源于四个方面。

一是价值活动本身。每个价值活动都有自己的成本结构，相比竞争对手，执行该价值活动是否能够达到最低成本、最高效的运作，是否能与其他各种活动形成关联，是企业形成成本优势的基础。

二是价值链内部的关联是企业竞争优势的关键。企业各项价值活动之间的关联可以从优化和协调两个维度来提升或者保持竞争优势。例如，较高成本的设计、优质的材料或更精致的工艺之间的协调和均衡，可能降低服务成本，当企业优化这种反映战略的关联性，也就获得了竞争优势。

三是企业内部的价值链与供应商价值链、渠道价值链之间的纵向关联。供应商与渠道影响企业活动的成本甚至绩效。因此，企业与供应商、渠道之间的活动必然影响企业的价值链，影响企业在这些相关的价值活动中的成本和差异化，进而影响企业的竞争优势。

四是企业决策者，决策者在不同价值活动中决定了企业为买方创造和传递什么价值的正确决策。决策者对价值链中具备竞争性的价值活动进行选择和坚持，进而影响企业构成和重构企业的独特性，也就是差异化的竞争优势。

4. 价值链改善竞争力

企业的持续发展是围绕战略目标，不断寻找、强化自身竞争优势的过程。透彻分析企业的价值链，可以改善企业竞争优势。在波特的竞争理论基础上，结合战略与市场领域的咨询经验，一般价值链分析可以分为四个应用步骤。

（1）定义行业价值链

行业结构决定企业的价值链。分析价值链时，首先需要定义该行业在竞争中的价值链。从普通价值链展开，依据特定行业、特定企业来确定具体的价值活动，保证每种价值活动都可以分化成范围更小的独立活动。在确定价值活动的过程中，需要精准区分主要活动和支持活动，正确地对活动进行分类（见图2）。例如，订单处理在生产制造和餐饮服务这两个不同的行业领域中必然处于不同的价值活动中。

定义行业价值链的主要工作是确定每个价值活动及其子活动。

对于每项主要活动，确定为组织创造特定价值的子活动，例如：进货物流包含进货搬运、进货检查、进货入库等；生产运营活动包含部装配件、总装、检验等；出货物流包含订单处置、装运等。

对于每项支持活动，明确每项支持活动是如何为主要活动创造价值的。例如，考虑人力资源管理如何为进货物流、销售以及后期服务创造价值。

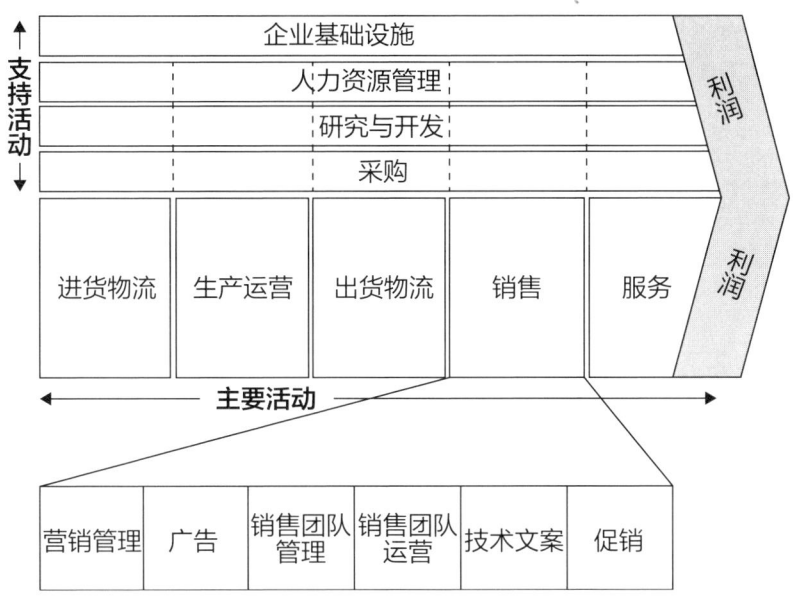

图2 普通价值链分类示意

（2）行业细分

企业在行业竞争中面临的关键战略问题，其一是行业内的竞争范围是什么？二是在行业的哪些细分领域内实施集中战略能具备可持续性，构建起细分领域的壁垒？因此，在价值链分析的过程中，极有必要依据行业细分、产品或买方差异等因素，在行业价值链的基础上对价值链中的价值活动进一步细分。这种细分可以源自行业的内部结构差异、产品组合、买方的结构或买方价值链差异的组合，是为企业赢得竞争优势的极为重要的步骤，也是提前获得潜在竞争优势的机会。

行业各细分领域具备的吸引力及竞争优势迥异。通过行业价值链细分，企业能够进一步明确细分领域中的五力竞争，确定在该细分领域内的市场吸引力和竞争范围，识别竞争力和竞争优势所在，也就是行业价值链中的战略控制点，以便于企业制定相应的战略，在细分领域内实施优化，并较早布局未来的潜在盈利能力。

价值链细分如表1所示。

表1 价值链细分

价值活动分类	价值活动	细分价值活动	是否战略控制点	是否参与
主要活动				
支持活动				

价值链细分与展开就是企业战略的拆解。围绕细分价值链，明确哪些价值活动可以提高客户价值或降低生产成本，就是企业创造对买方有价值产品的基础，也是企业要着重发展的点——战略控制点。

（3）识别差异化

差异化竞争来源于价值活动本身、价值活动广度及范围、下游价值链。企业的独特性源自价值链内部各项活动或企业同供应商、渠道商之间的关联。

甄别价值链中的关键联系，企业能够逐步明晰在行业竞争中的哪些价值活动中构建核心竞争力。这一步骤比较关键且颇为耗时，需要明晰前面步骤确定的所有价值活动（或细分价值活动）之间的联系。

当增加价值链上的竞争优势时，横向业务单元之间的关联和竞争对组织来说是很重要的。例如，投诉记录与出货物流中人力资源管理存在联系，假设10个人配送10件货物能保证每个客户准时收到货物；如果只有八人配送，势必有两件货物被延误而被两名客户投诉；如果只有六个人配送，可能有四名客户投诉，这就是人力资源管理的问题。人力资源作为支持活动，需要衡量人力成本与配送这一主要价值活动的成本策略、产品及服务定位等活动方式，通过协同增效创造价值。

（4）制定竞争战略

基于前述价值链分析，企业需要制定竞争战略保持已有竞争优势，保证适当的资源分配，以实现核心能力和差异化竞争力的提升。经过行业价值链的定义和细分，企业可以明确价值链内各个活动的价值增加的能力及优劣势，区分企业竞争优势所在的价值活动，进而明确各个价值活动的关联程度及执行有效性，明确各个活动提供价值的程度，这些活动是企业的竞争优势所在。重要的是要确定哪些活动能够帮助企业，或是需要优化以创造价值附加值。企业的资源往往是有限的，此时需要多维度的定量分析，明确优化发展价值链中的哪些活动，可以使企业获得更多的主要价值和附加价值，同时避免不合理的资源配置。

10 商业模式画布

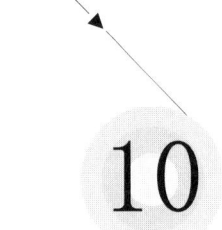

1. 商业模式画布构成

商业模式画布[1]是一种梳理商业模式的思维方式和工具，是梳理企业业务运行方式、实现客户价值最大化并达成持续盈利目标的解决方案。它能够帮助管理者更好地描述企业创造价值、传递价值和获取价值的基本原理，展示企业创造收入的逻辑，帮助管理者更加清晰地建立与商业模式有关的各种逻辑关系。

商业模式画布可用于建立及优化商业模式（业务模式），也可用于企业自身业务分析，如催生创意、降低风险、精准营销、合理解决问题、发现新业务机会等场景。

商业模式画布将日常商业运营过程中的主要活动分为九大模块，在九个方面将商业模式中的元素标准化，以便于管理者准确描述、评估或改变企业的商业模式。

商业模式画布九大模块分别是：目标客户、价值主张、渠道、客户关系、收入、核心资源、关键业务、重要伙伴和成本（见图1）。

（1）目标客户/细分客户（Customer Segments）

描述企业的目标客户群体，这些目标客户群体如何细分，每个细分目标群体的共同特征。企业需要对细分的客户群体深入分析，并在此基础上设计相应的商业模式。在此模块，企业应回答以下问题：

- 企业可以为哪些客户真正增加价值并获得利润？
- 客户分哪些类型？企业不愿服务于哪些客户？

---

[1] 蒂莫西·克拉克，亚历山大·奥斯特瓦德，伊夫·皮尼厄. 商业模式新生代：一张画布重塑你的职业生涯（个人篇）[M]. 毕崇毅, 译. 北京：机械工业出版社，2012.

【重要伙伴】	【关键业务】	【价值主张】	【客户关系】	【目标客户】
供应商、合作方等	实施商业模式必需的研发、生产、销售等活动	企业能够给目标客户提供什么？产品或服务给客户带来什么价值？为客户解决什么痛点？企业特有的、优势性的价值定位是什么？	通过何种方式维系和增强与客户的关系？	企业如何选择高价值目标客户群？• 什么公司• 所处位置• 什么样的决策者
	【核心资源】平台/网络、关键人才、客户关系或关键设备等		【渠道】如何找到客户？	
【成本】制造成本　销售费用　研发费用　管理费用			【收入】盈利模式　客户价值　销售收入　利润	

图1　商业画布模式

• 如何选择高价值的目标客户群？（考虑客户的公司类型、区域、决策者等多重因素）

（2）价值主张（Value Proposition）

通过描述能为客户群提供的、能为其创造价值的产品或服务来明确企业的价值主张。需要思考以下问题：

• 企业能给目标客户提供什么？
• 企业的产品或服务能给客户带来什么价值？
• 能帮助目标客户群体解决什么痛点？
• 企业特有的、优势性的价值定位是什么？

（3）渠道（Channels）

描述企业与客户群通过什么方式或渠道达成沟通并建立联系，向对方传递自身的价值主张并实现产品或服务的售卖。渠道应描述以下问题：

• 企业如何找到客户？接触客户的渠道有哪些？
• 哪些渠道最为有效？哪些渠道投入产出比最高？
• 如何整合可以达到效率最高化？

（4）客户关系（Customer Relationships）

描述企业针对某个细分客户群所建立的客户关系的类型。需要明确以下问题：

- 客户侧重什么样的关系类型？（如通过专属客户代表与客户沟通、通过自助服务与客户沟通、通过社区与客户沟通等）
- 通过何种方式维系和增强企业与客户的关系？

（5）收入（Revenue Streams）

描述企业从每个客户群如何获得收入并实现盈利（须从收益中扣除成本得到利润）。收入是企业的动脉，在这个模块应回答以下问题：

- 企业采用哪种盈利模式？（是通过销售产品、信息或服务盈利，还是采用广告、订阅、交易佣金、会员费等形式盈利）
- 通过什么方式收取费用？
- 客户如何支付费用？
- 客户付费意愿如何？
- 企业如何定价？

（6）核心资源（Key Resources）

描述企业需要哪些资源能够保证目前的商业模式有效、顺利地运行。核心资源包括人力资源、实体资产、知识资产、金融资产等可以调配支撑业务发展的资源。具体来看，重要平台/网络、关键人才、关键设备或客户关系在不同企业的商业模式中也是企业的核心资源。

（7）关键业务（Key Activities）

描述企业保障、维持其商业模式正常运营需要做到的最重要的事情和必须实施的活动，通常包括研发、生产制造、销售等活动。

（8）重要伙伴（Key Partnerships）

描述企业保证商业模式顺利有效运行所需的供应商和合作伙伴网络及人际关系。需要明确以下问题：

- 与企业相关的产业链上下游的供应商、合作伙伴有哪些？
- 企业和它们的关系网络如何？
- 重要合作伙伴如何影响企业的业务运转？影响程度如何？

（9）成本（Cost）

描述企业有效运转商业模式所发生的全部成本。首先需要确定企业成本结构，包括制造成本、销售费用、研发费用、管理费用等。还应分清：
- 固定成本和可变成本分别包含哪些？
- 哪些活动或资源花费最多？
- 如何优化成本？

2. 商业模式画布的重要性

对企业来说，市场洞察、商业模式设计、销售管理的关系是相互输入、相互影响的，商业模式画布九大模块的内容梳理也是渐进明晰的。三者关系如图2所示。

企业的总体战略定位、战略目标是确定各个产业/业务板块的定位、制定业务目标的前提和输入。业务层面的目标与计划的形成和执行，需要时刻与公司的战略目标保持一致，在公司层面自上而下分解成为各个业务的目标。

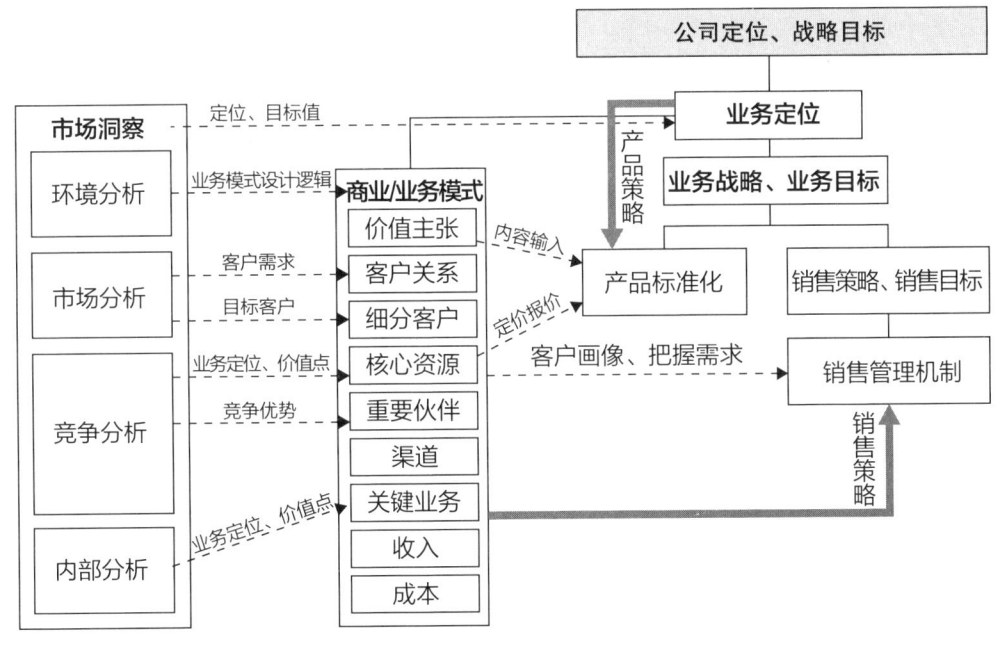

图2 市场洞察、商业模式、销售管理关系示意

市场洞察的分析结论是商业/业务模式设计的前提和输入。通过市场洞察，企业可以掌握外部环境在不确定性中带来的机会和威胁，了解目标市场发展的趋势和

细分市场的规模空间，确定行业竞争壁垒以及竞争对手优势，明确自身发展的核心竞争力及不足。这些市场洞察的信息和结论，在商业模式/业务模式九大模块的设计和梳理过程中至关重要，是商业模式画布设计的逻辑基础和源头，也是确定商业模式画布这一决策的判断要素。

商业/业务模式是企业产品标准化和销售管理的重要内容输入。商业模式涉及的价值主张、客户细分、关键业务、收入来源和成本结构等内容直接影响企业的产品设计与研发过程。企业以客户和市场为中心，需要在产品研发、内容设计、产品定价等方面充分掌握市场和客户的需求，这也是市场洞察和商业模式的必要产出。同样，商业模式中梳理和明确客户关系、合作关系、渠道通路等模块的内容，对销售策略的选择和制定有指向性引导。制定和实施销售策略时会发现，在较为明确的商业/业务模式设计中，已对销售策略、客户选择、谈判策略等内容形成相对清晰的导向，可以引导销售活动的开展。

3. 商业模式画布的绘制

商业模式画布的九大模块覆盖商业的四个视角：客户、产品或服务、基础设施及金融能力。对整个商业模式画布来讲，以"价值主张"模块为分隔线，左侧的四个模块更重视"效率"，右侧的四个模块更重视"价值"，如图3所示。

在商业模式画布梳理和设计的过程中，九大模块的填写不是随机的，而是具备一定顺序的——按照"效率"和"价值"的关联关系逐个推进。各模块梳理顺序如图3所示。

从价值的产出和交付来看。首先确定目标客户群体，对客户市场进行细分；其次确定价值主张，明确目标用户的需求；再次确定渠道，厘清接触客户的方式和渠道；又次确定客户关系，明确企业与客户保持什么样的关系和怎样发展关系；最后确定收入来源，也就是企业的赚钱方式。

从效率的改善和提高来看。在明确收入来源之后，先确定实现盈利的核心资源；有了核心资源之后，针对关键业务确定关键业务行动；随后确定企业重要伙伴，评估企业合作伙伴；最后确定成本结构，即汇总以上各环节发生的成本开支。

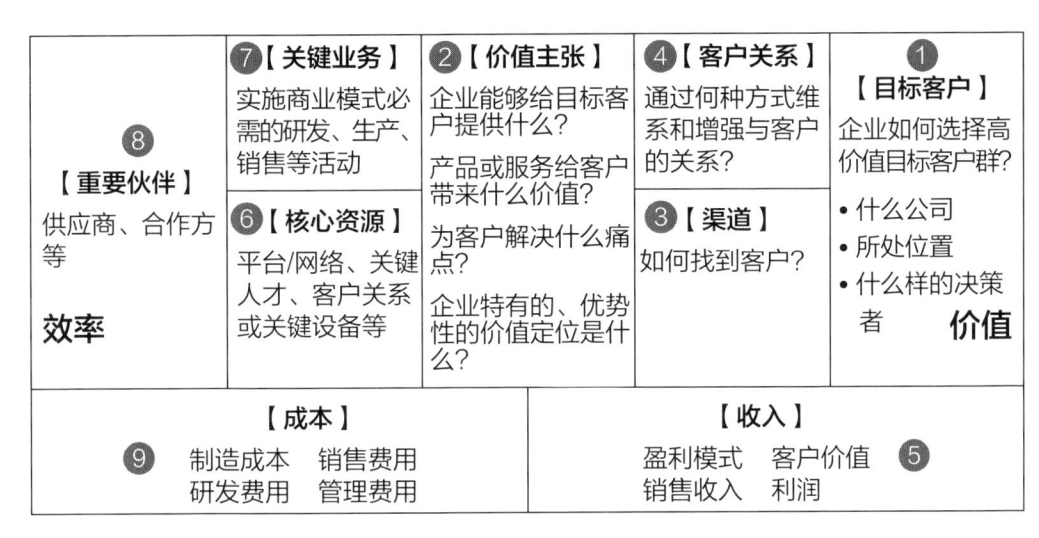

⑧ 【重要伙伴】 供应商、合作方等 **效率**	⑦ 【关键业务】 实施商业模式必需的研发、生产、销售等活动	② 【价值主张】 企业能够给目标客户提供什么？ 产品或服务给客户带来什么价值？	④ 【客户关系】 通过何种方式维系和增强与客户的关系？	① 【目标客户】 企业如何选择高价值目标客户群？
	⑥ 【核心资源】 平台/网络、关键人才、客户关系或关键设备等	为客户解决什么痛点？ 企业特有的、优势性的价值定位是什么？	③ 【渠道】 如何找到客户？	• 什么公司 • 所处位置 • 什么样的决策者 **价值**
⑨ 【成本】 制造成本　销售费用 研发费用　管理费用			【收入】 盈利模式　客户价值 销售收入　利润　⑤	

图3　商业模式画布设计顺序

在设计商业模式时，还可以从当前业务设计、行业标杆业务设计、未来业务设计三个维度进行梳理分析。梳理当前的业务模式，企业可以识别业务运转的实际情况，发现商业经营中不甚明确的地方，从而进行明确、改善或优化。梳理行业标杆的业务模式，可以发现竞争对手的核心竞争优势，便于借鉴和伺机超越。未来的业务设计，主要在当前业务模式基础上升级优化，形成适应未来的一段时间内可持续发展的业务模式。

组织篇

11 组织结构设计

明茨伯格在《卓有成效的组织》[1]里提到,"组织结构涉及两个基本要求:一方面要把某个活动拆分为多个任务,另一方面又要把多个任务协调整合起来,以便实现最终目标。"简单的一句话,说清楚了组织结构设计的本质。

这两个方面的要求,在《卓有成效的组织》后面都有详细解释,有兴趣的读者可以翻来看看。笔者将结合组织结构优化咨询项目中的实践经验,谈一谈对这句话的理解。

1. 专业化分工

专业化分工,实际上亚当·斯密在《国富论》[2]中就讲到了。亚当·斯密在书中举了大头针工厂的例子,工厂通过对大头针制作过程工序的分解,把大头针的生产效率大幅提升,由原来的1个人每天生产20个,提高为10个人一天生产48000个。

专业化带来了效率的提升,主要体现在三个方面:一是减少了工人在工序之间切换所需要的时间(更换工具等);二是对单一工序可以进一步进行技能训练,提高工作效率;三是工序单一后,可以通过专门的工具或者机器进一步提高效率。这里讲到的都是水平专业的分工,在组织设计里主要体现在部门的设置上,例如:横向要分多少部门?哪些职责要划分在同一个部门?

专业化分工还有另外一种形式,即垂直专业化。垂直专业化在岗位设计的时候

---

[1] 亨利·明茨伯格.卓有成效的组织[M].魏青江,译.杭州:浙江教育出版社,2020.
[2] 亚当·斯密.国富论[M].孙善春,李春长,译.开封:河南大学出版社,2020.

会更多地涉及。某主机单位，进行组织结构优化，为了提高采购员岗位的工作效率和质量，把原采购员的职责进一步划分，增设采购代表，主要负责某品类的采购策略、采购过程的异常处理等。采购员主要负责事务性采购合同的签订、订单状态跟踪等工作。垂直专业化，把类似采购策略等方面的工作交由更有经验的采购员来承担，大幅提高采购管理水平，同时打通采购员的职业发展路径。

组织结构设计示意如图1所示。

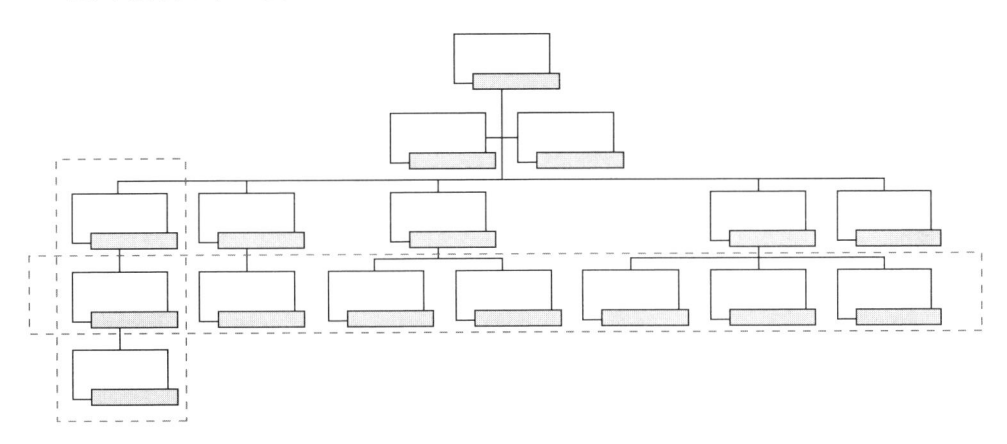

图1　组织结构设计示意

2. 基于专业化分工下的协调机制

谈协调机制，前提是专业化分工，流程（流程也是组织的一种协调机制）优化，会遇到很多问题，其实往往是专业化分工（职责）没有厘清，流程也没有厘清。

组织的协调机制有很多，如基于结果考虑的过程标准化（流程、规划等方面的形式）、技能标准化等。规划、计划和考核本质上也是一种协调机制，解决的是通过规划、计划和考核的设计使得组织各个单元目标达成一致的问题。针对不同性质的工作，规划和考核的侧重点也有差异。相对独立可以为结果负责的部门/事业部，可以设置考核结果的维度来解决目标一致的问题。有些部门的任务完成需要与其他部门配合，那么很难基于结果考核进行协调，而是通过管控他们关键任务来解决目标一致的问题，就像很多组织要做五年规划，要进行规划任务的分解，本质上是通过管控关键任务保证所有部门的目标与组织目标一致。

流程也是一种协调机制，是一种通过管控过程来管控结果的协调机制，通过流程目标，能够协调不同部门基于自身角度解决目标冲突的问题。

笔者认为明茨伯格的《卓有成效的组织》是讲组织设计时将理论与实践结合的最紧密的一本书，也是最能指导具体管理工作的一本书，这是一本常读常新的管理经典。

12 组织协调五大机制

1. 五大协调机制

组织协调工作的基本方法，大致可分为五种机制[1]：相互协调、直接监督、工作流程标准化、工作输出标准化、员工技能标准化。这五种机制是结构的最基本元素，它们共同作用，将组织聚合在一起。

（1）相互协调

相互协调是通过非正式的简单沟通实现对工作的协调。相互协调使工作控制在工作者自己手中，是非常简单的协调机制，在简单组织和复杂组织中都能使用。

（2）直接监督

直接监督靠一个人对他人的工作负责，向他人发布指令并监督其行为，从而实现协调。当组织的发展超越了最初的简单阶段，不再是十几个人的规模时，会倾向于运用第二种协调机制——直接监督。

（3）工作流程标准化

当工作内容明确或程序化时，工作流程就可以实现标准化，通过制定标准来实现协调。对工作流程、工作输入或工作输出（员工的技能和知识）进行设计，以满足预定标准。组织可能会长期采用标准化，如装配、加工生产线等。

（4）工作输出标准化

当工作结果（如产品的尺寸或性能）确定时，就可以进行输出标准化。输出标准化后，任务之间的协调确定下来，就可以制定绩效标准，如给销售制定业绩指标。

---

[1] 亨利·明茨伯格.卓有成效的组织［M］.魏青江，译.杭州：浙江教育出版社，2020.

（5）员工技能标准化

从事某一项工作所需的培训要求非常清楚，可以对员工技能和知识进行标准化。技能标准化间接实现了工作流程和工作输出标准化能直接实现的目标。如果工作本身和工作输出都无法标准化，解决办法只能是将劳动者标准化，通过培训技能标准化实现大多数的协调。

组织协调五大机制如图1所示。

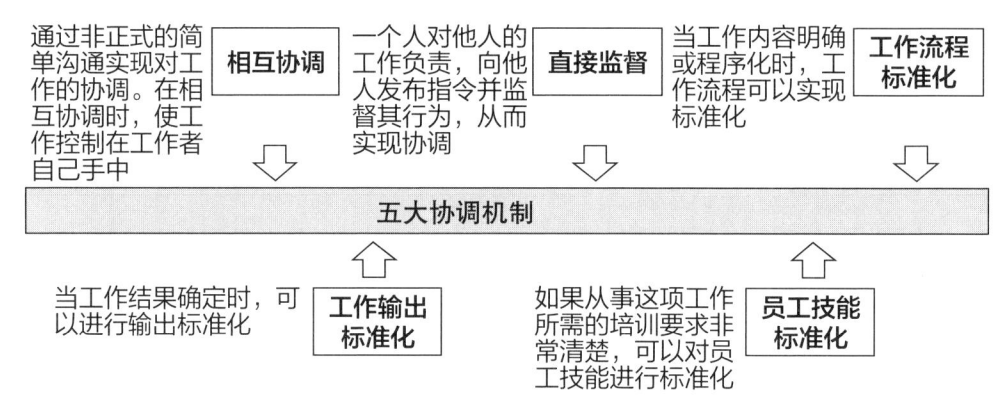

图1 组织协调五大机制

2. 五大协调机制的应用

在特定的条件下，组织需要特定的协调机制。五大协调机制可以相互替换，即组织会用一种协调机制来替换另一种协调机制。组织不是只能依靠一种协调机制，大多数组织会根据自己的实际情况，选择最适合的协调机制，甚至是混用五大协调机制。

随着企业的发展壮大，组织工作越来越复杂，企业的协调机制出现以下进化过程。

第一，企业初创期，几位创始人以非正式的沟通方式相互协调。

第二，人员数量增长后，领导者倾向于通过直接监督进行组织管控。

第三，业务规模进一步扩大后，企业开始追求标准化。通过对工作流程的标准化实现内部协调；当工作流程越来越复杂化，企业控制员工产出，通过工作输出标准化（工作结果）进行协调。

第四，在输出无法标准化的情况下，企业进行培训，促使员工技能标准化。当标准化无法实行，面对极端复杂的情况，企业会重新采用相互协调的机制。

不管是否运用标准化，一定程度的直接监督和相互协调总是必不可少的。即使组织已经克服了重重困难实现了标准化，若没有领导力和非正式沟通，仍然无法生存。例如，在一个全自动化、完全标准化的工厂，机器发生故障，相关人员不在岗，要在紧要关头调整进度安排，必须让领导者介入（相互协调与直接监督），员工也应该具有自主应对突发问题的能力（员工技能标准化）。

3. 组织设计与五大协调机制

（1）组织协调的五大机制贯穿于组织设计的多个维度

组织分组体现了对组织主要协调机制的选择。

组织中职位和单位的分组（组织结构设计）是协调组织内部工作的不可或缺的手段。组织结构的分组促成了两种重要的协调机制：直接监督和相互协调；并且形成共同的绩效评估标准，为工作输出标准化奠定基础。

组织设计、协调机制及其他对应关系见表1。

表1　组织设计、协调机制及其他对应关系

组织配置方式	主要协调机制	组织关键组成部分	主要设计参数	情境因素
简单结构	直接监督	战略高层	集权化 有机结构	历史久、规模大 相对简单的技术体系 简单动态的环境 最高管理者对权力需求大
机械式官僚结构	工作流程标准化	技术结构	行为规范化 工作水平与垂直专业化 按职能分组 操作单位规模大 纵向集权、有限横向分权	历史久、规模大 非自动化的调控性技术体系 简单稳定的环境 外部控制
专业式官僚结构	员工技能标准化	运营中心	培训 水平工作专业化 横向和纵向分权	复杂且稳定的环境 非调控性、不复杂的技术体系

续表

组织配置方式	主要协调机制	组织关键组成部分	主要设计参数	情境因素
事业部制结构	工作输出标准化	中间线	市场分组 绩效控制系统 有限纵向分权	多样化市场（产品/服务） 历史久、规模大 中层管理者的权力需求
变形虫结构	相互协调	支持部门	联络机制 有机结构 选择性分权 水平工作专业化 培训 同时具备职能与市场分组	复杂且动荡环境 年轻 复杂且多为自动化技术体系

（2）协调机制影响组织设计中单位规模的设定

主要体现在标准化和相互协调两个方面。

第一，与直接监督相比，使用标准化协调机制的程度越高，工作单位的规模越大。管理者的工作可以通过标准化实现"制度化"，当企业利用标准化体系实现的协调越多，管理者对每位员工的监督时间越少，向他直接汇报工作的员工也就越多，所以大规模制造企业中的控制幅度越大。员工技能和工作输出标准化也能实现较大的单位规模。员工接受的培训程度越高，其工作输出越标准化，就越不需要严密的监督，其单位规模也会越大。所以，运营核心中的单位通常较大，因为这部分往往会最大限度地借助标准化（尤其是工作方法标准化）进行协调。

第二，相较于标准化和直接监督，对相互协调的依赖程度越高（由于复杂任务对彼此的相依性），单位的规模越小。单位中的任务（不论复杂程度）越是相关，管理者与员工在工作中就越需要通过密切联系来实现协调，管理者的控制幅度必然较小。如果工作复杂且依赖性强，有必要缩小工作组规模，进行面对面沟通，推动相互协调。也就是说，为了保证沟通有效性，工作单位必须小，小到便于所有成员进行合宜、频繁和非正式的沟通。

13 麦肯锡7S模型

1. 麦肯锡7S模型构成

麦肯锡7S模型是麦肯锡公司设计的企业组织七要素评估模型。二十世纪七八十年代，麦肯锡顾问深入走访和调查IBM、惠普、麦当劳等43家美国各行业中的领军企业，总结优秀企业成功的共同特点，后被麦肯锡用作基本工具。麦肯锡7S模型指出了企业在发展过程中必须考虑的七个方面因素，包括战略（Strategy）、结构（Structure）、制度/系统（System）、员工（Staff）、技能（Skill）、风格（Style）、共同价值观（Shared Values），七个因素的英文单词都以S开头，故该模型被称为麦肯锡7S模型。

（1）战略（Strategy）

战略决定企业方向和意图，同时提供企业成败的标准。战略是对企业发展目标、达到目标的途径和手段的总体谋划，是企业经营思想的体现，是企业综合自身优劣势和外部环境而做出的一系列决策，是制订企业规划和计划的基础。

（2）结构（Structure）

组织治理结构，是汇报制度、任务分配和整合、管理等级之间的协调和整合。组织结构将企业目标、协同、人员、制度等组织要素有效地排列组合，显示了工作如何被分解，体现了明确的责任分工，奠定了企业赖以生存的基础。有效的组织治理结构能将组织的合力发挥到更大，保障不同组织及部门间沟通顺畅，促进业务上的协同、协作，为战略实施服务。

(3) 制度/系统（System）

制度/系统，指企业日常活动、流程和程序，包括管理信息、激励沟通。制度是企业战略思想和企业精神的具体体现，主要基于企业运行机制、管理流程和激励机制制定，保障企业按照一定的规则运行。

(4) 员工（Staff）

员工的能力、经验、潜力和意愿是企业成功的决定因素；员工的构成和生产力是考核企业招聘、培训和激励的指标。战略的实施需要准备充分的人力，并由适合的人员去实施。

(5) 技能（Skill）

技能是组织、经理、员工能力的总和。战略实施需要员工掌握一定的技能，而技能有赖于严格、系统的培训，组织的设计也要服务于培养新的技能或开发现有技能。

(6) 风格（Style）

风格包括企业的文化风格、管理者的领导风格和行事方式等。风格会影响公司的整体氛围，在一定程度上又会影响员工的行为。风格没有好坏之分，适合企业发展的风格才有助于企业早日实现发展战略。

(7) 共同价值观（Shared Values）

价值观是社群共有的动机，是企业文化和员工表现的总和，包括工作、合作、沟通态度、行为方式、道德准则等。共同价值观是企业存在的根本意义，是企业自身运作的根本动力和驱动力。共同价值观处于7S模型的核心位置，其变化会影响和促进其他要素发生改变，其他要素的变化也会使它有所改变。当然，共同价值观是7S模型中最难改变的要素。

另外，按照是否相对容易改变，七个要素可以分为"硬件"和"软件"两类。"硬件"部分包括战略、结构和制度，相对容易变革，可在企业变革时作为切入点；"软件"部分包括员工、技能、风格和共同价值观，它们的改变不是一蹴而就的，总是需要一定时间的积累和沉淀。

麦肯锡7S模型如图1所示。

组织篇

战略决定企业方向和意图，同时
提供企业成败的标准

组织治理结构，汇报制度、任务分配
和整合、管理等级之间的协调和整合

社群共有的动机，企业
文化和员工表现的总和，
包括工作、合作、沟通
态度，行为方式、道德
准则等

结构

战略　　制度/系统　　公司的日常流程和程序，
共同　　　　　　　　包括管理信息、激励沟通
价值观
员工　　技能　　组织、经理、员工能力的
风格　　　　　　总和。组织设计必须服务
于培养新的技能或开发现
有技能

员工的能力、经验、潜力和意
愿是企业成功的决定因素
员工的构成和生产力是考核企
业的招聘、培训和激励的指标

管理者的领导风格和行事方
式会影响公司的整体氛围

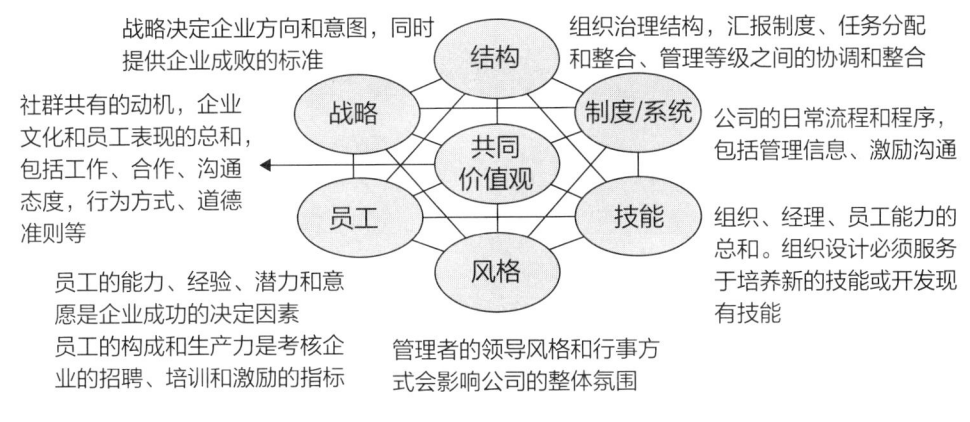

图1　麦肯锡7S模型

2. 麦肯锡7S模型的使用场景

麦肯锡7S模型常用于企业战略规划和变革管理场景，也是进行标杆研究、问题诊断及复盘、编制解决方案等具体工作中的思考工具。

用于战略规划制定和实施。企业管理者可基于7S模型的七个要素及要素拆解的各个维度，借助对各维度问题清单的回答分析，形成管理决策；确定适合本企业发展的规划，并在七个维度的基础上形成保障战略实施的相应措施。

用于变革管理，如组织调整等。企业管理者可以根据7S模型的框架结构，对企业当前在七个要素方面的情况展开调查和研究，识别企业组织中存在的问题；结合各要素要求与企业的具体发展情况，形成组织优化调整方案。

3. 麦肯锡7S模型的使用方法

麦肯锡7S模型的应用一般包括模型评估分析、提炼结论共识、达成实施决策三个步骤。

（1）模型评估分析

应用7S模型对企业现状进行评估。为了更准确、有针对性地评估分析企业现状，分析者使用7S模型时可将七个要素拆解和细分，为每个要素梳理问题清单，按照问题清单对企业情况进行管理评估。

要素拆解是为了将每个维度的内容尽量考虑全面，真实评估企业实际情况。例

73

如：战略要素可拆分为战略制定、战略执行和战略共识等维度；员工要素可拆分为人才选拔、人才胜任、人才培育和人才激励等维度；风格要素可拆分为管理者风格和员工行为等维度。

问题清单梳理是在要素拆解的基础上形成有针对性的问题，帮助分析者识别、制定更有效的策略。以下是常用的一些问题清单参考，实际应用中还可以结合企业情况补充。

战略：企业的战略是什么？外部环境变化对企业战略有什么影响？企业战略的优先事项是什么？企业的核心竞争力是什么？

结构：企业组织结构的形式是职能式、矩阵式还是网络式？部门/团队是如何划分的？是按照客户、产品与服务划分的，还是按照地理区域划分的？组织的等级结构有几层？企业各部门间如何协作？协作是否顺畅？组织内管控模式如何？决策权是集中还是分散？

制度/系统：企业运行有哪些制度？制度执行是否有监督机制和实施评估？企业内部管理流程是否能保证制度的有效实施？组织内的系统是否能支撑业务的发展和运作？

员工：企业的岗位是否有空缺？什么原因产生空缺？企业员工的能力能否支撑企业战略发展的要求？存在多少差距？企业对员工的培养机制如何？企业是否能留住核心人才？

技能：支撑企业核心竞争力的技能是什么？当前员工掌握的技能能否完成所需工作？企业技能或技术是否存在缺口？需要储备哪些技能或技术？这些技能能否被评估和奖励？

风格：企业领导者的管理风格如何？组织内部的执行力怎样？员工之间的关系如何？擅长合作还是趋向竞争？企业部门或团队内部的分工依据是什么？协同性如何？

共同价值观：企业一贯坚持的核心价值观是什么？企业文化是否塑造？企业领导者是否注重企业价值观的塑造和培养？

企业需组建专门的跨职能分析小组。由分析小组针对细分维度进行评估打分，梳理回答问题清单，确定组织存在的问题。同时，需要详细记录并汇总、分析小组内部针对七个要素的思考结果。

（2）提炼结论共识

基于7S模型框架汇总、提炼问题清单涉及的信息，形成针对七个要素的对应性结论。此外，还可组织各业务部门研讨，针对结论提出相应的实施策略和行动方案。尽量在此环节通过跨部门的研讨，使管理者和业务部门对7S模型评估的问题解决及改善结论达成共识，以便于下一步编制更有针对性的规划和解决方案。

（3）达成实施决策

按照7S模型框架，将共识形成战略规划或系统的解决方案，并实施。在编制战略规划时，从七个要素的维度进行协同设计和规划，在前期7S评估信息提炼与共识的基础上，编制更易落地的战略规划和年度计划。

基于7S模型的评估诊断结论，管理者可以更有针对性地推动变革管理。结合7S评估中识别出的短板和问题，利用5W2H分析法定义管理问题，确定变革行动计划来消除差距和错位，提高企业内部组织效率。

麦肯锡7S模型是验证组织有效性的框架。组织要达到成功，组织内的这七大要素必须协同匹配。无论企业是何种类型的变革——组织结构调整或重组、流程设计和流程再造、兼并收购、新系统实施、管理层变动等，麦肯锡7S模型都能够帮助企业理解组织各要素之间的关系，保证某个领域内的变革在更大范围内带来的影响能够被全面考虑。

14 Dwise组织效能评估模型

1. 组织效能评估模型介绍

组织效能是企业为实现预定目标的能力和效率的表现，主要包括在生产经营过程中的群体作业能力、效率、质量等，效能评估的结果反映了一个组织的整体运行情况。

Dwise组织效能评估模型[1]是用于评估组织效能水平、审视组织效率、发现组织运行问题、评估企业人力资源使用情况的工具。

组织效能评估模型从外部环境、战略、运营效率、绩效四个维度构建了对企业组织效能水平的衡量评估指标。通过对各个维度细分指标情况的打分，真正了解组织运行现状，发现组织运行中存在的效能不足问题，给出提升效能的优化建议，明确未来工作的路径。

Dwise组织效能评估模型如图1所示。

2. 组织效能评估模型的评估维度

组织效能评估模型由四个评估维度构成，分别是外部环境维度、战略维度、运营效率维度、绩效指标维度。四个维度的评价结果输出为组织效能评估结果。

（1）外部环境

评估行业、集团和企业自身发展的要求，以及对照业内标杆的差距。外部环境因素主要指企业所处的宏观环境、产业环境等，包含一系列考虑因素，如行业趋

---

[1] 北京德衍睿通科技有限公司.组织效能评估模型：国作登字-2022-F-10019140[P].2022-01-26

势、战略定位、发展要求、规划、板块业务要求等。对行业标杆企业的研究和商业数据的对比分析也是外部环境分析中的重要环节。

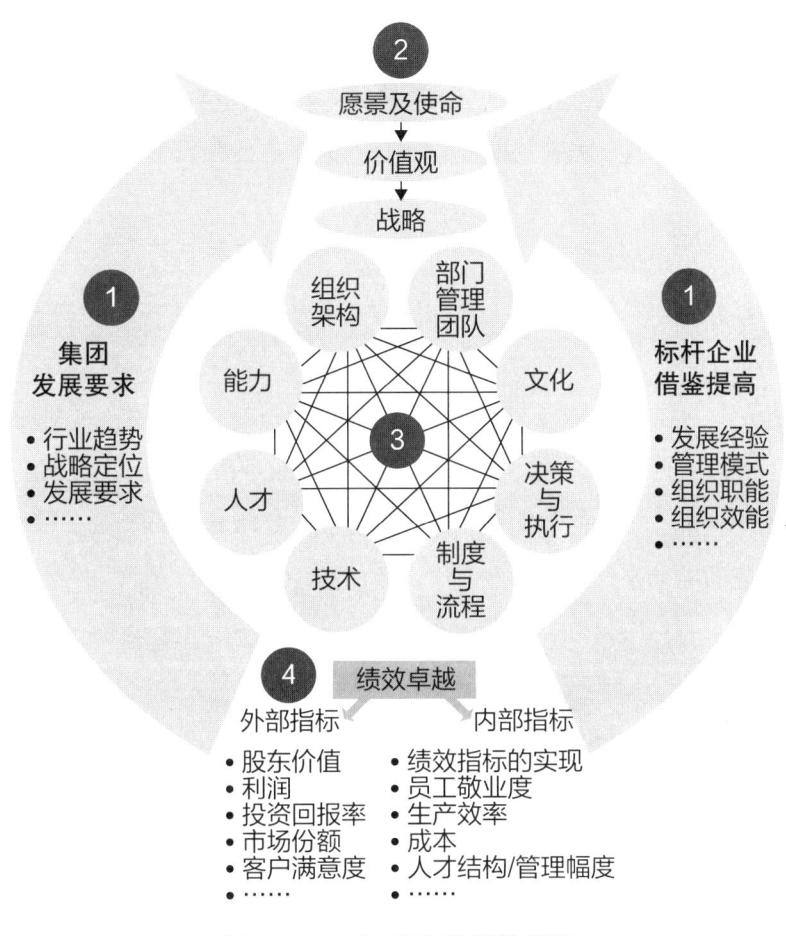

图1　Dwise组织效能评估模型

（2）战略

评估组织目标的一致性。目标一致性是企业进行日常运营管理的输入，从组织外部获得并作为组织发展的方向和资源。

"输入"包括公司的战略、愿景、使命、目标及运行原则等。在所有组织中，"输入"与其他关键要素之间的一致性都会影响组织绩效。

组织目标一致性从公司战略与绩效指标的分解和支撑关系着手分析，战略方面需要了解公司使命、愿景和战略描述、分析公司战略地图的分解过程等。

绩效指标方面主要看指标对公司战略的支撑性，各层指标分解的支撑关系等。

（3）运营效率

评估影响组织运营效率的八个方面的表现情况。运营效率是组织在一定效能水平下体现出的，与企业日常经营、管理活动关系密切的各项能力的基本情况。从"硬性"维度和"软性"维度来分析组织运营效率，发现影响组织效率的因素以便进行改善。

"硬性"维度包括组织架构、制度与流程、决策与执行和技术四个要素。"软性"维度包括文化、管理团队、人才和能力四个要素。

（4）绩效指标

评估组织内外部指标表现。组织效能在结果方面的直接体现是企业绩效。企业绩效包括外部指标和内部指标，外部指标包括股东价值、利润、投资回报率等内容，内部指标包括员工敬业程度、生产效率、成本等内容。

组织效能的结果是过程的函数，组织效能的表达公式为

绩效输出＝目标一致性×运营效率×外部环境

3. 组织效能评估模型的应用

运用组织效能评估结果，在人力资源管理提升方面，企业可以有四个方面的应用。

一是了解当前组织效能的水平，掌握组织运行的现状，明确组织运行中的问题。

二是识别影响组织效能的关键因素，明确提升与改进的方向。特别是在人力资源方面，组织效能评估模型的评估结果，能够在人力资源管理、人才队伍建设、人才结构优化、提高人力资源使用效率等方面明确改善方向。

三是描绘组织效能改善实施路径，支撑制订组织效能改进措施。从"对效能的影响"和"工作难易"两个维度，对组织效能提升的措施进行排序，形成优化组织效能的路径图。

四是企业将组织效能评估成果和自身实际结合起来，根据影响效能的关键因素和效能改善路径图，制定切实可行的提升策略。

4. 组织效能评估模型特色

传统的组织或人力管理体系评估类模型较单一，组织效能评估模型不同于此，其围绕组织目标实现的过程和结果的循环关系，用多个维度的细分指标进行效能评估，对组织发展能力和效率的衡量更为立体、全面。

组织效能评估模型体现了组织与企业战略目标的一致性。本模型将影响企业组织效能的内外部因素有机串联，通过全面、客观的调研分析，深度剖析企业在发展过程中遇到的效能不足问题。后续企业可围绕发现的不足和短板进行系统的优化升级，提高效率、效能，最终将企业的战略目标渗透到组织的各个层面、各个岗位。

组织效能评估模型能够"从组织到部门、从部门到岗位"逐级反映效率、效能的问题。组织效能评估从多个维度和指标体现各层级存在的效能问题，指导各层级人员优化工作、提高效率。特别是管理层能够对企业的管理现状有清晰的了解，对工作效果和水平高低形成清楚的认识，对未来管理工作开展的方向有更正确的把握。

组织效能评估模型为企业调整组织机制和优化升级人力资源管理工作提供了重要依据。企业可根据组织效能评估结果，优化人员结构，提高人员能力，加强人才培养，以达到提高企业运营效率和管理水平的目的。

5. 项目应用实例

在某航空制造企业公司的组织效能评估项目中，利用Dwise组织效能评估模型及其评估结果，在组织与人力资源领域开展项目工作，提出客户公司在未来进行优化提升的建议及实施路径。

人力资源篇

15 Dwise人力资源价值提升模型

1. 模型介绍

Dwise人力资源价值提升模型[1]是基于德衍睿通人力资源相关项目经验，对人力资源相关体系管理关系进行梳理，推动各体系联动运行，促进人力资源总体价值提升的管理模式。本模型一方面考量了传统人力资源岗位、薪酬、绩效、招聘等职能模块；另一方面承接了人力资源战略规划，并引入管理信息系统的技术支持。

Dwise人力资源价值提升模型的核心是对人力资源体系内部各体系联动关系的阐释，主体分为内圈紧密循环及外圈支撑两个部分。

Dwise人力资源价值提升模型如图1所示。

2. 内圈紧密循环

人力资源价值提升模型的内圈包括岗位体系和职级体系、岗位价值评估、薪酬体系和绩效体系，以及能力/培训体系四个方面。内圈的人力职能模块各自独立，既有向下设计、分解的管理重点，又有互相联动影响，作为体系设计影响日常管理，并通过日常管理实现各个模块应用的实现。

（1）岗位体系和职级体系（岗职级体系）

岗职级体系匹配联动，同为基础。在传统以事为中心的岗位设置外，匹配了基于在岗员工的专业层级的职级设置，两者共同确定了员工在企业内部的职责定位及

---

[1] 北京德衍睿通科技有限公司. Dwise人力资源价值提升模型：国作登字-2022-K-10254551[P]. 2022-12-08

个人层级定位。岗职级体系的设置，是人力资源各个模块的管理基础。首先，岗职级体系为岗位价值评估提供了分级评估的依据，从而影响薪酬激励中基薪的确定；其次，绩效评价的核心指标也来源于岗位常规工作职责及涉及的工作流程；再次，能力及培训需求的来源也都需要充分考虑岗职级的设置；最后，岗位要求是招聘匹配评估的要素。

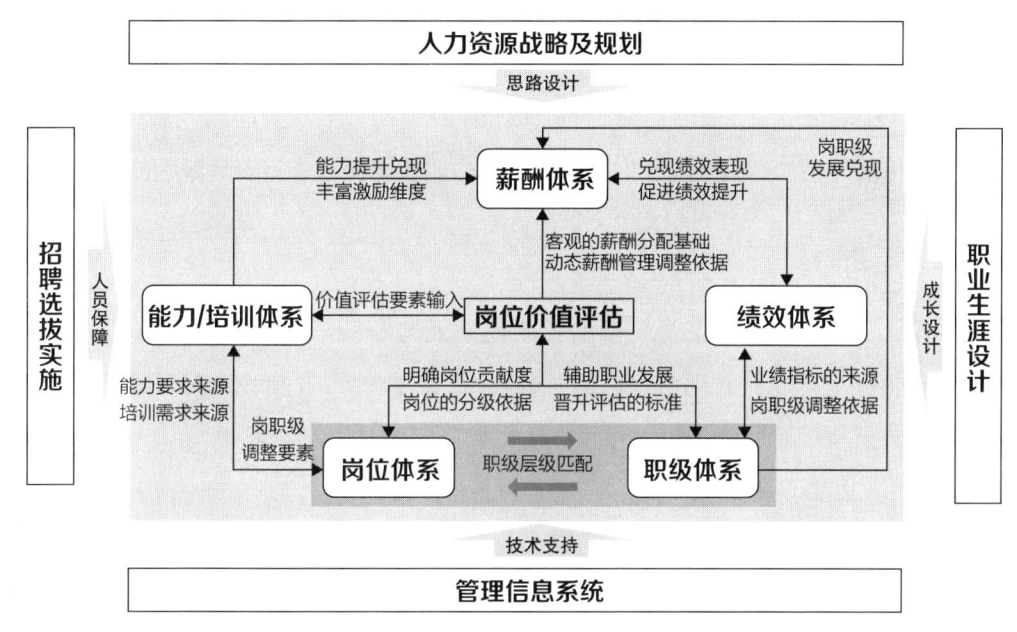

图1　Dwise人力资源价值提升模型

（2）岗位价值评估

岗位价值评估扮演了串联岗职级及薪酬体系的重要角色。岗位价值评估是量化岗位、职级级别的重要工作，无论采取传统的海氏、美世评估方式，还是采取较为定制化的评估，发挥意义的核心点集中在评价得分结果应用以及指标评估情况[HC1]两个维度。评估得分的结果会影响岗位级别、职级级别，进而影响薪酬对应结构的调整变化；而针对不同指标的评价，从岗位层次、能力等其他关联考察维度均具有分析意义。

（3）薪酬体系和绩效体系

薪酬与绩效是人力资源中关联最为密切的两个模块，绩效的结果需要通过薪酬体系兑现才能发挥评价作用，薪酬体系需要承接工作评价结果，能够进一步发挥引导作用，促进绩效的提升。薪酬体系的运转，需要承接岗职级体系对员工的个人工作及能力层次的定位，也需要承接依据绩效完成情况所发起的动态调整。

（4）能力/培训体系

能力管理是人力资源体系管理近年来关注度逐步提升的重要模块。随着人力资源管理从控制人力成本到重视人才投资的理念转变，员工个人所具有的知识、技能等因素成为公司发展的重要助力。对人力资源的投资、对员工个人发展的关注日益提升。除了传统培训支持工作外，员工能力评价的指标可以与绩效联动，能力要求可以作为岗位价值评估的评价要素，也可通过能力的层次差异来丰富薪酬激励的纬度。

3. 外圈支撑

Dwise人力资源价值提升模型的外圈包括人力资源战略及规划、招聘选拔实施、职业生涯设计以及管理信息系统四个方面。外圈的因素能够为人力资源内圈设计给予输入及支撑，是人力资源体系方法得以确定的重要影响因素。

（1）人力资源战略及规划

人力资源向上承接公司总体的战略目标，形成专项的人力资源规划。人力资源战略及规划旨在协同业务实现公司战略目标，确定重大的人力资源管理方向及发展路径，是人力资源管理体系内部各个模块设计思路的引领，是细分模块开展工作的重要输入。

（2）招聘选拔实施

招聘选拔过程主要是为人力资源体系提供资源。人员进入的数量、质量极大地影响了人力资源管理设计理念的实现。人力资源管理各个模块的设计（能力、岗位等）也会为人员招聘提供更为契合的标准。

（3）职业生涯设计

员工职业生涯的规划是员工成长联动人力资源体系设计的核心要点，职业生涯的设计需要与人力资源体系协同设计。此外，人力资源体系的落实也是职业生涯实施的有效保障。

（4）管理信息系统

随着信息化、数字化管理的发展趋势，系统对人力资源管理的支撑及落实尤为重要。人力资源体系设计需要通过信息系统集成来实现各个模块系统中的数据积累、共享、数据分析及决策支撑，打造人力资源数字化闭环。

在咨询项目实际应用中，鉴于人力资源各个管理体系联动的实际经验，往往需要在人力资源全息诊断的基础上，规划并确定适用于企业实际情况的人力总体提升策略，发挥人力资源的总体价值提升作用。

16 人力资源战略规划流程

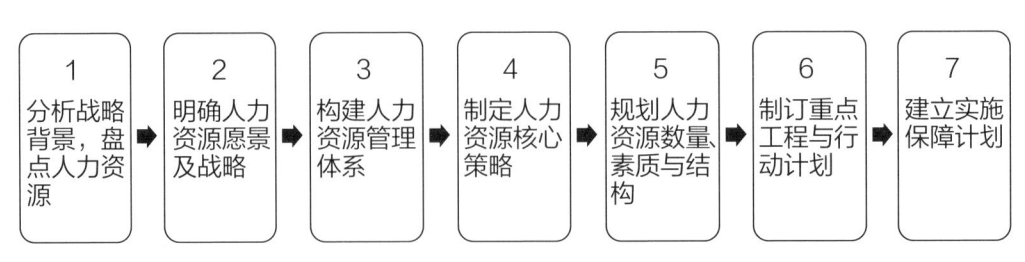

1. 人力资源战略规划流程介绍

人力资源战略规划[1]的定义有广义和狭义之分。广义的人力资源战略规划是，根据组织战略、目标及内外部环境变化，预测未来任务和环境对组织的要求，以及完成任务和满足要求而提供人力资源的过程。广义的人力资源战略规划强调人力资源对组织战略目标的支撑作用，在战略层面考虑人力资源战略规划的内容和作用。狭义的人力资源战略规划是，对企业可能的人员需求及供给情况做出预测，并据此储备或减少相应的人力资源。狭义的人力资源战略规划以追求人力资源的平衡为根本目的，它主要关注的是人力资源供求之间的数量、素质与结构匹配。

综合来说，人力资源战略规划是通过战略性人力资源管理职能活动及战略性制度安排，以实现组织人力资源的有效获取、开发和优化配置，并支撑企业战略目标实现的系统解决方案和管理过程。

人力资源战略规划流程如图1所示。

| 1 分析战略背景，盘点人力资源 | → | 2 明确人力资源愿景及战略 | → | 3 构建人力资源管理体系 | → | 4 制定人力资源核心策略 | → | 5 规划人力资源数量、素质与结构 | → | 6 制订重点工程与行动计划 | → | 7 建立实施保障计划 |

图1 人力资源战略规划流程

---

[1] 彭剑锋.人力资源管理概论[M].3版.上海：复旦大学出版社.2018.

2. 人力资源战略规划的目的及内容

人力资源战略规划主要是企业战略与人力资源的有效衔接，是企业战略落地的工具。通过人力资源战略规划开展人力资本的投资和开发，进行战略性人才储备，以满足企业发展和成长的需要。人力资源战略规划使人力资源管理更具操作性和有效性。

人力资源战略规划主要包括以下内容。

一是人力资源规划的基础分析，包括外部环境和内部资源能力分析、人才盘点、行业最佳实践研究。

二是人力资源体制机制建设，包括人力资源管控模式、人力资源专项制度。

三是组织基础建设规划，包括人力管理组织建设、职能职责的确定。

四是人力资源数量、素质与结构规划的能力线建设，根据人才盘点结果，对人力资源的数量、素质及结构进行规划。

五是核心人才队伍规划，包括职业发展通道、人才队伍建设、能力素质提升规划。

六是战略人力资源职能活动规划，包括绩效管理、薪酬与激励、找平与配置、培养开发方面的具体规划。

七是人力资源管理机制与制度变革规划。

八是人力资源管理知识与信息系统建设规划。

3. 人力资源战略规划的步骤

人力资源战略规划主要分七个步骤。

（1）分析战略背景，盘点人力资源

确认现阶段的企业经营战略，明确此战略决策对人力资源战略规划的要求，以及人力资源战略规划所能提供的支持。

明确企业战略之后，需要盘点现有人力资源。企业现有人力资源状况，是确定人力资源规划的基础工作。实现企业战略，首先要开发现有的人力资源。人力资源主管要对本企业各类人力数量、素质、结构、利用及潜力状况、流动比率进行统计分析。这部分工作最好结合人力资源管理信息系统和职位分析的有关信息进行。

人力资源信息包括个人自然情况、录用资料、教育资料、工资资料、工作业绩评价、工作经历等。

职位分析明确指出每个职位对应的职务、责任、权利以及履行这些职、责、权所需的资格条件，这些条件就是对员工素质的水平要求。

（2）明确人力资源愿景及战略

企业战略目标明晰之后，结合现有人力资源盘点的结果，制定基于企业整体战略的人力资源战略——明确人力资源愿景及使命，确定企业要实现的现阶段的战略、使命及愿景，需要什么样的人力资源战略予以支撑，并作为下一阶段行动计划的基点。

（3）构建人力资源管理体制

人力资源战略的实施需要人力资源管理体制的支撑。明确人力资源战略之后，企业需要根据人力资源战略构建人力资源管理体制，包括人力资源管控模式、人力资源机制制度以及特殊专项问题，人力资源管控模式决定如何构建人力资源机制制度，最后解决机制上的特殊专项问题。

（4）制定人力资源核心策略

根据人力资源战略与管理体制，确定人力资源战略的核心策略。

（5）规划人力资源数量、素质与结构

根据人力资源核心策略，对人力资源数量、素质与结构进行规划，主要在人力资源需求和供给两方面进行规划。

人力资源需求预测主要是根据企业的发展战略规划和本企业的内外部条件选择预测技术，然后对人力需求的数量、素质及结构进行预测，如图2所示。

人力资源供给预测包括两个方面的内容：一是内部供给预测，即根据现有人力资源及其未来变动情况，预测未来所能提供的人员数量和质量；二是外部供给预测，确定未来可能的各类人员供给状况。

（6）确定重点工程与行动计划

通过上述步骤，企业在公司整体战略、人力资源战略、体制等方面有了明确的认识和规划。根据这些认识和规划，企业需要确定具体的行动计划，将人力资源规划活动落到实处，并针对特殊问题建立重点解决方案。

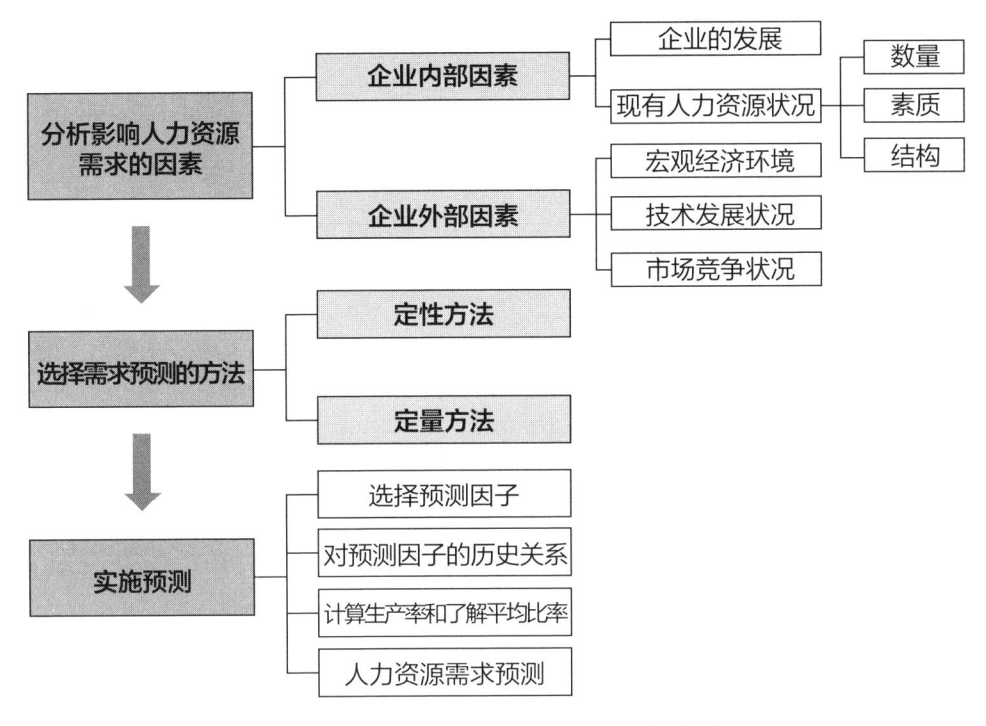

图2　人力资源需求预测的程序与方法

（7）建立实施保障计划

人力资源规划的具体实施需要相应的保障计划，以保证人力资源规划能够真正落到实处，并不偏离规划的初衷。保障计划主要是对人力资源规划实施过程进行监控。实时监控的目的在于为总体规划和具体规划的修订或调整提供可靠信息，强调监控的重要性。

4. 人力资源战略规划的执行

人力资源战略规划的执行主要涉及三个层次：企业层次、跨部门层次及部门层次。

（1）企业层次

企业层次上的人力资源战略规划需要"一把手"亲自参与，尤其是在企业经营战略对人力资源战略规划的影响，以及人力资源战略规划对人力资源管理各个体系的影响及其指导方针、政策等方面，必须由高层决策。

（2）跨部门层次

跨部门层次上的人力资源战略规划需要企业副总裁级别的管理者执行，即对各部门人力资源战略规划的执行情况进行协调和监督，并对人力资源战略规划的实施效果进行评估。

（3）部门层次

部门层次上的人力资源战略规划分为两种情况。

1）人力资源部门

人力资源部门不仅要完成本部门的人力资源战略规划工作，还要扮演"工程师+销售员"的角色。人力资源部门的员工既是人力资源战略规划的专家、人力资源战略规划的确定者，又是人力资源战略规划的"销售员"与指导员，指导其他部门完成人力资源战略规划工作。

2）其他部门

人力资源战略规划工作应该是每个部门经理工作内容的组成部分。在企业，许多部门经理是从业务人员提拔上来的，对于人力资源管理没有经验，更没有人力资源战略规划经验。对于此类新提拔的经理，人力资源部门应给予培训，并把人力资源战略规划作为经理业绩考核的重要内容之一。部门经理应该主动与人力资源部门沟通，共同实现人力资源战略规划的目标。

17 Dwise基于人力资源与流程的管理HRPMF模型

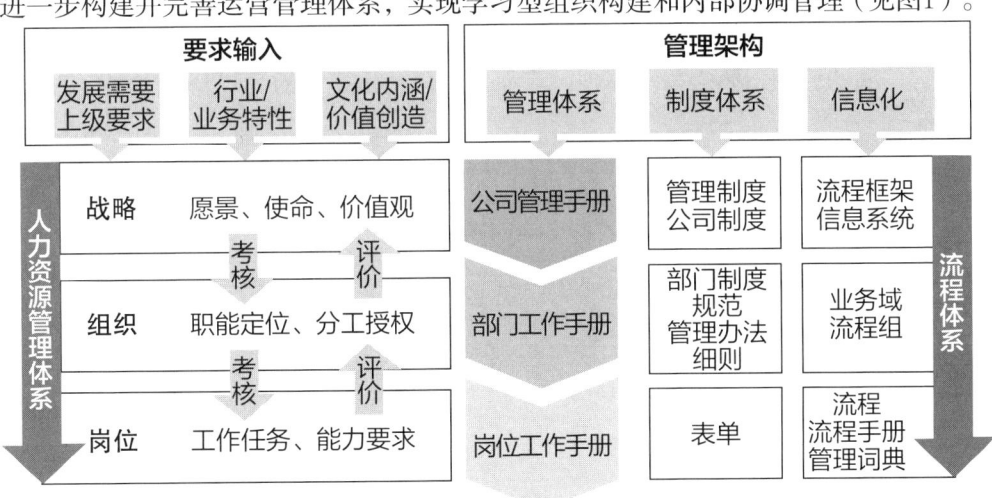

1. HRPMF模型介绍

HRPMF（Human Resource & Process Management Framework）模型[1]是人力资源管理、流程管理、制度体系管理等企业应用的各类管理体系模型的承载框架。

HRPMF模型采用集成、包容的逻辑，以战略任务分解、职能权责明确、工作任务明晰为目的，以管理工作手册的形式，整合人力资源管理体系、业务流程体系、管理制度规范体系、信息化系统等管理体系的核心内容和管理准则，帮助企业进一步构建并完善运营管理体系，实现学习型组织构建和内部协调管理（见图1）。

图1　HRPMF模型

---

[1] 北京德衍睿通科技有限公司. Dwise基于人力资源与流程的管理手册模型（HRPMF模型）：国作登字-2020-K-01077484[P]. 2020-07-22.

2. HRPMF模型的构成

HRPMF模型是围绕"要求输入"和"管理架构"两个方面将人力资源管理体系和流程体系紧密捆绑,实现自上而下的三个层面管理落地,并以管理手册的形式将人力体系、流程体系与企业管理体系在管理层面进行有机结合。

要求输入来源于企业发展需要/上级要求、行业/业务特性和文化内涵/价值创造三个维度,形成对于企业发展方向性的导向要求和价值传递。管理架构从企业的管理体系、制度体系和信息化三个维度出发,涵盖多种管理系统和工具集成来保障效率最大化。

人力资源管理体系在HRPMF模型中体现在"战略—组织—岗位"三个层面。从战略层面看,围绕要求输入形成的企业的战略愿景、使命对组织结构进行设计,体现组织对企业战略的支撑。从组织层面看,战略任务和目标逐级分解,使各级部门有明确的职能定位和分工授权,实现责权利的匹配,并进一步拆解到岗位层面,形成更为明确的工作任务和能力要求。HRPMF模型利用人力资源考核、评价的职能,贯穿于"战略—组织—岗位"三个层面,衡量目标分解和任务达成的情况。

流程体系在HRPMF模型中同样贯穿于"顶层设计—部门—岗位"三个层面。流程框架是信息系统构建的顶层设计,业务域/流程组则反应各类管理体系的流程在各部门间的管理归属、权责体现,流程作为信息化建设的底层基础实现跨部门、跨职能、跨体系间的流转。岗位是流程体系的终端操作角色,是工作任务自上而下拆解到流程活动层面的具体操作者。

HRPMF模型融合多套管理体系的内容,创新性地以管理手册的形式,自上而下地为各级工作任务处理提供标准化的规范、流程、模板等作为参考,从而达到提高企业运营效率和管理水平的目的。

3. HRPMF模型的产出

管理手册是HRPMF模型中管理体系的核心文件产出,是连接人力资源管理体系、流程体系和其他管理体系的桥梁。

HRPMF模型管理手册分为公司管理手册、部门工作手册和岗位工作手册三个层级。三类手册自上而下、三位一体,体现战略目标在不同层面的分解及职责,同时也反映战略目标对流程体系的支撑和业务在组织体系各层级中的流转情况。

HRPMF管理手册使员工更便捷地掌握工作内容、权利义务、工作流程，有利于提升员工工作效率和组织运营管理效率。

（1）公司管理手册

集中体现企业战略发展思路和各类管理体系在不同管理层级的要求。通过对流程框架、制度体系、信息系统等进行多维度的自上而下的顶层设计，以及不同组织层面的考核、评估来推进管理工作的改进，提升管理协同效率，构建高效益、低风险的管理体系。

（2）部门工作手册

对上，承载上级的管理要求；对下，实现所承担职能的分解、统筹与闭环管理。部门工作手册使组织内的管理人员有共同的规范和沟通语言，使组织内的工作更加有序、高效。

（3）岗位工作手册

作为部门工作手册的根基，岗位工作手册是战略要求在基层管理中的解构与具体要求，是针对岗位基本情况、工作任务、能力要求、规范管理等的统一阐述。

4. HRPMF模型的应用

（1）实现以人为本的人力管理

HRPMF模型的部门工作手册和岗位工作手册是对人力资源选、用、育、留各阶段管理的工作规范与工作表单的集合。

部门工作手册主要体现了各部门的职能定位、分工授权等；岗位工作手册细化到每个岗位的岗位职责、工作任务、能力要求。通过部门和岗位工作手册，企业进一步让员工全方位了解与"个人岗位"相关的岗位职责、工作任务、基础要求及能力等应知应会的工作内容，以及职业发展通道、薪酬和绩效考核等知会内容。

HRPMF模型设计的管理手册中的各类表单按部门和岗位实现了统一归集和区分。手册中的各类表格、模板均与企业各类管理制度、管理办法中的表单保持一致，统一汇编了围绕"个人岗位"的工作职责、业务流程及规范、工作计划、总结及改善等不同场景需求的工作表单。

（2）推动以流程牵引的业务运作

HRPMF三大手册统一了流程体系、管理规范及信息系统中的管理颗粒度。流程体系围绕职能、职责及工作任务进行的系统化流程设计，实现岗位职能、工作任务与流程匹配，明确部门在业务域及流程组中的责任归属和权利对应。流程体系将企业散落在人员、项目、规范制度、表单模板等中的零散数据、信息及隐形经验进行体系化的归集与梳理，并通过三级手册的编写使系统管理的颗粒度保持高度一致。

三大手册的梳理过程将管理及业务运作从对人负责的经验操作，转变为对事负责的流程化规范操作，统一各项工作的进程、节点、产出。岗位的职责分工通过流程组及其细分流程实现匹配，体现流程体系对业务运作及经营管理的标准化引领。

（3）明确流程制度匹配的规范管理

管理制度是实现企业显性化管理的体现，是企业各项工作开展中共同遵守的规定和准则，是流程体系固化成文的管理方式，也是部门和岗位工作手册中各项工作任务达成的标准要求。

HRPMF的管理手册包含公司级的各项管理制度、流程框架及信息系统设计，部门工作手册包含部门级的各项制度规范和管理实施细则。岗位工作手册包括各种工作表单、流程、流程手册和管理词典，统一员工工作的业务语言，使组织内的管理人员有共同的管理认知和沟通语言，工作更加规范、有序。

HRPMF模型明确人力资源的产出对提高运营管理效率的支撑，体现业务流程显性化和管理系统提升工作的关联关系。HRPMF模型可以推动企业管理运营的专业化、精准化、科学化；帮助企业规范业务管理、提高运营效率；帮助员工熟悉业务、明确流程及规范，提高工作效率；也是企业实现高素质人才输出、价值传递和品牌形象提升的奠基石和基础介质。

5. 项目应用实例

在某航空制造企业培训中心的流程体系建设与管理改善项目中，使用Dwise人力资源与流程的管理HRPMF模型，开展业务流程梳理与各部门及岗位手册编制工作，形成以岗位为基础的全方位标准化要求与管理规范。

18 Dwise员工编制总量预估模型

1. 员工编制总量预估模型说明

Dwise员工编制总量预估模型是基于单位自身，自下而上进行编制总量预估的一种模式。Dwise员工编制总量预估模型，是通过一系列指标验证和多重数据分析，结合企业实际情况进行编制总量预测的方法论模型。在本模型中，通过历史验证、市场验证两条主线，基于产值、利润、劳动生产率等与企业员工总数相关性联系紧密的效率指标，进行相关性分析及回归分析，对本单位历史发展的过程进行验证，过程中汇总和参考行业、市场、同类型企业对应的数据，考虑总体管理、技术的提升并结合企业发展战略，确定未来阶段人均效率的预估值。

员工编制总量的确定原则是短期内服从于上级单位及本单位的目标要求，接受上级单位的统筹设计及约束。即，本单位员工编制总量的确定，需要基于企业经营目标和人均效率指标进行推演，通过历史验证以及外部数据进行回归分析建模，完成基于经营目标自下而上的编制总量测算，并与上级单位统筹设计自上而下的编制数据进行验证分析。在人均效率确定后，企业可以根据近阶段核心指标的预估值与拟定人均效率的预估值，判断近阶段所需的员工总量。

Dwise员工编制总量预估模型如图1所示。

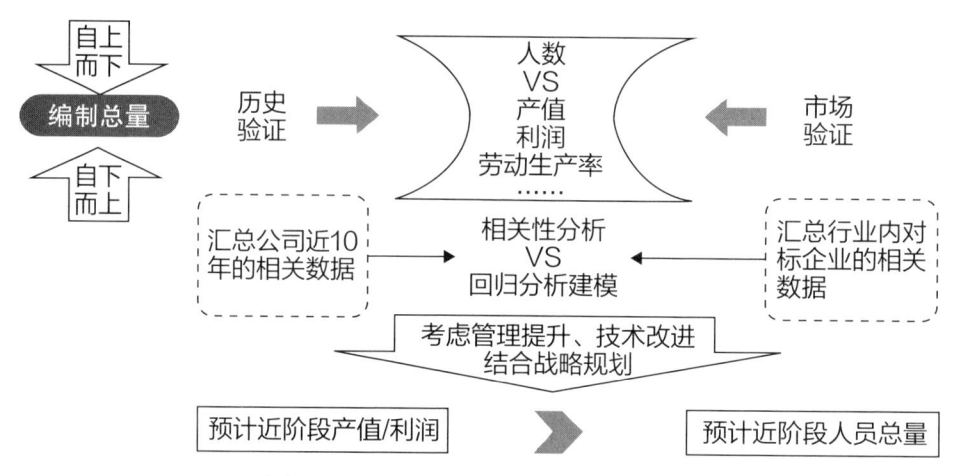

图1 Dwise员工编制总量预估模型

2. 员工编制总量预估模型的关键思路

（1）选取相关指标

员工编制总量预估模型的基础是对验证指标的筛选及确定。体现企业经营相关的指标很多：有通用的经营指标如营业收入、利润总额、资产、净资产等；有行业内部集中汇总发布的内部经营评价指标，在建模前期均可纳入验证指标的备选范畴。基于备选指标，可汇总企业以及行业内对标企业的历史经营结果数据，将所有汇总数据与历史人数进行相关分析，选取影响员工总数的验证指标或指标集合。验证指标的确定是模型的基础，选取指标的完整性及针对性直接影响未来总量预估的准确性。

（2）构建人均效率基准

员工编制总量预估模型的核心是基于某指标总量与人均效率确定的基准人数推导。

建模并分析单位自身及行业数据，主要是用于判断预期人均效率。在预期人均效率确定的过程中，采用较多的方式是以历史或行业人均效率最优值匹配未来年份可见的增速预估，即在可能的经营效率下，未来年度可达到的效率最高值。预期人均效率确定后，可根据未来年度对应指标的预测值确定预估人数。预期人均效率是建模、预估的核心点，而单位对未来年度经营结果总数预测的准确与否，也会对员工总数预估结果产生直接影响。员工编制总量计算公式如图2所示。

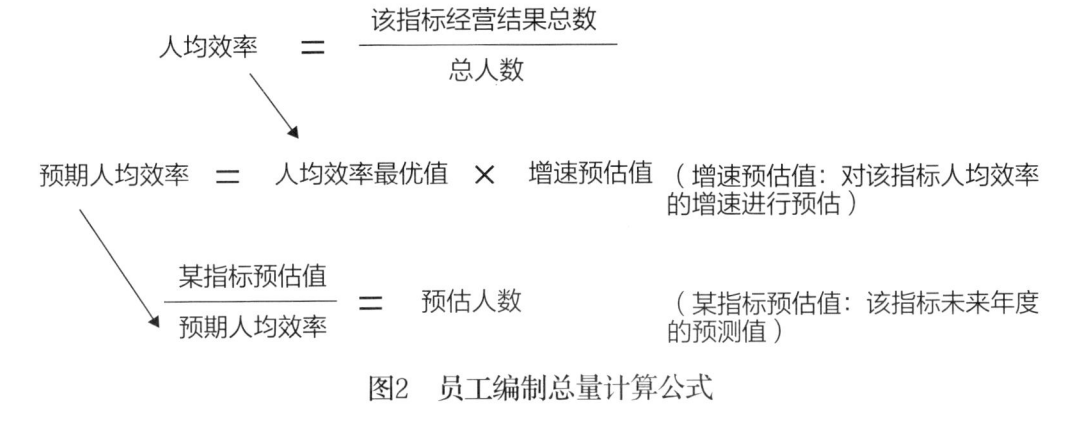

$$人均效率 = \frac{该指标经营结果总数}{总人数}$$

预期人均效率 ＝ 人均效率最优值 × 增速预估值 （增速预估值：对该指标人均效率的增速进行预估）

$$\frac{某指标预估值}{预期人均效率} = 预估人数$$ （某指标预估值：该指标未来年度的预测值）

图2 员工编制总量计算公式

（3）上下双重验证

员工编制总量预估模型的应用是对企业层面自上而下的评估，对上级编制要求自下而上的验证。从企业层面而言，员工编制总量预估模型是自上而下地预估。因为是基于组织经营计划、经营效率而判断的员工总数需求结果，未来还需要结合各类员工的比例预估、各单位历史人数及任务量变动等进行细化分解。从承接上级单位编制要求的角度而言，员工编制总量预估模型是自下而上地验证，基于企业自身可能效率峰值以及任务承接情况对编制要求进行验证，也可以对未来经营效率的人均目标进一步强化明确。

（4）考虑效率的影响

员工编制总量预估模型的重要考量点是技术改进、管理提升对效率的影响。基于历史数据推演的模型更适用于历史发展趋势较为平稳的行业或企业；若在可见范围内面对重大的技术改进、管理提升、单价骤增等因素，企业均需要在人均效率预估阶段关注及纠偏人均效率。

3. 员工编制总量预估模型的操作步骤

应用Dwise员工编制总量预估模型确定企业员工编制时，一般可遵循以下六个步骤（见图3）。

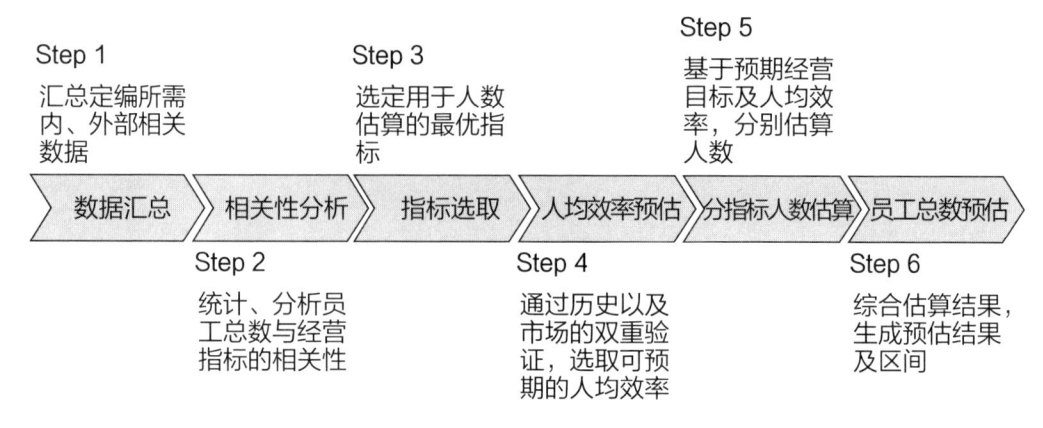

"管"用模型：超实用50+管理模型与实践

```
Step 1                Step 3                  Step 5
汇总定编所需           选定用于人数            基于预期经营
内、外部相关           估算的最优指            目标及人均效
数据                   标                      率，分别估算
                                               人数
```

〉 数据汇总 〉 相关性分析 〉 指标选取 〉 人均效率预估 〉 分指标人数估算 〉 员工总数预估 〉

```
        Step 2                Step 4                  Step 6
        统计、分析员           通过历史以及            综合估算结果，
        工总数与经营           市场的双重验            生成预估结果
        指标的相关性           证，选取可预            及区间
                              期的人均效率
```

图3　Dwise员工编制总量预估模型使用步骤

（1）数据汇总

汇总定编所需的内、外部相关数据。外部的市场验证分析数据，需要涵盖行业内多家对标单位历史年度的各项经营数据；在经营性较强的指标中，也可参照部分国际标杆企业近年的经营结果。对内，需要汇总本单位对应年度的各项经营及员工数据。本步骤形成建模所需的数据汇总表。

（2）相关性分析

统计、分析员工总数与经营指标的相关性。数据相关性分析及皮尔逊系数是分析和建模的基础依据。相关性分析是对两个或多个具备相关性的变量元素进行分析，从而衡量两个变量因素的相关密切程度。本步骤形成各个指标与人数的相关性结果。

（3）指标选取

选定用于人数估算的最优指标。通过不同的经营数据与员工总数的相关性分析，确定关联度最高的若干指标，以便后续进行员工预测。本步骤确定用于编制总量测算的高关联度经营指标。

（4）人均效率预估

针对所选定的指标，通过历史以及市场的双重验证，进行不同指标对应的人均效率预估。人均效率预估时，需匹配本单位历史经营数据以及行业情况。本步骤形成各个指标对应的未来年度的人均效率预估数值。

（5）分指标人数估算

根据不同指标未来年度的经营目标规划值以及人均效率的预估值，分别估算人数，并确定本指标总数及人均效率所对应的预估人数。本步骤形成单一指标对应的员工总数预估值。

（6）员工总数预估

综合估算结果，生成预估结果及区间。整合不同指标所对应的员工总数预估，进行交叉验证，确定员工编制总数；也可根据前期相关性分解各指标结果的权重，最终确定员工总数的预估结果。

4. 员工编制总量预估模型的应用案例

在某高端航空装备制造公司的组织优化和人力资源项目中，运用Dwise员工编制总量预估模型及其评估结果，在组织调整与定岗定编等多个领域开展项目工作，提出客户公司在未来发展的组织及人力资源管理建议及调整路径。

根据客户的需求，项目组以员工编制总量预估模型为基础，结合公司战略目标，以历史和市场、标杆实践为重要依据，通过访谈和定量分析的方法对公司的组织架构调整、编制总量管理及岗位体系优化提出具体解决方案。

19 基于流程的岗位编制评估模型

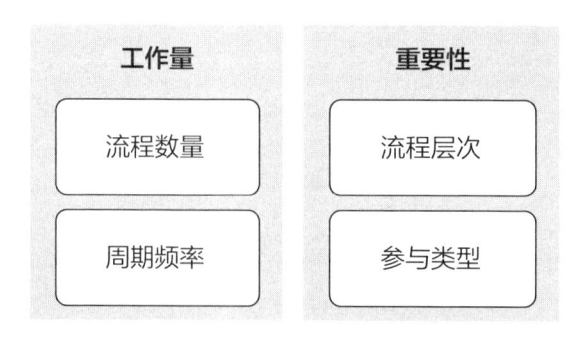

1. 基于流程的岗位编制评估模型说明

基于流程的岗位编制评估模型是依据流程衡量岗位编制需求的一种方法。根据岗位所承接流程的数量以及周期频率验证岗位工作量；根据岗位所承接的流程层次以及参与类型验证岗位重要性。最终，结合公司员工总量的设计规划，进行不同部门或科室编制的对比，并确定最终岗位编制。

基于流程进行岗位编制评估，既关注各个单位的流程贡献，也承认历史形成的人员。在承接员工总量规划的同时，有效验证了各个单位流程架构的设计。

（1）基于流程的岗位编制评估模型的构成

基于流程的岗位编制评估模型影响因素主要分为两个类别、四个维度，如图1所示。

图1 基于流程的岗位编制评估模型影响因素

1）类别一：工作量

通过流程数量和周期频率，确定流程对岗位工作量的影响。

流程数量，是各个科室承接公司三级流程的个数，侧面反映该科室的任务数量。评估岗位编制时，如果流程仅穿过1个科室记为1个；若1条流程穿越多个科室，则由多个科室对1个数量进行均分。

周期频率，是在正常情况下，该条流程发生的周期，体现该科室的工作耗时情况。若是每周都会发生的日常工作，属于周期性发生的流程；若周期发生且发展周期大于月度，则为随机性发生的流程。

2）类别二：重要性

通过流程层次和参与类型，确定流程对岗位重要性的影响。

流程层次，是各个科室所执行的流程处于哪个层级，流程层次反映各个科室执行流程的重要程度。通过确定各条流程是战略层、运营层还是支撑层的流程，来区分和确定该流程的价值。

参与类型，是该科室在执行此流程时是承担主责、提供支持还是发挥其他作用，反映该科室在此流程中可能投入的精力。耗时和精力投入的重要性划分可以依据RACI模型的责任划分进行赋值。

基于流程的岗位编制评估模型类别和维度说明见表1。

表1 基于流程的岗位编制评估模型类别和维度说明

考量维度		影响方式	划分维度	取值（示例）
工作量	流程数量	流程数量是各个科室承接公司三级流程的个数，侧面反映该科室的任务数量	流程仅穿过一个科室记为1个，若一条流程穿越多个科室，则由多个科室对1个数量进行均分	
	周期频率	周期频率是在正常情况下，该条流程发生的周期，体现该科室的工作耗时	流程为每周都会发生的日常工作，属于周期性发生的流程；若周期发生且发展周期大于月度，为随机性发生的流程	分别为1.5、1.0、0.7
重要性	流程层次	流程层次是各个科室所执行的流程处于哪个层级，流程层次反映各个科室执行流程的重要程度	确定各条流程是战略层、运营层还是支撑层的流程	分别为1.2、1.1、1

续表

考量维度		影响方式	划分维度	取值（示例）
重要性	参与类型	参与类型是该科室在执行此流程时是承担主责、提供支持还是发挥其他作用，反映该科室在此流程中可能投入的精力	耗时的重要性分为 R—主责、A—审批、 C—参与、I—知晓	分别为1.2、1、1、0.7

（2）基于流程的岗位编制评估模型的前提和输入

基于流程的岗位编制评估模型需要三个重要的前提及输入。

第一，需要有较为完备的流程体系架构，并且能够与不同科室确定职责对应关系，完成组织—流程的责任矩阵设计。

第二，需要积累各个机构历史人员数据资料，以此作为编制调整的基准数据。

第三，需要完成编制总量的确定，将变动后的总体编制总量，作为确定各个机构（部门/科室）总数的基础。

结合流程的岗位编制评估模型和上述三项重要输入，对岗位编制进行评分标准设计、评分和得分统计。流程价值的评分标准要求如下：

对各个科室对应的流程价值进行评分，不同科室的得分差异需要转换为统一的流程价值系数。

流程价值系数以1.0为标准，综合考虑三级流程的工作量以及重要性得出的综合权重，形成各个科室的流程价值系数。计算公式为

科室流程价值系数=1±各科室流程价值等分均值的偏离度（通过偏离度的设计，控制此次编制分解中可承受的人员浮动区间）

科室流程价值得分=Σ各条经过的流程（数量×流程层次系数×参与类型系数）

2. 基于流程的岗位编制评估模型适用场景

与传统的工作写实、管理人员判断等自下而上的定编方式相比，本模型能够建立应用于所有单位的人员分解依据——流程价值。通过流程价值达成共识，消除确定编制时上下级之间的信息差，减少扯皮及反复。

基于流程的岗位编制评估模型主要应用于业务及职能相对稳定的机构。若在可

见范围内有重大的业务范围调整或职责变动，将不利于确定编制分解的基础。此外，岗位编制评估模型的应用，需要企业有较好的流程管理基础，并能在各个单位之间达成一致，能够通过自上而下的方式进行人数分解。

3. 基于流程的岗位编制评估应用案例

在某军工制造企业的组织优化和定岗定编项目中，将企业组织优化后调整的总编制分解至科室编制，并实现了定岗定编。

项目组根据集团及上级单位的规划要求，确定未来一段时间的在岗人员总数。通过对标分析行业各个序列的人员比例，确定各个序列的人数占比及本序列的人员规模调整结果。与此同时，基于最新的组织机构优化结果，综合确定各个单位历史人数的基准值。在这个过程中，既考虑历史三年内在岗人员的实际数量，也考虑职能调整的影响，最终确定组织优化后的各科室编制数量。顺利实现定岗定编的前提是该单位前期已完成流程架构设计，具备三级流程与各个单位的流程责任矩阵划分。通过参考岗位编制评估模型、流程架构和责任矩阵，确定不同的流程价值系数。最终，结合历史人数基准值、各个序列规模调整以及流程价值，实现了将企业总编制分解至科室编制的目标。

20 基于流程的岗位价值评估

1. 基于流程的岗位价值评估定义

岗位价值，是一个岗位对组织的贡献度。

岗位价值评估，是通过一定的方法确定企业所有岗位的价值贡献度分值。最常见的工具是海氏岗位评估法。岗位价值评估可以解决传统企业管理中同一层级的各岗位价值贡献度相同的问题。岗位价值评估对建立规范的薪酬体系、对员工职业发展具有重要意义。岗位价值评估通过明确岗位的贡献度，为客观的薪酬分配提供依据，实现动态薪酬管理和调整；量化的评估结果不仅可以作为晋升依据，还可以作为引导员工职业发展的价值标准。

基于流程的岗位价值评估，是通过梳理岗位所承担的业务流程以及流程对应价值，来体现岗位价值的一种岗位价值评估方法。

基于流程的岗位价值评估如图1所示。

```
                        岗位价值
            ┌──────────────┴──────────────┐
    所承担流程的价值              专业及管理的价值
  流程基准价值  流程岗位对应      岗位专业价值  岗位管理价值
  • 流程重要性  • 承担角色        • 专业指导性  • 管理幅度
  • 流程复杂性  • 承接流程数      • 匹配专业要求 • 管理对象差异
  • 时间消耗
  • 环境要求
```

图1 基于流程的岗位价值评估

2. 基于流程的岗位价值评估内容

评价岗位所承担流程价值贡献度和岗位本身要求人员具备的专业、管理能力两个维度共同决定岗位价值贡献程度。

（1）所承担流程的价值

岗位所承担流程的价值体现在流程基准价值与流程岗位对应情况两个方面。

流程基准价值，围绕流程特性，设计有效体现流程基准价值的评价指标，以此评估每条流程的基准价值。流程评价指标按照流程重要性、流程复杂性、时间消耗、环境要求分为四个维度，每个维度可结合企业实际业务下设4—5项细分的评价指标。如流程重要性可拆为工作影响范围、财务影响度、质量影响度、效率影响度四个细分指标。

流程岗位对应情况。通过对该岗位在流程体系的各个流程中承担的角色和承接的流程数量进行评估，衡量该岗位在所有与其相关的流程中的岗位价值。

（2）岗位要求人员具备的专业及管理的价值

除了评估各个岗位承担流程的价值外，还需要评价各个岗位要求人员具备的专业价值和管理价值。岗位专业价值体现在该岗位需具备的专业指导性和匹配专业要求两个方面；岗位管理价值则通过该岗位的管理幅度和管理对象差异来衡量该岗位的管理难度及价值。

3. 基于流程的岗位价值评估步骤

（1）确定岗位价值评价维度、指标

结合企业实际情况，确定岗位所承担的流程价值、岗位专业价值和岗位管理价值的评价维度及细分指标。一方面，针对不同企业所在的外部环境、行业领域及业务特点，可通过细分指标的差异化设置体现岗位特点、流程特性；另一方面，也可结合企业实际的岗位管理需求，进行评估维度及细分指标的设计和调整。

（2）评估指标基准价值评定阶段

1）评价指标间重要度分值互评

组织企业中高层领导干部及部分骨干员工进行所有指标间的分值评定，确定各评价指标基准价值，包括流程价值评价指标间和专业及管理价值评价指标间的分值

评定。

选择合适的评价人，开展评价指标重要度分值互评培训，并现场完成互评。以流程价值评价指标间重要度比较为例，2个流程评价指标为1组，总分为10分。评价人需参考流程评价指标基准定义，分别对各流程评价指标与其他各流程评价指标进行重要度比较，分别完成每组流程指标总分为10分的重要度分值分配。

2）确定各评价指标分层级基准价值

结合企业现状，选择合适的评价指标分级颗粒度，评价指标一般可分为1—3级和1—5级两种，并完成各评价指标分级定义描述。区分不同评价人对评价指标重要度影响差异，分别赋予影响权重。基于评价指标间重要度分值互评结果，统计各评价指标分层级基准价值。

（3）评估流程价值

1）评估各流程基准价值

结合企业流程体系与流程清单，选择合适颗粒度的流程级别用于流程基准价值评估。一般来说，可选择三级流程进行流程基准价值评估。组织各评价人参照流程评价指标分层级定义描述，对每条流程所对应的流程评价指标进行分值评价。以1—5级评价指标分层为例，对应分值为1—5分。同样区分不同评价人对评价指标重要度影响差异，分别赋予影响权重，确定各流程的基准价值。

2）评估岗位对应流程责任矩阵

组织评价人对本单位的岗位对应流程责任矩阵进行评估。通过应用岗位责任矩阵表，明确每个岗位在工作流程中的角色定位。对应流程角色如下所述。

设置谁主责（R），谁审批（A），谁参与（C），谁提供（I）四类角色，进行流程分工定位。具体角色划分如下。

• 谁负责（R）。在流程工作中承担主责、统筹、牵头的角色，对流程产出结果负责。

• 谁审批（A）。负责流程工作审批，确保行动及最终交付结果可靠，流程工作审批通过后，流程得以进行。

• 谁参与（C）。在流程工作中发挥参与协助作用，在流程运转中有明确参与责任，参与周期频率较高。

• 谁提供（I）。不实际参与流程工作、不直接创造流程价值，如仅提供相关资料文件。

3）确定岗位所承担流程的价值

统计每个岗位所承担流程的基准价值和角色、流程数量，确定各个岗位的流程价值。根据岗位的各主责流程价值和各参与流程价值的分值离散程度，分别统计各岗位主责流程平均价值和参与流程平均价值。区分不同角色评价价值影响程度差异，结合岗位承担的流程数量，最后确定岗位所承担流程基准价值的最终取值。

（4）确定岗位专业价值与管理价值

组织评价人评价各岗位的专业价值和管理价值评价指标，确定各岗位的承接专业价值及管理价值。

（5）汇总岗位价值评估结果

汇总各岗位所承担流程的价值及专业价值和管理价值，最终形成各岗位价值评估的最终结果。

4. 岗位价值评估的关键注意事项

权重比例作为调整项。流程活动越清晰，主责流程价值权重比例越低，反之亦然。同样，在设计领导干部和骨干员工权重时应体现差异。

岗位价值由承担流程价值和流程数量共同决定。该岗位承担主责流程价值分值越高，其主责流程价值越大，其承担主责流程数量越多，岗位主责流程价值同样越大。

岗位主责（参与）流程平均价值一般低于其岗位最大主责（参与）流程价值和最低主责（参与）流程价值。

5. 基于流程的岗位价值评估优势

基于流程的岗位价值评估优势体现在三个方面：一是评估结果客观，以对事（流程）的价值评估作为输入，可减少评估人对评价结果的影响；二是易于维护，后续职责调整、岗位调整只需要根据拟定规则进行流程岗位匹配并整合即可，无须重复评估；三是能够适用于人员、岗位并非完全匹配的情况。

21 Dwise岗位工作手册框架模型

1. Dwise岗位工作手册框架模型介绍

Dwise岗位工作手册框架模型[1],是对岗位进行立体化梳理而设计的模型,为岗位基本情况、工作任务、能力要求、规范管理等的统一阐述提供了方法。本模型以企业战略目标为导向,将战略要求在基层管理中进行解构与澄清,为员工提供了规范、流程、模板等规范化参考和标准化指引。

当企业逐步构建并完善规范化、流程化的管理体系时,人力资源管理需要与各项管理体系的优化齐头并进,为企业提供高素质、专业化人才。管理体系的完善对各部门的定位与职能、业务协调关系、工作任务、规范管理等进行全方位梳理和规范。Dwise岗位工作手册框架进一步让所有员工清晰了解工作内容、权利义务、工作流程,以及所承担的责任和义务,是企业提高业务运营效率和管理水平的直接抓手。

Dwise岗位工作手册框架模型如图1所示。

2. Dwise岗位工作手册框架模型设计逻辑

Dwise岗位工作手册框架模型系统体现了企业人力资源管理对战略目标和举措的逐级分解和执行,涵盖了人力资源管理中员工选、用、育、留各个阶段。框架模型涉及人力资源管理中与岗位相关的九个模块,分别为人力资源规划、组织与管控、岗位管理、人才甄选招聘、员工关系、绩效管理、薪酬管理、培训以及能力素质模型。

---

[1] 北京德衍睿通科技有限公司. Dwise岗位工作手册:国作登字-2020-K-01077485[P]. 2020-07-22.

人力资源篇

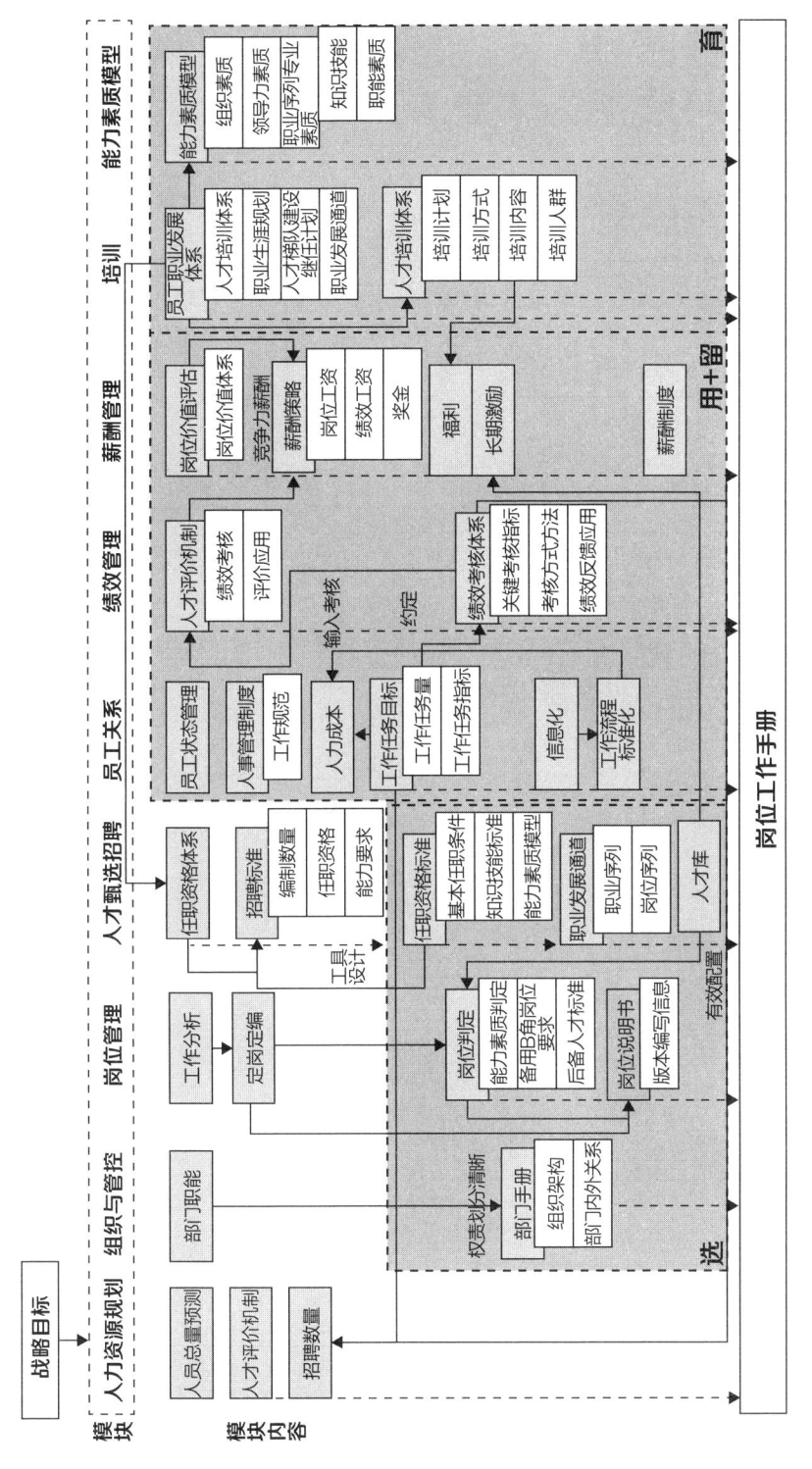

图1 Dwise岗位工作手册框架模型

(1)人力资源规划

人力资源规划，是以企业战略目标为导向，结合企业内外部环境分析，制定与人力资源相关的发展政策和措施。与岗位相关的内容包括人员总量预测、人才评价机制和招聘数量三个模块。

(2)组织与管控

组织与管控，根据企业战略目标设计组织架构及组织职能，实现企业管控的目标。此模块涉及部门职能与部门手册两个与岗位相关的模块。部门职能体现自上而下清晰的权责划分，而部门手册阐述各级部门的职能、组织架构、内外协调关系等内容。

(3)岗位管理

岗位管理，包括工作分析、定岗定编、岗位判定和岗位说明书四部分内容。其中，岗位判定包括能力素质判定、备用B角岗位要求以及后备人才标准。

(4)人才甄选招聘

人才甄选招聘包括任职资格体系、任职资格标准、招聘标准、职业发展通道、人才库五项与岗位相关的内容。任职资格体系及任职资格标准为招聘标准的设定提供工具和设计思路。

(5)员工关系

员工关系，是岗位工作的基础，员工关系包括员工状态管理、人事管理制度、人力成本、工作任务目标、信息化和工作流程标准化六个方面的内容。其中，工作任务目标，可以核算招聘人员数量和人力成本，分为工作任务量、工作任务指标两个维度。工作任务量同时约定了员工绩效考核体系中的重要指标。信息化是实现工作流程标准化的重要手段，工作流程标准化可以直接降低人力成本。

(6)绩效管理

绩效管理，通过人才评价机制和绩效考核体系两个模块反映岗位工作任务及目标执行情况。其中，人才评价机制包括绩效考核和评价应用两个方面；绩效考核体系包括关键考核指标、考核方式方法和绩效反馈应用三个部分。绩效考核的结果纳入企业人才评价机制并对招聘工作产生影响。

(7) 薪酬管理

薪酬管理包括岗位价值评估、薪酬策略、福利、长期激励和薪酬制度。岗位价值评估，提供岗位价值体系，对岗位进行价值分析和评估，为薪酬策略的制定提供依据，确定薪酬结构（一般由岗位工资、绩效工资和奖金构成）。岗位价值评估和人才评价机制为制定薪酬策略提供了竞争力薪酬的依据。

(8) 培训

企业培训体系包括员工职业发展体系和人才培训体系。其中，员工职业发展体系由人才培训体系、职业生涯规划、人才梯队建设继任计划和职业发展通道等构成。人才培训体系是企业福利的重要组成部分。

(9) 能力素质模型

能力素质模型以战略为导向，从组织素质、领导力素质、职业序列专业素质三个维度为各个岗位建立能力素质模型。能力素质模型是员工职业发展体系构建的工具基础。

Dwise岗位工作手册框架模型在梳理人力资源管理模块与岗位工作信息中，充分考虑岗位对应在人力资源管理体系各个模块下的要求和工作任务。此框架以岗位为起点，围绕员工的具体职责、工作任务及目标展开，涵盖从战略到组织，从组织分工到与岗位相关的各人力资源管理要素。

Dwise岗位工作手册框架模型体现人力资源对组织职能、业务运作的支撑与依托。从职能分工角度对流程体系与管理规范做了较为明确的指导和索引；同时，统一了流程体系、管理规范及信息系统中的管理颗粒度。

Dwise岗位工作手册框架模型的依据如图2所示。

3. Dwise岗位工作手册内容

依据人力管理各模块内容与岗位关系与要求，梳理Dwise的岗位工作手册内容。源自部门手册的部门内外部关系、岗位定编数量，以及具体岗位的招聘标准（编制数量、任职资格、能力要求）、任职资格标准、能力素质，结合传统岗位说明书进行信息汇总，以此作为岗位基本信息。同时，补充该岗位的备用B角岗位要求、后备人才标准作为岗位工作手册中的岗位基本信息。

图2　Dwise岗位工作手册框架模型的依据

职业发展通道、工作任务目标、岗位工作流程、绩效评价及考核要求、激励构成、发展及培训要求、能力素质等与岗位相关内容为新增内容，结合岗位基本信息部分，最终汇编为岗位工作手册。Dwise岗位工作手册内容如图3所示。

Dwise岗位工作手册框架不同于传统岗位说明书、工作操作手册的单一性，进行了360°的全方位考虑。Dwise岗位工作手册既包括岗位职责、工作任务、基础要求及能力等必须做到的应知、应会工作内容，也包括职业发展通道、薪酬和绩效考核等知会内容。尤其是对工作任务目标和工作流程的标准化要求，促使员工对各自的岗位有了更清晰、透彻的理解。

Dwise岗位工作手册框架模型指引下的岗位工作手册的编制过程是岗位标准化的过程。结合人力资源管理九大模块的相关信息，岗位全方位信息可按照管理要求分别沉淀为说明类、清单类、计划类、总结类、记录类及自评类六大类别的表单模板。表单化使企业对散落在人员、项目、规范制度、表单模板等的零散数据、信息及隐形经验进行了体系化的归集与梳理，并通过工作手册的编写与系统管理的颗粒度保持高度一致。

人力资源篇

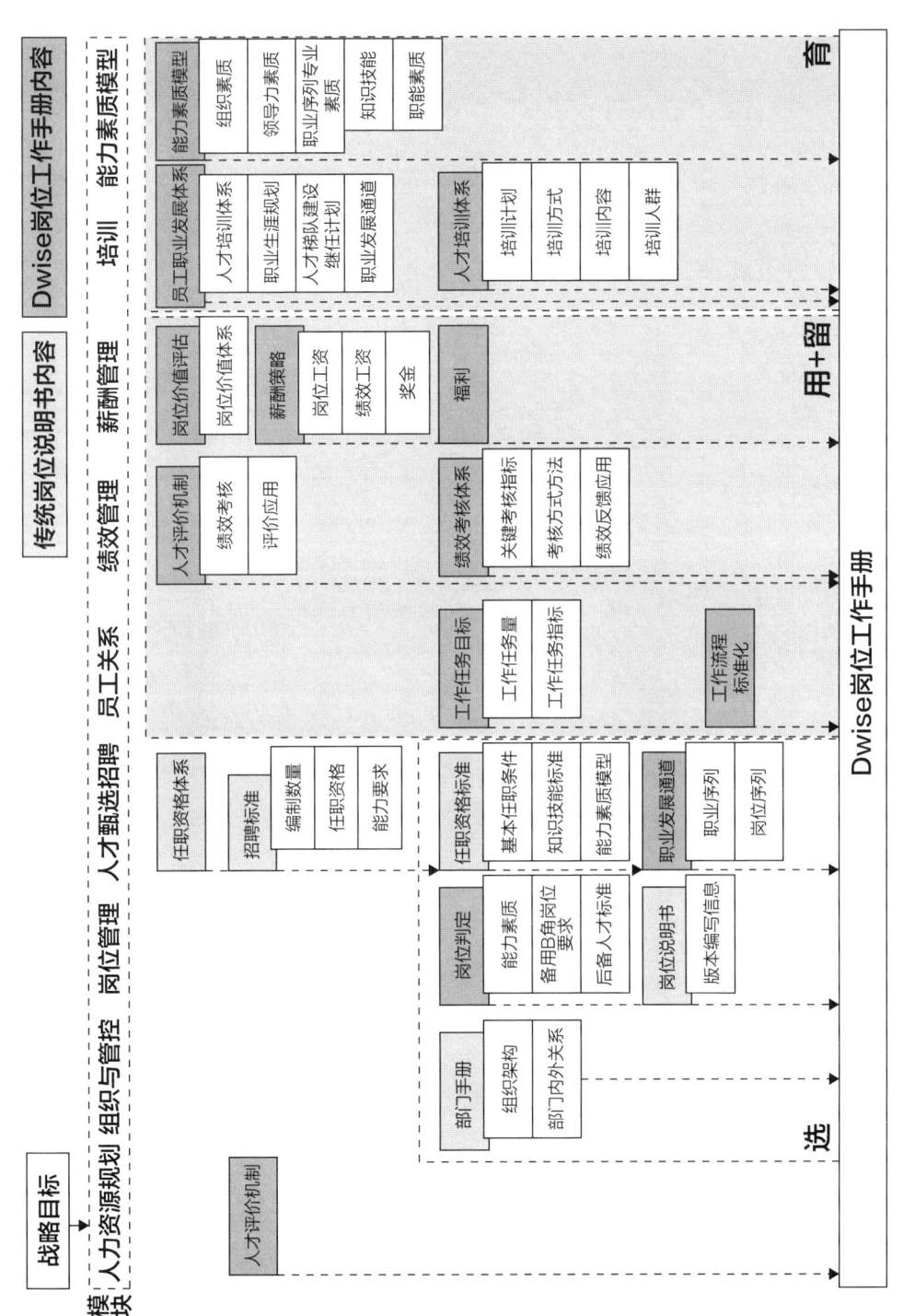

图3 Dwise岗位工作手册内容

岗位说明书与Dwise岗位工作手册框架模型对比如表1所示。

表1 岗位说明书与Dwise岗位工作手册框架模型对比

内容	岗位说明书	操作手册	Dwies岗位工作手册
岗位基本情况	√	√	√，B角
岗位目的	√		√
主要工作职责	√	√	√
主要工作权限	√		√
主要工作内外部关系	√	√，仅直线上下关系	√
工作环境配置	√	√	√
任职资格	√	√	√，能力素质等级
职业发展通道	√		
岗位基本流程		√	√
××业务操作要求		√	√
工作风险管理		√，风险点识别	√，含风险预案
岗位时间管理			√
工作目标			√
工作计划			√
工作评价与绩效			√
岗位自评			√
培养计划			√
版本信息	√	√	√

4. 项目应用实例

在某集团企业培训中心的流程体系建设与管理改善项目中，利用Dwise岗位工作手册框架模型，梳理各部门及岗位职责、工作流程及能力要求，进行以岗位为基础的全方位的工作手册编制，初步实现岗位要求规范化。

依据Dwise岗位工作框架模型编写的岗位工作手册不仅能达到规范操作、精进能力、提升工作效率的目的，而且有利于提升员工责任感，最大化激发员工的工作热情，提高运营管理效率。

22 薪酬设计的三个公平

1. 三个公平原则

薪酬是企业按照一定的规则向员工提供的劳动报酬。薪酬管理体系作为保护和提高员工工作热情的最有效的激励手段，是现代企业管理制度中不可欠缺的一部分。薪酬公平性直接影响员工满意度、忠诚度。在设计科学、合理的薪酬管理体系时，一般要考虑薪酬的三大公平原则[1]，即内部公平、外部公平、自我公平，这三大公平原则建立在企业支付能力的基础上（见图1）。

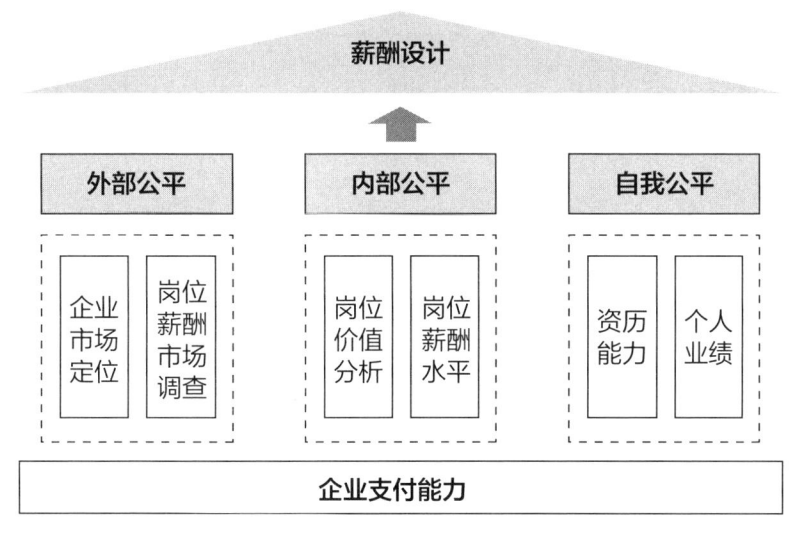

图1 薪酬设计的三个公平原则

---

[1] 亚当·斯密. 国富论 [M]. 孙善春、李春长，译. 开封：河南大学出版社，2020.

(1)外部公平

外部公平指企业内与企业外类似岗位的薪酬进行比较时,薪酬相对公平并具有竞争力。设计企业薪酬时需要进行合理的市场定位,是在对比市场薪酬调查数据得出的薪酬水平分位线上进行市场薪酬水平的定位。然而,并不是岗位工资水平在对应的市场上定位越高就越具备外部公平性。外部公平需以该岗位价值评估分析得出的职级、职等进行行业内薪酬水平的定位,强调根据企业实际情况确定合理的、适合企业的市场薪资定位。

外部公平性作为整体参照,并不是所有岗位都必须优先考虑的因素。企业的薪酬竞争力重点体现在关键岗位上。当企业考虑吸引和保留关键岗位人才或者普通岗位优秀人才时,会首先关注外部公平。即便是薪酬定位于市场领先水平的公司,也并不一定需要企业所有岗位上的人员都必须是市场上最优秀的、薪酬最高的。当然,从企业发展所需的各类人力储备来讲,非关键岗位薪酬水平也不能明显低于市场水平。

(2)内部公平

内部公平指企业内部的薪酬与岗位承担的职责、工作的难度相匹配。也就是说,企业各岗位的薪酬水平应与岗位对企业的价值相符合,岗位对企业的价值高,其岗位薪酬水平也高。

内部公平直接影响企业员工的激励效果。员工在缺乏外部薪酬数据来源的情况下,对企业内部相同或相近岗位上的薪酬状况尤为关注。目前,大部分企业实行薪酬保密制度,试图规避内部公平性的问题,但员工了解相同或相近岗位上的薪酬差异后,会产生不公平、不满意的情绪,薪酬激励反而产生负面效果。

(3)自我公平

自我公平指企业内同一岗位的薪酬应该与该岗位的业绩表现、个人能力相匹配。自我公平原则解决的是薪酬与绩效表现挂钩的问题,业绩表现不一的员工薪资水平应有差异:业绩优秀的员工薪资应比业绩差的员工薪资高;同一员工业绩表现好的时候要比表现差的时候薪资高。

自我公平性解决不好,"员工干多干少一个样,干好干坏一个样"时,就难以调动员工工作的积极性。一旦自我公平性的矛盾出现,企业需要花费更多成本来满足员工对个体激励的要求，但是已产生的不满情绪仍会影响工作的积极性。

2. 三个公平原则的应用

三个公平原则对应薪酬设计的三个方面：内部公平决定薪酬结构，外部公平决定薪酬水平，自我公平决定个人薪酬水平。

薪酬设计的内部公平，体现在薪酬结构中岗位工资和绩效工资与工作价值的匹配。岗位工资是根据工作职务或岗位对知识、技能、体力、劳动环境等的要求而确定的员工工作报酬。岗位工资的工资等级和标准是由工作岗位确定的，而工作岗位又以工作分析为前提。基于岗位价值评估与分析，构建岗位体系和职级体系（详见Dwise人力资源价值提升模型），将岗位价值与薪酬挂钩，通过岗职级体系中的分级分层对应体现到薪酬结构中，通过适度的薪酬差异体现出企业薪酬分配的内部公平性，包括薪酬水平等级、级差及设定标准等。对企业价值贡献大的岗位，岗位工资越高。

绩效工资就是根据员工业绩而确定的工作报酬。业绩是影响员工绩效工资的关键因素。业绩不仅包括产品的数量和质量，还包括员工对企业的其他贡献。绩效工资制度要真正体现出"多劳多得、少劳少得、干好多得、干不好少得"。员工的个人工作能力与薪酬挂钩，绩效高低决定薪酬分配，相对地，也保证了自我公平的实现。

薪酬设计的外部公平，体现在对薪酬水平和薪酬结构的定期更新和调整上。受外部人力资源市场、竞争对手、行业发展以及企业自身产品/业务调整、经营策略调整、经营目标调整等因素的影响，企业原有的薪酬水平与薪酬结构在某一方面会失去合理性，不仅起不到激励作用，还会限制企业的生产经营和发展。所以，不论是出于企业自身发展的需要还是外部公平的实现，薪酬水平和薪酬结构都应定期更新和调整。一般按照岗职级体系设定的薪级、职级，分层分级地进行薪酬水平、薪酬类型、薪酬比例三个方面的调整。定期调整可以使企业薪酬在符合当前能力和发展水平的前提下具备一定的竞争性。

薪酬设计的自我公平，体现在薪酬水平设计的公开和透明，能随个人能力、工作内容、工作难度的调整而变动，体现出企业对个人价值的认可。在企业密薪制体系下，企业的薪酬机制是否公开、透明直接影响员工满意度这一薪酬保健因素（双因素理论）。员工需要了解并认同企业当前薪酬体系和薪酬制定的过程、依据及最终的薪酬方案，明确所在岗位的薪酬结构、岗位薪酬薪级设定、能力成长与薪酬调整政策等薪酬体系的内容设置。以此方式保障员工对薪酬设定的公平感，再对员工的个人薪酬进行保密，才能真正发挥薪酬的激励作用。企业需要采取多种不同的宣传和沟通方式，使员工能够准确、方便地获取企业薪酬结构的公开信息。

薪酬公平性关系到企业的可持续发展，三个公平原则在薪酬设计中不断优化、完善和深度融合，才能激励员工更加主动、积极地开展工作。

23 薪酬结构的付薪原则

1. 付薪逻辑

在企业管理咨询的过程中，了解到客户有这样一种需求——"如何制订某个群体薪酬管理方案"，客户经常为制订解决此类问题的管理方案而绞尽脑汁。于是，面对这类需求时，我们更倾向于问客户几个问题：为什么要给员工付薪？希望付薪达成什么样的目的？仅仅因为雇用了员工，就有义务和责任付薪吗？

双因素理论中的激励和保健因素，同样适用于员工付薪。一方面，付薪具有维持和保障作用，员工付出体力劳动或脑力劳动，为企业创造价值/服务，组织给员工支付薪酬作为回报，是以物易物的过程；另一方面，付薪具有激励作用，在企业实际运营过程中，为了获得更多的价值、更好的服务，设置激励，刺激员工创造价值和服务。同时，还可优化人员配置，不同地区、行业、企业、职业薪酬不同，付薪是解决需求与供给之间矛盾的关键工具。

2. 付薪理念的变化

（1）传统经济时代

在传统经济时代，组织运作的基础是分工理论。无论是专业细分、岗位细分还是层级细分，都是分工的表现形式。分工的本质是以岗位管理为核心的管理体系，奠定了企业在传统经济时代的管理视角。这种方法缺少外部视角和业务视角，虽然能够解决一些问题，但缺乏全面性。在此阶段，企业对薪酬设计的关注点是：员工满意度；结构是否合理；与绩效的关联度；与岗位价值匹配度；内部公平性；激励明确性。

（2）新经济时代

在新经济时代，付薪的理念不再仅是依据市场定位、薪酬结构、薪酬带宽和岗位有合理的绩效产出，更多的是回答"为了什么而付？主要从企业规划和人才竞争出发，明确薪酬体系价值，明晰企业付薪目的、付薪的主体，阐释为了获得什么价值付薪和为什么类型的人才付薪。这种付薪理念将企业规划、人才、薪酬联系得更加紧密。在此阶段，企业对薪酬设计的关注点在于以下方面：

市场薪酬竞争；人岗高能低配；组织能力断层；人工成本居高不下；过度关注短期绩效；忽略企业核心竞争力。

不管处于什么时代，企业都需要探索适合内部薪酬体系的付薪方式，使之成为企业的独特竞争优势。

3. 付薪的前提

选择付薪依据前，需要在企业内部明确薪酬战略和付薪理念。薪酬战略解决的是薪酬对于整体企业发展在薪酬方面的定位问题，以及指导员工整体行为的方向问题。通过薪酬战略确定对员工薪酬的支付，实现人才保留的诉求，从而实现企业战略和业务规划。例如，鼓励创新、鼓励团队合作等都是薪酬战略。付薪理念涉及薪酬设计的整体指导思想，体现出企业的付薪价值观。

通过薪酬战略和付薪理念的明晰，企业内部可以明确关键的薪酬问题，进一步确定采取的薪酬结构。关键的薪酬问题包括：企业获得成功的关键何在？薪酬如何帮助企业获得成功？企业希望领导和员工展示怎样的行为？薪酬如何激发行为展现？哪些岗位序列是企业核心竞争力所在？薪酬资源应该向哪里倾斜？

4. 基于薪酬结构的付薪原则

无论如何设计企业的薪酬结构，薪酬体现的内容不外乎是责任、能力、产出、忠诚度，可看作四个付薪依据，即岗位付薪、技能付薪、绩效付薪和年功付薪（见图1）。

人力资源篇

```
岗位付薪                                          技能付薪
  ■ 依据岗位在企业内的相对         ■ 员工经过技能评定后达到
    价值为员工付酬                 某一级别标准，就可以享
  ■ 员工工资增长主要依靠岗         受相应的工资标准
    位的晋升                     ■ 员工工资增长主要依靠技
                                 能级别

绩效付薪                                          年功付薪
  ■ 以实际的、最终的劳动成       ■ 随员工在企业工龄的增长
    果确定员工薪酬，并随绩         而每年增加的工资
    效的变化而变动               ■ 年功增长体现了忠诚度、
  ■ 依靠企业绩效、部门绩效、       稳定性，支付年功工资
    团队或个人的绩效的准确
    衡量
```

图1 基于薪酬结构的付薪原则

责任主要体现在岗位、管理层级的纬度。根据岗位付薪原则，工作事项影响收入水平，如岗位工资。这种付薪模式较为传统，对大规模、同质性较强岗位群较为适用。底层的逻辑是A/B无论谁在这个岗位上都可以产出较为同质的收益和成果，激励较为趋同。同时，体现了负有管理责任的、较高级别岗位的价值。在岗位付薪原则下，工资增长主要依靠岗位晋升。

能力主要体现在专业等级、职级等纬度，更多地关注在岗人员差异的不同。根据员工能力/技能付薪原则，员工的技能需要经过评定，达到某级别标准，员工才能享受相应的工资标准。依能力付薪对知识密集型的岗位群更为适用，其底层逻辑是即使处理同类工作，专业层级高的人有更高的价值贡献，在效率、成本方面有更优的结果。

产出付薪主要根据直接的绩效、实际业绩结果进行收入的兑现，在该原则下，薪酬随绩效的变动而变动。传统的提成制、计件工资都是典型的基于产出的收入结构。产出付薪更适用产出量化性较高的岗位群（如销售、直接生产制造）。底层逻辑是"干得多、干得好、拿得多"，但前提是企业和员工能够达成共识，明确产出评价。本部分收入的变动有赖于企业绩效、部门绩效、团队或个人绩效的准确衡量和兑现。

忠诚度的付薪依据是持续贡献和忠诚，针对年功、在职时间进行差异化的付薪，薪酬一般随员工企业工龄的增长而每年增加。采用这种付薪方式的目的是留住更资深的人员，忠诚度付薪更适用于经验积累能体现价值的岗位群，或是由地理位置、工作环境等因素导致的稳定性明显不足的组织。

企业薪酬管理实践中，往往是以上四种方式的综合解构及应用。四类付薪原则在设计中的应用方式有两种：一种是根据不同付薪依据直接确定薪酬水平的标准；另一种是基于发展视角，利用不同的付薪依据兑现未来薪酬标准调整的机会。

企业的付薪方式是否成功，可从三个方面衡量。对企业来说，建立具有核心竞争力的薪酬体系，符合从企业到员工的多方利益需求，实现多方利益价值最大化。对内部人力资源管理来说，差异化付薪原则的应用能够提升薪酬竞争性与透明性，有利于吸引、招聘和保留人才。对员工来说，付薪结果能够激发员工内在驱动力，提升绩效，满足个人在生理、安全、社交等方面的需求。

24 职级体系设计四步法

1. 职级体系的意义

岗位与职级体系（岗职级体系）的设置是人力资源各个模块的管理基础。职级体系与岗位体系间需要实现层级匹配，才能在人力资源价值提升中充分发挥基础性作用。

人力资源管理价值的实现，有赖于人力资源管理各个模块间的优化与联动。职级体系作为员工的发展兑现，既影响薪酬体系和绩效体系设计，又向能力及培养体系传递人才需求，同时需要随绩效结果实现联动性调整，以便体现人力资源管理的价值协同效应。

2. 职级体系设计

根据德衍睿通管理咨询项目的经验，职级体系的规划设计，可按照设立基础、确定层高、划分层级以及验证应用四个步骤进行（见图1）。

（1）设立基础

设立基础阶段是在职级体系设计前，汇总影响要素进行统筹梳理，确定职级体系最高级别及未来横向对应的基础标准。需要考量的影响要素包括企业组织架构、管理层级和干部职级情况。

组织架构作为职级体系设立的基础依据，直接影响组织的管理层级。设计企业职级时，同一管理层级的管理人员对应的薪酬级别可能存在差异化级别的具体设计。国企中，干部职级是不同于一般企业职级的特殊分类。因此，干部职级同样需要在职级体系的设计中予以明确；职级体系中非干部序列的设计通常会以干部序列为参照依据，此步骤的设计确定了职级体系的基础。

步骤	阶段	维度	说明
步骤1	设立基础	组织架构　管理层级　干部职级	根据对三个维度的考量，确定职级体系最高级别及未来横向对应的基础标准
步骤2	确定层高	价值贡献　岗评对应　战略匹配	根据对三个维度的考量，确定各个序列各职级体系未来能达到的最高级别及水平
步骤3	划分层级	职业生涯　岗评落差　规模预判	确定各个序列未来细化层级的数量及颗粒度
步骤4	验证应用	岗位匹配　薪酬匹配　绩效匹配	确定职级体系设计与其他人力资源模块的对接及适应性，保证彼此设计匹配

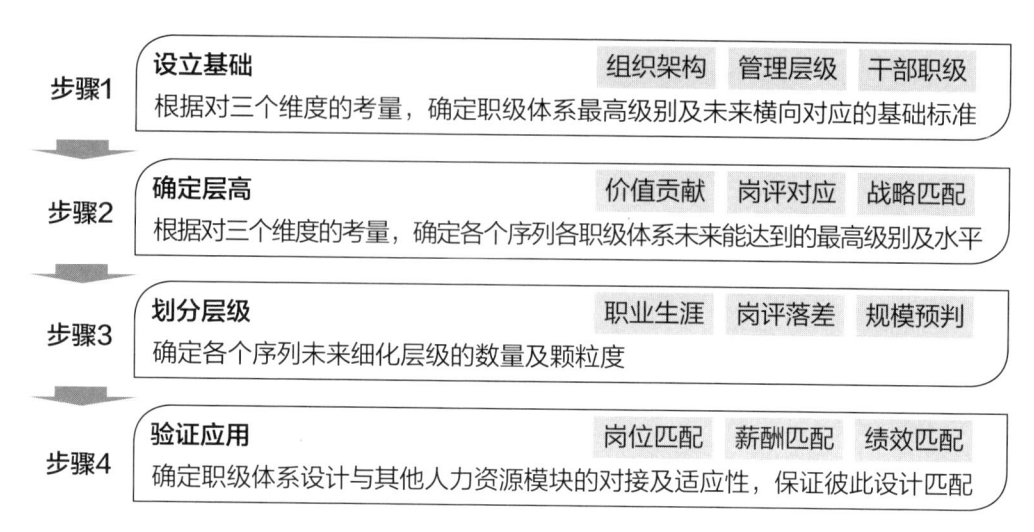

图1　职级体系设计四步法

（2）确定层高

确定层高阶段是在职级体系设计初始，确定不同的岗位序列、岗位类型未来在体系中可以发展到的级别层次及水平。需要考量的影响要素包括价值贡献、岗评对应和战略匹配。

针对非干部序列，本步骤需判断每一序列未来能达到的最高级别分别与干部序列职级的横向对应关系。岗位贡献的价值，表示该类人员到达的最高层次，这是对公司的价值贡献可能性以及一旦失误可能造成的损失程度与干部序列的横向对应。评估岗位价值时，需要对不同类别最高级别的岗位评分，与标杆序列横向对应。战略匹配包含公司战略设计以及人力资源规划中对不同序列未来发展程度的预期及引导性的判断。

（3）划分层级

划分层级阶段是在职级体系标准及层高确定后，确定不同的岗位序列、岗位类型在职级体系中发展的细分层次数量及颗粒度。需要考量的影响要素包括职业生涯、岗评落差和规模预判。

各类型岗位职级级别的数量体现了个人成长发展过程的速度安排，展现了公司对纵向成长发展的层次设计。根据对不同类型岗位职业生涯的设计安排，结合任职资格体系的标准,将职业生涯作为影响层级划分的重要因素;岗位价值评估得分的重大落差体现了层级归级的重要尺度,人员数量及规模决定了不同层级人员在该序列的集中度。

(4) 验证应用

在上述步骤工作完成后,职级体系的设计已经基本确定。但设计结果的彼此匹配及关联设计是最终效果的验证环节,设计结果最终需要体现在人力资源管理的各个板块中。这需要在岗位匹配、薪酬匹配、绩效匹配三个方面确定职级体系设计与其他人力模块的对接及适应性,保证彼此设计匹配。

岗位与职级的匹配需要保证两者管理相互独立,在岗位层次内用职级体现个人任职资格及专业水平的提升。薪酬与职级的匹配需要表现个人专业水平提升兑现的收入提升。职级与绩效的匹配需要明确各职级人员核心评价指标的差异。

3. 职级体系设计案例

某航空制造企业在人力资源体系建设项目中,运用Dwise职级体系设计四步法,在组织架构项目成果的基础上,在人力资源领域开展体系建设的项目工作,其中,针对性地优化了企业的职级体系,以支撑全面构建人力资源管理体系。

在职级体系设计之初,组织架构调整工作已确定。本环节划分了其管理层级及干部职级并引入职级体系内,如总经理级、副总经理级、部长级、副部长级等。

确定层高阶段,综合贡献价值以及战略匹配因素,确定技术序列为最高,管理及技能序列次之。即技术序列最高级与副总经理级平齐,管理序列及技能序列与副总师级平齐。此设计依据来自该企业岗位价值评估后确定的序列价值贡献决策——技术序列略高于职能序列及技能序列。

划分层级阶段,结合企业当前职业生涯及任职资格的分析和未来发展规模,技术序列考虑人员数量多、发展路径长的特点,层级划分数量相对多于管理序列、技能序列;而按照岗位价值的梯次,技能序列的层级设置需多于管理序列。

验证应用阶段,基于该企业管理实际,岗位体系管理在设计时已实现职级联动。后续项目还实现了薪酬级别与职位级别的联动,按职位级别体系差异化绩效指标,逐步增加高职级员工对项目承接支持、人员培养等因素及权重,最终形成人力资源体系内部的相关设计,保证人力资源管理体系的完整、协同及效率。

25 盖洛普Q12测评法

1. 盖洛普Q12测评法介绍

盖洛普Q12测评法是目前最经典的员工敬业度测量工具之一，由盖洛普咨询公司提出。

盖洛普最先提出员工敬业度的定义，即在为员工提供良好的工作环境，使员工价值最大化发展的基础上，让公司员工从精神上产生归属感，具备"主人翁"精神，自主地奉献自己，为公司创造价值。

盖洛普公司通过数据收集、分析和总结，提出并设计了12个核心问题，能够全面地反映公司员工的敬业度。盖洛普Q12测评法问题清单见表1。

表1 盖洛普Q12测评法问题清单

序号	问题	考察内容
Q1	我知道公司对我的工作要求	员工必须很清楚自己的工作标准是什么，知道公司对自己的要求，以及知道通往成功的路径
Q2	我有做好工作需要的材料和设备	公司提供做好工作所需的材料和设备是必要条件，该条件的缺失会影响正常工作的开展和员工潜力的发挥
Q3	在工作中我每天都有机会做我最擅长做的事	发挥个人所长，把合适的人放在合适的位置上是管理者的重要职责
Q4	在过去的七天里，我因工作出色受到表扬	认可和表扬已成为与员工有效沟通的方式，通过认可激发员工产生成就感和原动力，"七天"是为了培养管理者形成鼓励赞赏下属的常态行为
Q5	我觉得我的主管或同事关心我的个人情况	大部分员工的离职都和直接上司相关，良好的沟通和关心可以增进彼此的信任度，这种信任会影响员工对公司的看法

续表

序号	问题	考察内容
Q6	工作单位有人鼓励我的发展	终生受雇于一家公司已不适用新时代，员工越来越关注自身的发展，帮助员工在工作中获得更多成长机会是管理者和公司的职责
Q7	在工作中，我觉得我的意见受到重视	每位员工都希望自己的意见受到公司的重视，这个问题测量员工对工作和公司所产生的价值感，并能增强员工对公司的信心
Q8	公司的使命/目标使我觉得我的工作很重要	员工的努力方向、价值能够与公司的价值观、目标和使命紧密结合，产生使命感及目标感
Q9	我的同事致力于高质量的工作	员工对工作质量的精益求精是影响团队业绩的关键因素，员工高标准、高质量的工作能增强团队精神，整体上提高团队的工作效率，改进质量
Q10	我在工作单位有一个最要好的朋友	高质量的人际关系组成良好的工作场所，良好的工作场所帮助员工建立对公司的忠诚度，员工之间关系的深度对员工的去留会产生决定性的影响
Q11	在过去的六个月内，公司有人和我谈及我的进步	员工需要从直接主管处获得反馈来发挥才干和产生效益，管理者需要经常和员工交流工作，及时认可员工的进步并帮助员工认识和理解个人的才干如何在工作中发挥
Q12	过去一年里，我在工作中有机会学习和成长	学习和成长是员工的正常诉求，在工作场所给员工提供学习和发展的机会，帮助员工快速成长、更有效工作是考察公司和管理者的一个重要指标

2. 盖洛普Q12测评法实施步骤

企业需要通过确定测评主题、测评问卷设计、测评对象选择、正式测评实施、测评结果统计、测评结果分析六个步骤进行盖洛普Q12测评。

（1）确定测评主题

一般盖洛普Q12测评的目标主要为：一是测评员工敬业度和基层工作环境；二是发动管理者和员工参与改进工作环境；三是识别最佳团队推广先进经验；四是有针对性地提高一线经理（管理者）的管理水平。

明确盖洛普Q12测评主题和侧重方面，在测评问卷的进一步细节设计中将更有方向和针对性。

（2）测评问卷设计

盖洛普Q12测评法是针对员工敬业度和工作环境的测量，通过询问员工12个关键问题来测量员工满意度，非常易于理解和应用。

在常规的Q12测评中，可对每个问题设1—4分选项，分别对应不满意、较不满意、比较满意、非常满意四个可供选择的答案，分数越高表示员工对问题的满意度越高。

盖洛普Q12测评法中问题依据不同维度可以拓展，延伸出更多相关问题。比如："Q1我知道公司对我的工作要求"，可以沿着"基本要求、目标设定、考核标准"等维度进行细化，扩充测评问题。同样，依据细分维度也可以更加细分各分数对应的含义，如"Q7我觉得我的意见受到重视"，可以细分为：1—2分，员工没有机会表达针对工作的意见和建议；3—4分，员工偶尔有机会表达针对工作的意见和建议；5—6分，员工在部门内部能够表达对工作的意见和建议；7—8分，员工在公司内部能够表达对工作的意见和建议；9—10分，员工能够收到对工作意见和建议的及时反馈，并能了解进展。

对问题和答案每一级的拆分主要在于明确评价标准，以便于分析测评结论，为公司及管理者明晰改善路径和方向。

（3）测评对象选择

一般由企业高层根据本次Q12测评主题确定调研对象、覆盖范围和数量。

测评对象一般选择具有一定代表性的员工。例如，测评对象企业工作时间可以覆盖各个区间段、不同绩效等级的员工或不同岗位类型的员工。

（4）正式测评实施

正式测评由企业根据实际情况选择线上或线下方式进行测评。企业负责测评的人员需要开展测评宣讲、发布测评通知等相关工作，并跟进测评进度和问卷回收情况。尽量保证员工充分理解测评目的，提供真实测评答案。

（5）测评结果统计

回收测评问卷并筛选有效问卷，进行统计分析。通过不同维度、不同指标的交叉统计，确定企业测评主题基本现状。测评结果的统计主要分为两种方式。

一是针对测评对象结果统计。根据测评对象所处部门、层级、类型等进行测评结果统计，确定每个问题的回答人数或得分情况。

二是根据测评问题本身划分的维度进行统计分析，确定企业目前存在的主要问题。盖洛普Q12测评分析维度划分示意如表2所示。

表2 盖洛普Q12测评分析维度划分示意

维度划分例1	维度划分例2	维度划分例3	维度划分例4	问题
基本需求	绩效基础	员工流动率 用户忠诚度	衡量自身	Q1：我知道公司对我的工作要求
			发挥潜力	Q2：我有做好工作需要的材料和设备
管理层支持	个人绩效	工作效率 员工流动率 利润 用户忠诚度	知人善任	Q3：在工作中我每天都有机会做我最擅长的事
			获得认可	Q4：在过去的七天里，我因工作出色而受到表扬
			增强信任	Q5：我觉得我的主管或同事关心我的个人情况
			人才培养	Q6：工作单位有人鼓励我的发展
团队工作	团队绩效	工作效率	增强信心	Q7：在工作中，我觉得我的意见受到重视
			战略价值认同	Q8：公司的使命/目标使我觉得我的工作重要
			精益求精	Q9：我的同事致力于高质量的工作
			忠诚企业	Q10：我在工作单位有一个最要好的朋友
总体发展	长期绩效	工作效率 利润 用户忠诚度	团队交流	Q11：在过去的六个月内，公司有人和我谈及我的进步
			学习创新	Q12：过去一年里，我在工作中有机会学习和成长

（6）测评结果分析

针对测评结果采取两种对比分析方式：一是对标分析，二是自我分析。

对标分析将测评分数结果与外部对标企业或企业自身往年的测评结果进行比较，判断企业与对标企业或历史自身所处位置情况。

自我分析是所有测评问题相互之间进行比较、分析，判断各测评问题之间的优劣情况，通过平均分和标准差两个数值确定关键问题所在。平均分体现员工在各项问题上的满意程度的高低，得分普遍偏低的问题也是公司管理问题的映射，需要企业后续制定进一步的改善措施。标准差体现员工在该问题满意程度上的争议，如果标准差较大，说明员工在该项问题上存在差异，需要企业进一步挖掘和分析。

总结两种分析结果，最终确定明确影响员工满意度的问题、原因和改善方向。

3.盖洛普Q12测评法结果应用

（1）管理者行为改进

根据调研结果，围绕突出问题为员工的上级管理者制订改善计划，帮助每名管理者针对不足进行改善。

被调研部门与人力资源部门结合Q12测评的问题分析结论，需要在问题和有针对性的解决方向上达成一致。基于员工管理者存在的管理问题，由人力资源部门与管理者共同制订改善计划，帮助管理者针对不足进行改善。改善计划包括的主要内容为问题点、问题点的改进行动计划、计划达成效果、计划完成时间和行动负责人、监督人。每次改善计划本着"重点明确、行动有效"的原则，最多列出三项改善内容。针对每项改善内容，需要为管理者提供行为建议，明确具体行为的改善方向。

（2）公司管理改善

结合调研结果，在管理者行为改进范围外，归属于公司管理体系优化、职能健全等方面的问题，需在公司层面制订系统的管理改善计划。盖洛普Q12测评法一般与以下四个方面的内容强相关，企业可通过加强员工的规范化及人性化管理来改善员工关注的工作场所——"大本营"和"一号营地"。

第一，明确岗位职责和岗位目标。岗位职责和目标体现了公司对员工的期望和要求，缺乏目标或缺少更新的岗位职责和目标可能造成企业工作效率低下，并误导员工。

第二，满足生产和管理工作资源需求。稳定充足的资源是企业正常运转的基本需求，企业需要对内设置明确的资源管理流程和标准，对外需建立良好的合作伙伴关系，以此保证资源供给的稳定和适时。

第三，强化沟通管理。让员工去做最擅长的事情，是管理的最高境界，但管理者很多时候并不能做到这些。企业常常会有部分领导忽视与员工的沟通，不了解员工的思想动态，尤其是从技术岗位转到管理岗位的一部分领导，习惯以往独立完成挑战的工作方式，容易忽视内部团队的及时沟通。所以，企业需要建立完善的培训体系，定期组织开展能力素质培训，提高管理者的沟通水平和管理素养。

第四，完善职业发展和能力培养体系。职业发展是对员工的肯定和嘉奖，是马斯洛需求理论中最高级别的员工个人自我需求的满足。企业需要建立完善的学习成长路径，满足员工个人对职业发展的自身需求。同时，建立完善职级评审体系，满足不同岗位类型员工横向与纵向职业发展的需求。

26 海氏工作评价系统

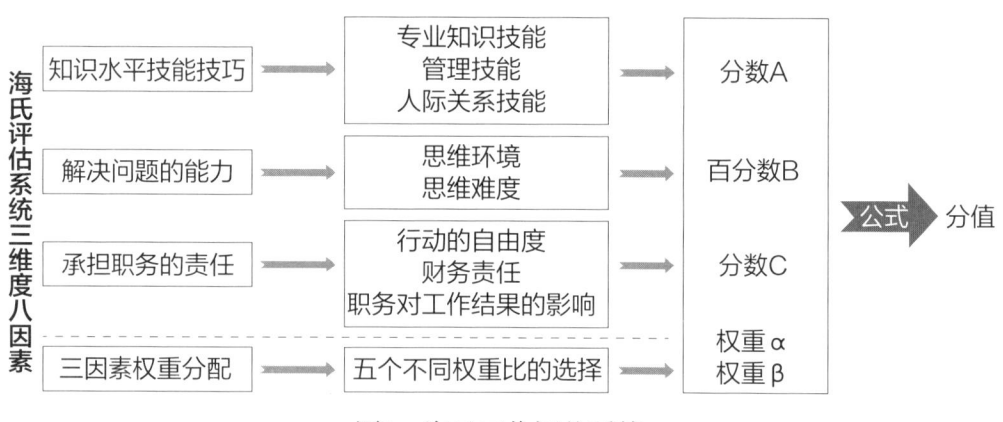

1. 海氏工作评价系统介绍

海氏工作评价系统，由美国薪酬设计专家爱德华·海于20世纪50年代研发，是目前国际上应用非常广泛的评价方法之一。

海氏工作评价系统是一种因素评分法，着眼于确定不同工作职位对实现组织目标的相对重要性。将付薪因素进一步抽象为具有普遍适用性的三大因素，即技能水平、解决问题能力和职务责任（见图1）。海氏工作评价系统可用于解决不同部门的不同岗位之间相对价值的比较和量化的情境，适用范围为管理类岗位和专业技术类岗位。

海氏评估系统三维度八因素			
知识水平技能技巧 →	专业知识技能 管理技能 人际关系技能 →	分数A	
解决问题的能力 →	思维环境 思维难度 →	百分数B	公式 → 分值
承担职务的责任 →	行动的自由度 财务责任 职务对工作结果的影响 →	分数C 权重α 权重β	
三因素权重分配 →	五个不同权重比的选择 →		

图1 海氏工作评价系统

2. 海氏工作评价系统的方法

（1）三因素划分

海氏工作评价系统从投入、过程、产出三个环节中提取了三个通用因素来评价相对岗位价值,投入环节对应技能水平,过程环节对应解决问题的能力,产出环节对应承担的职务责任(见图2)。

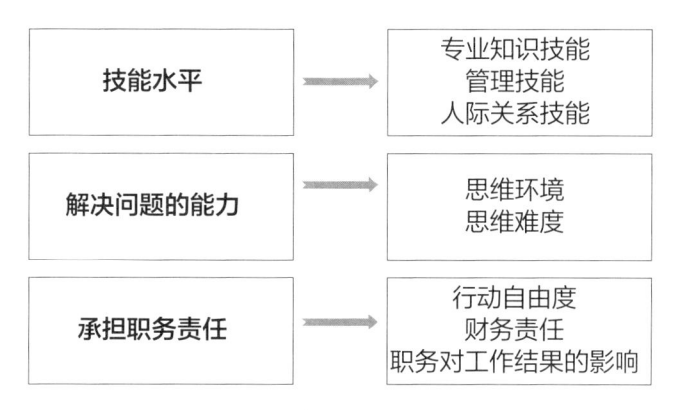

图2 海氏工作评价系统的三因素

技能水平,主要包括专业知识技能、管理技能、人际关系技能三个子维度。

解决问题的能力,指在工作中发现问题,分析诊断问题并做出决策的能力,主要包括思维环境和思维难度两个子维度。

承担职务责任,指岗位任职者的行动对工作最终结果可能造成的影响,主要包括行动自由度、财务责任、职务对工作结果的影响三个子维度。

海氏工作评价系统三因素指标及子维度等级划分见表1。

表1 海氏工作评价系统三因素指标及子维度等级划分

等级	因素							
	技能水平			解决问题的能力		承担职务责任		
	专业知识技能	管理技能	人际关系技能	思维环境	思维难度	行动自由度	财务责任	职务对工作结果的影响
A	基本的	起码的	基本的	高度常规性	重复性的	有规定的	微小的	后勤
B	初步业务的	相关的	重要的	常规性	模式化的	受控制的	少量的	辅助
C	中等业务的	多样的	关键的	半常规性	中间型的	标准化的	中等的	分摊

续表

等级	因素							
^	技能水平			解决问题的能力		承担职务责任		
^	专业知识技能	管理技能	人际关系技能	思维环境	思维难度	行动自由度	财务责任	职务对工作结果的影响
D	高等业务的	广博的		标准化	适应性的	一般性规范的	巨大的	主要
E	基本专门技术	全面的		明确规定	无先例的	有指导的		
F	熟悉专门技术			广泛规定		方向性指导的		
G	精通专门技术			一般规定		广泛性指引		
H	权威专门技术			抽象规定		战略性指引		
I						一般性无指引		

海氏工作评价系统设计了三套标尺性评价量表（见表2），每个因素的子维度都分为不同等级并配有对应描述。分别对三个因素及其细分子维度评价打分，三个评估因素形成三个具体的分值。再通过海氏工作评价系统的计分规则计算，得到各岗位的相对价值量。海氏工作评价系统评估方法中各要素的定义、等级释义及权重在应用时需要根据企业的实际情况进行调整。在评估过程中，需要根据实际情况，采用排序的方式对每个评价进行等级区分，以此提高评估结果的可信度和有效度。

表2　海氏工作评价系统量表

思维环境	思维难度				
^	重复性的	模式化的	中间型的	适应性的	无先例的
高度常规性					
常规性					
半常规性					
标准化					
明确规定					
广泛规定					

续表

思维环境	思维难度				
	重复性的	模式化的	中间型的	适应性的	无先例的
一般规定					
抽象规定					

（2）职务形态分类

海氏工作评价系统认为职务具有一定的"形态"，这个形态主要取决于技能水平（A）和解决问题的能力（B）两因素相对于职务责任（C）这一因素的影响力间的对比和分配。解决问题的能力（B）可以看作技能水平（A）的具体运用，可以用技能水平利用率（%）进行测量。因此，海氏工作评价系统将职务分为三种类型（见图3）。

上山型，该职务的责任比技能与解决问题的能力重要，如总裁、销售总监。

平路型，该职务的技能和解决问题的能力与责任并重，如人力资源经理、会计。

下山型，该职务的责任不及技能与解决问题能力重要，如科研开发。

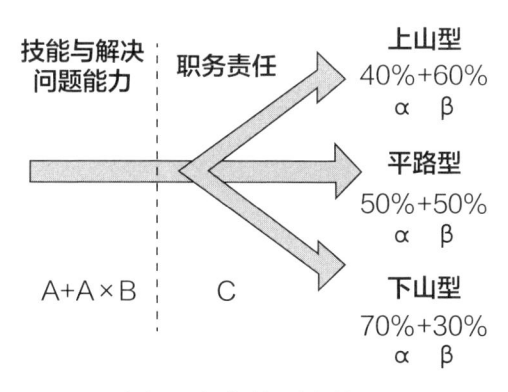

图3 职务的形态构成

（3）海氏工作评价系统的计算方式

海氏工作评价系统的三个量表得出的三个分数不是直接相加关系，它有独特的计算规则。

根据三类职务的"职务形态构成"，三类职务三个不同因素被赋予不同的权重。即分别向三个职务的技能、解决问题的能力两因素（α）与责任因素（β）

指派代表其重要性的一个百分数,这两个百分数之和应为100%。一般粗略地将上山型、下山型、平路型的两组因素的权重分配界线分别约定为(40%+60%)、(70%+30%)、(50%+50%)。

基于岗位职务形态的区别,计算出各岗位的具体得分。岗位评价得分的计算公式为:岗位评价得分=α(A+A×B)+βC

海氏工作评价系统的计算方式如图4所示。

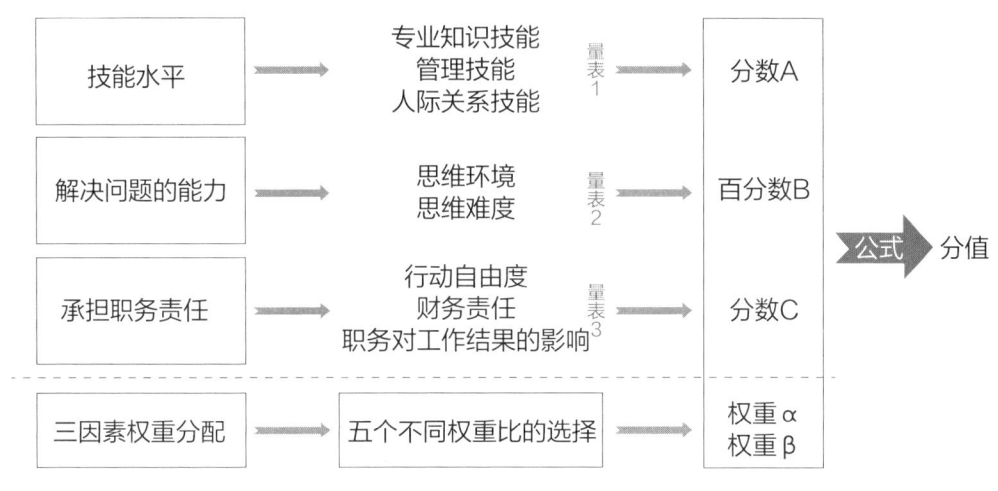

图4 海氏工作评价系统的计算方式

3. 海氏工作评价系统的操作步骤

海氏工作评价系统是一种非常有效、实用的岗位测评方法,在企业的实际操作中,一般遵循如下操作步骤。

(1)选取标杆岗位

规模较大、岗位较多的企业在进行全方位岗位评估时,需选取标杆岗位。所选标杆岗位要能够代表所有岗位,可以横向比较并相对精简。尽量一个部门内价值最高和价值最低的岗位都要选取到。

(2)准备标杆岗位的工作说明书

工作说明书是岗位测评的基础,需要保证公司各部门的职责清晰,岗位说明书撰写规范。完善、科学的岗位说明书能提高测评的有效性。

（3）成立专家评估小组

评估小组由内外部人员共同组成。内部人员需要涵盖企业内高、中、基各层人员；外部专家主要进行客观测评，对内部评估人员进行测评方法和技巧的培训。

（4）培训海氏工作评价系统

评估前，内部评估人员需经过外部专家的系统培训，彻底了解海氏工作评价系统的设计原理、逻辑关系、评分过程和评分方法。

（5）对标杆岗位进行海氏评分

测评人员对选出的标杆岗位进行对比试打分，以便熟悉打分规则。随后，选择部分标杆岗位进行测试，统计分析测试结果，专家认为测试结果满意后再全面铺开测评工作。

（6）计算岗位的海氏得分并建立岗位等级

计算各标杆岗位的平均分，算出每位评分者的评分与平均分的离差，去除离差较大（超出事先设定标准）的分数或进行数据偏差的纠正。各标杆岗位最后得分按分数从高到低排序，并按一定的分数差距（级差可根据划分等级的需要而定）对标杆岗位分级、分层。然后，再将非标杆岗位按其对应的标杆岗位安插到相应的层级中。

4. 海氏工作评价系统的应用

（1）辅助构建人力管理的相关体系

评估并处理海氏工作评估结果，可以分析组织层次，衡量职位之间的差异，使企业了解职位价值。有助于建立岗位等级体系，为层级之间提供有意义且易于管理的晋升机制；同时，辅助构建公平公正的职级体系和薪酬体系。

（2）识别并培养继任管理者能力

通过海氏工作评价系统，掌握任职者的职位形态及人岗匹配程度。进而提升企业筛选和培养高绩效管理者的能力，增加从业者继任的可能，有效降低不匹配的风险。海氏工作评价还可以结合组织结构分析、岗位设计和职位价值差异，评估一个职位能否为另一个职位培养继任者。

27 冰山模型

1. 冰山模型的来源及构成

北欧人在航海中格外关注冰山，因为从海面上看到的那部分可能是整座冰山的很小一部分，大概只有10%，他们称之为"tip of the iceberg"。给冰山做一个切面，简单演化到纸上，就是冰山模型的基础框架。

美国著名心理学家麦克利兰于1973年提出了著名的素质冰山模型。"冰山模型"，将人员个体素质的不同表现分为表面的"冰山以上部分"和深藏的"冰山以下部分"。

"冰山以上部分"包括基本知识、基本技能，是外在表现，是容易了解与测量的部分，相对而言比较容易通过培训来改变和发展。

"冰山以下部分"包括社会角色、自我形象、特质和动机，是内在的、难以测量的部分，不易通过外界影响和改变，但对人员的行为与表现起着关键性的作用，可用于构建岗位的胜任力模型、人员素质测评，以及多种场景中显性因素和隐形因素的分析等。

在冰山模型中，人的素质被分为六个层面。

第一，行为，指人在工作中表现出来的工作态度及具体的工作方式。

第二，知识和技能。知识指个人在某一特定领域拥有的事实型与经验型信息；技能指结构化地运用知识完成某项具体工作的能力，即对某一特定领域所需技术与知识的掌握情况。

第三，价值观和态度（社会角色），体现一个人基于价值观和态度的行为方式和风格。价值观指人基于一定的思维感官而做出的认知、理解、判断或抉择；态度指人对特定对象所持有的稳定的心理倾向。

第四，自我意识，指一个人的态度、价值观和自我印象。

第五，个性和品质（特质）。个性指一个人的认知、情感、意志和行为上表现出来的心理特征，包括气质、智商、情商和逆境商数；品质可以预测个人在长期无人监督下的工作状态。

第六，内驱力和动机，指在一个特定领域的自然而持续的想法和偏好（如成就、亲和、影响力），它们将驱动、引导和决定一个人的外在行动。

冰山模型如图1所示。

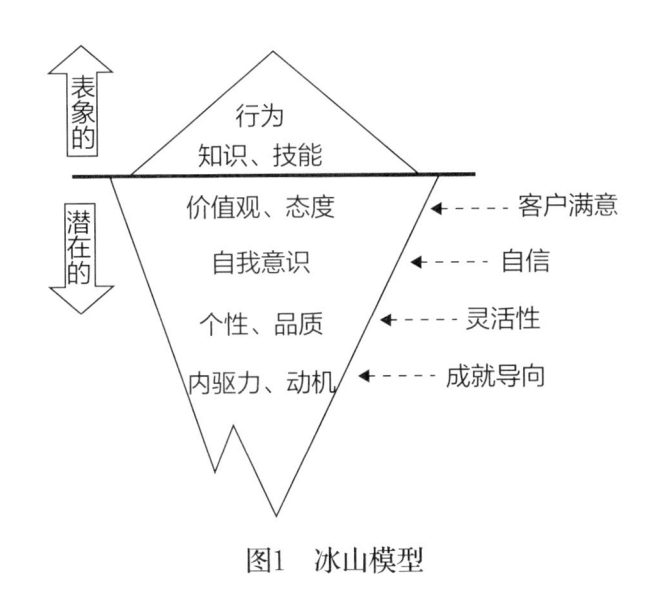

图1 冰山模型

2. 冰山模型在人才评估中的应用

企业人才评估中，冰山模型可以对应到人才的不同评估维度，如能力、价值观、潜力等。

冰山模型中水面上的部分（行为、知识和技能）构成了人才的显性"能力"，能够在比较短的时间使用一定的手段进行测量。这种"能力"大部分与工作所要求的直接资质相关，可以通过资质证书、考试、面谈、简历等具体形式来测量，也可以通过培训、锻炼等方式提高这些素质。显性"能力"通常用来评估人才与岗位的匹配度，主要应用在招聘、人才盘点、培养与晋升等场景中。

冰山模型中水面下的部分（价值观和态度、自我意识）构成了人才的"价值观"。"价值观"由长期的教育和环境影响塑造而成，是推动并指引一个人采取决定和行动的原则、标准。公司通常通过教育、引导的方式塑造和影响员工的价值观，但个人的价值观较难在短期内改变，多数场景中会选用与公司价值观一致的人才。

冰山模型中水下最深的部分（个性和品质、内驱力和动机）构成了人才的"潜力"。公司基于潜力可以预测人才的成长性和在未来岗位上的成功胜任的可能性。潜力维度的人才评估，主要应用在招聘、人才盘点、晋升等选拔性、评价性的场景中。

由于价值观和潜力很难度量和准确表述，很少与工作内容直接关联。只有其主观能动性变化影响工作时，其对工作的影响才会体现出来。针对能力、价值观和潜力的测评，已有较多种类的成熟模型和测评工具被人力资源部门或第三方服务机构广泛使用。

3. 冰山模型在素质测评方面的应用步骤

招聘人才时，企业不能仅对应聘者的技能和知识进行考查，也需要对应聘者的求职动机、个人品质、价值观、自我认知和角色定位等进行综合考虑。求职动机、品质、价值观等相关潜在素质对企业的影响显著。所以，越来越多的企业重视人才盘点和岗位胜任力测评，衡量人才与岗位的契合程度。

应用冰山模型的素质要求进行岗位胜任力测评时，一般遵循以下步骤。

（1）确定胜任素质

不同的序列通道（专业领域）、不同类型的工作，素质要求是不一样的，哪些素质是该类工作岗位需要的胜任素质应在选人、用人前予以明确。确定胜任素质需要遵循两条基本原则：一是有效性，判断一项胜任素质的唯一标准是能否显著区分工作业绩，选定的胜任素质必须能够体现优秀员工和一般员工之间的明显的、可以衡量的差别；二是客观性，判断一项胜任素质能否区分工作业绩，必须以客观数据为依据。

（2）建立胜任力素质测评系统

确定胜任素质后，组织需要建立衡量个人胜任素质水平的测评系统。这个测评系统需要经过客观数据的检验，通过数据积累修正准确性，能够区分工作业绩，以便实现对个人胜任素质的有效评价。

（3）设计相应的人力资源管理办法

在准确测量的基础上，组织需要设计出胜任素质测评结果在各种人力资源管理工作场景中的具体应用办法，如应用于关键岗位的人员胜任率评估、关键岗位继任梯队的识别、工作过程行为的绩效考核、晋升评估等。

冰山模型为人力资源管理的实践提供了一个全新的视角和一种更为有力的工具，已经成为测评人员素质的重要依据。从组织管理与发展角度来看，冰山模型不只体现在人才盘点和岗位胜任层面，在绩效考核和晋升评审上，也都可以一以贯之，实现对个人从显性能力到潜力的综合评价。

28 洋葱模型

1. 洋葱模型的构成

洋葱模型是在冰山模型基础上演变而来的。美国学者理查德·博亚特兹提出"洋葱模型",这个模型将人们的行为和变化比作一个洋葱,由多个层次组成,每个层次都有不同的特征和作用。洋葱模型展示了素质构成的核心要素,并说明了各构成要素可被观察和衡量的特点。

洋葱模型中的各核心要素由内至外分为三层,如下所述。

内层——潜质层,包括特质和动机。动机是推动个体为达到目标而采取行动的内驱力;特质/个性是个体对外部环境及各种信息等的反映方式、倾向与特性。

中层——变质层,包括社会角色、自我概念、态度和价值观。社会角色是个体对其所属社会群体或组织接受并认为是恰当的一套行为准则的认识;自我概念(自我形象)是个体对其自身的看法与评价;态度是个体的自我形象、价值观以及社会角色综合作用外化的结果。

外层——显质层,包括知识和技能。知识是个体在某一特定领域所拥有的事实型与经验型信息;技能是个体结构化地运用知识完成某项具体工作的能力。

洋葱模型把胜任素质由内到外概括为层层包裹的结构,最核心是动机,越向外层,越易于培养和评价;越向内层,越难以评价和后天习得。

洋葱模型如图1所示。

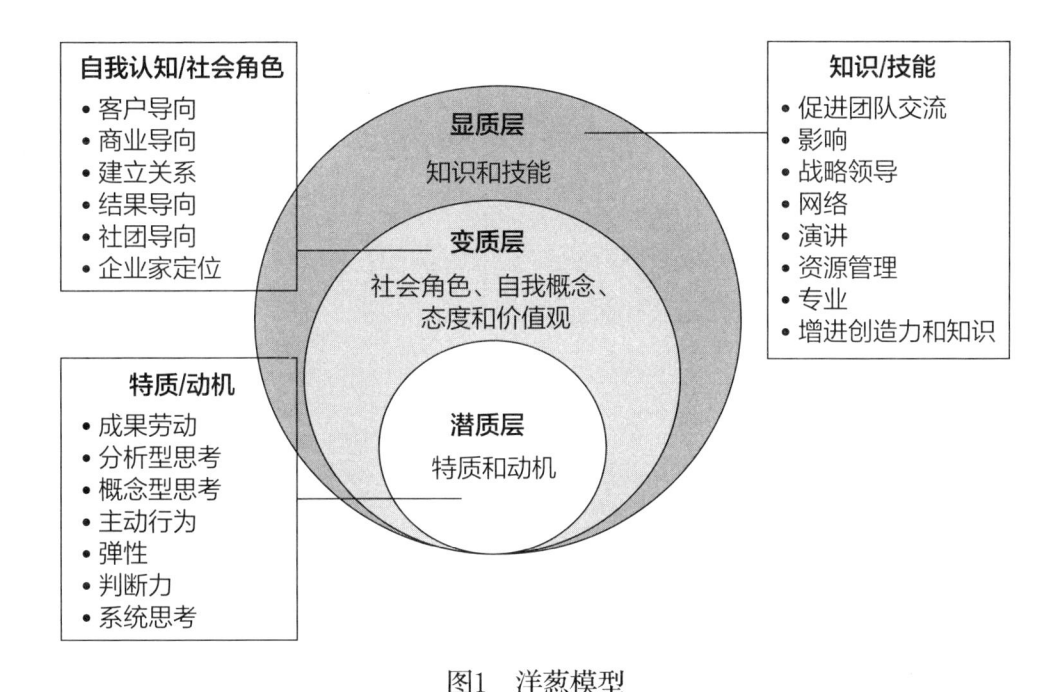

```
自我认知/社会角色                          知识/技能
• 客户导向            显质层              • 促进团队交流
• 商业导向          知识和技能            • 影响
• 建立关系                                • 战略领导
• 结果导向           变质层               • 网络
• 社团导向      社会角色、自我概念、      • 演讲
• 企业家定位     态度和价值观             • 资源管理
                                          • 专业
 特质/动机                                • 增进创造力和知识
• 成果劳动          潜质层
• 分析型思考       特质和动机
• 概念型思考
• 主动行为
• 弹性
• 判断力
• 系统思考
```

图1　洋葱模型

2. 洋葱模型对比冰山模型

洋葱模型的最外层的知识和技能，相当于冰山模型的水上部分；洋葱模型内层的特质和动机，相当于冰山模型的水下最深的部分；洋葱模型中间的自我认知与社会角色等，相当于冰山模型的水下浅层部分。

洋葱模型同冰山模型的本质都强调核心素质或基本素质，洋葱模型更强调潜在素质与显现素质的层次关系，比冰山模型更能说明素质之间的关系。两个模型都认同对核心素质和胜任力的测评，即一个人的显性素质容易被识别和模仿，最重要、最核心的素质相比更不容易被挖掘和学习，通过这两个模型进行的胜任力测评，可以预测一个人的长期绩效和设定培养方向、路径。

3. 洋葱模型的应用

洋葱模型目前已经成为人力资源管理的基础，通过建立素质模型明确某一个职位的素质要求，作为能够给人员选拔、人员测评、绩效考核、培训与开发提供基础性数据的支撑和评估工具。洋葱模型构建的岗位胜任力模型已在人力资源管理的多个模块中广泛应用，也是对传统人力资源管理的重要补充。洋葱模型的应用实施一般分为如下步骤。

第一，按照洋葱模型对企业人员的素质构成要素进行划分。

第二，细分素质构成各要素的维度。

第三，设计细分素质维度下的指标。

第四，按岗位定义胜任素质特征群。

第五，开展素质评价并匹配胜任素质特征群（洋葱模型素质指标设计如表1所示）。

第六，分析人员素质测评结果。

第七，形成岗位选拔、培养方案。

表1 洋葱模型素质指标设计

素质层级	维度要素	细分指标	指标定义	改变/培养难度	胜任素质要素	所属胜任特征群
显质层	知识					
	技能					
变质层	自我概念					
	社会角色					
	价值观					
	态度					
潜质层	特质					
	动机					

对胜任力素质模型的应用，反映了企业在用人方面的具体要求，由于企业文化、经营目标、竞争策略及企业发展阶段的差异，不同企业的胜任力评估维度和指标有所差异。利用胜任力素质模型形成的岗位素质胜任力结果，有利于完善管理流程，提高工作效率，帮助企业发现和留住更多具有高潜质和高素质的人才。

4. 洋葱模型的主要应用场景

洋葱模型在人力资源管理各模块中可以有不同的应用场景。

（1）用于人才选拔

招聘、选拔、晋升人才时，需要参考洋葱模型的三个素质层次对人才进行综合考虑。传统的人员选拔只注重对候选者的专业知识、技能等显性因素的考查，忽略了能力素质、价值观念、人格品质等潜在素质。基于洋葱模型构建的胜任力模型选拔人才，公司不仅能评价人才的知识技能，还能根据公司要求对候选者的能力素质、工作动机等潜在因素进行评价。胜任力素质评价不仅可以提高人岗匹配的合适程度，降低企业人员配置成本，还能引导员工根据评价结果提高自身能力和素质水平。

（2）用于绩效考核

基于胜任力素质模型设计的绩效考核，能够相对全面地反映员工在日常工作中的综合表现。胜任力模型指标的分解与描述，体现了企业对该岗位上的员工有一定的能力要求和业绩期望，保证了考核标准的客观性。考核评估体现出员工的业务表现与公司期望的真实情况，公司掌握了员工能力与业绩差距的同时，也能够使表现好的员工得到及时的认可和回报，提高员工工作的积极性。

（3）用于培训

企业围绕业务与发展诉求构建适用于自身的胜任力素质模型的过程，是将符合企业战略目标、价值观及竞争力的核心能力素质与企业发展进行捆绑和拆解匹配的过程，体现企业现阶段发展需要的技能和素质要求。通过评估员工的胜任力，发现其素质水平与胜任力模型要求（企业战略发展要求）的差距，为人力资源管理部门设计有针对性的培训体系明确方向，也为员工改善业绩和提高能力明确行为标准。由此，可以设计有针对性的员工培训发展计划，最大化地体现企业培训效果和人才培养成效。

5. 洋葱模型的思维扩展

围绕洋葱模型显性与内核、由表及里的内涵逻辑，洋葱模型可以用于更广泛的管理场景。越往内层，其内核越加概念化、抽象化，往往较难达成、获得；越往外层，其表现越加清晰、聚焦，可描述且可量化。面对实际工作问题，越向同心圆内层，越需要深入思考；越向外层，越需要聚焦、固化和执行。

（1）理解企业文化建设

围绕洋葱模型从内至外的构成要素，企业文化建设也可从内到外分为理念层、制度层、行为层、物质层等不同层次（见图2）。内核为理念层，是企业文化建设的内核，阐述企业的愿景目标、价值观、使命；制度层和行为层，是用规范化、体系化、流程化的管理方式，规范从理念到文化的传递形式；物质层是文化建设的表达方式，通过产品、视觉设计等显性方式体现企业文化。

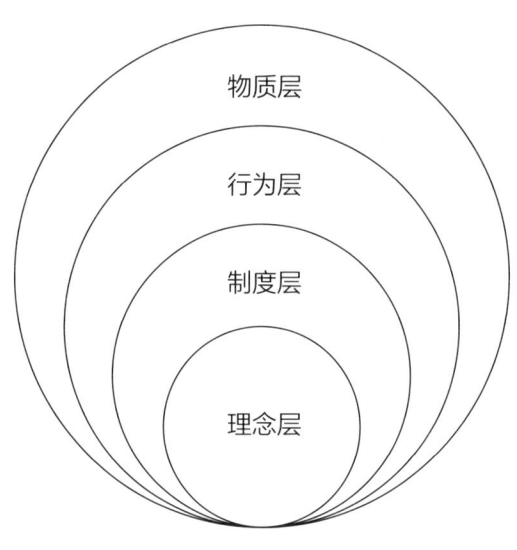

图2　企业文化建设的洋葱模型

（2）理解产品运营

洋葱模型从内而外"行业层—产品层—运营层"（见图3），用另一种视角阐述了"市场—业务—产品"之间的逻辑关系。产品运营的核心是了解行业和市场，掌握行业所处的上下游、市场的大小和份额、同行及竞争对手情况、商业模式以及竞争优势所在;产品层更聚焦主力产品是什么,哪些是战略性的培育产品/现金牛产品/退出剥离产品,产品核心价值、创新点是什么,用户在哪等产品定位与策略的设计;运营层,更关注的是组织架构与团队设置、业务流程、价值链内各价值活动模块如何运作及协同(生产、研发、物流、市场等)等具体执行与操作层面的事项。企业打造好的产品,既靠深度的行业洞察,又靠外层良好的管理与运营支持。

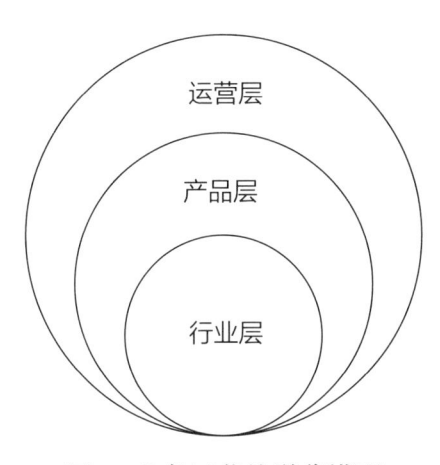

图3 业务运营的洋葱模型

流程篇

29 流程的价值

1. 流程的定义

著名管理大师迈克尔·哈默与詹姆斯·钱皮（著有《企业再造》[1]）对业务流程的经典定义是："定义某一组活动为一个业务流程，这组活动有一个或多个输入，输出一个或多个结果，这些结果对客户来说是一种增值。简言之，业务流程是企业中一系列创造价值的活动的组合。"托马斯·H.达文波特对业务流程的定义是："流程是一系列结构化的可测量的活动集合，并为特定的市场或特定的顾客产生特定的输出。"也有学者认为，流程是把输入转化为输出的一系列相关活动的结合，它增加输入的价值并创造出对接受者更为有效的输出。

在ISO 9000标准体系中，业务流程称为"过程"，其定义是一组将输入转化为输出的相互关联或相互作用的活动。过程由输入、实施活动和输出三个环节组成。

德衍睿通基于咨询经验认为，流程聚焦于客户价值实现，通过一系列可重复、有逻辑顺序的活动，将一个或多个输入转化成明确的、可衡量的输出。从本质上说，流程是组织价值创造的机制。

流程管理，顾名思义是对流程的管理。流程是流程管理的核心，通过一系列的管理制度和有效措施，确保流程生命周期的各个环节都符合管理要求。也就是说，流程管理是一套以流程为核心的管理体系，是借鉴业界最佳实践和总结自身流程运作管理而整理的一套流程管理规则。

---

[1] 迈克尔·哈默，詹姆斯·钱皮.企业再造［M］.王珊珊，等译.上海：上海译文出版社，2007.

2. 流程的价值

不管对流程如何定义，围绕流程脱离不了三个关键词——输入输出、价值、系列活动。相应地，流程的价值体现在这三个方面——有序管理业务过程、持续提高企业的运作效率和质量、降低业务运作成本和风险（见图1）。

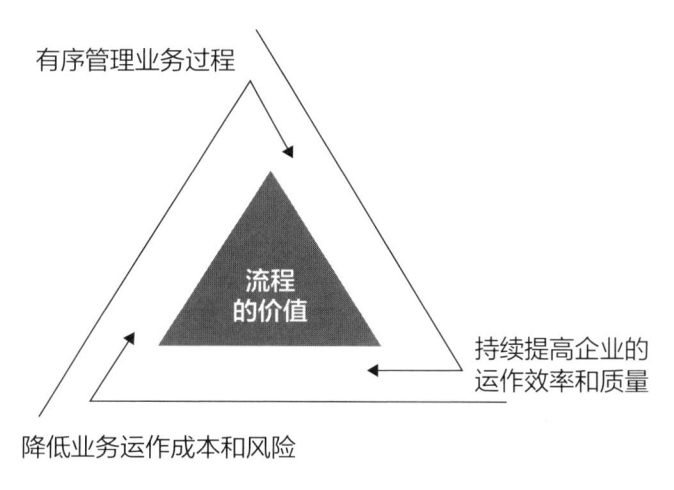

图1　流程的价值

（1）有序管理业务过程

通过流程提高业务的标准化和秩序化来有序地管理业务过程，使流程各个环节的输入输出有明确、标准的要求。流程输入的规范要求，可以让流程执行者清楚地知道发起某流程需要的所有材料和准备工作，避免因准备不充分出现反复沟通的现象。流程处理过程按既定的环节流转，操作人员各司其职、相互配合，每个环节流程清晰，即使面对跨部门协作，操作人员也能轻松应对。

规范有序是流程管理实施之后最为明显的管理提升，也是企业管理者和员工最先感受到的变化。因为要做一件事情，不能只是口头说说，而是需要"走流程"。走流程本身就是一种管理规范，它改变了以往通过口头或邮件沟通，甚至做事情靠"刷脸"的极不规范的工作方式。

所以，流程管理还可以规范企业内部的管理授权，能够根据授权严格限定各级管理者的审批和执行权限，大大降低管理和业务的执行风险。

(2)持续提高企业的运作效率和质量

流程是一系列可重复的、规范化活动的集合，基于标准的工作流程，可以让员工规范作业，减少不必要的动作，提高企业的运作效率和质量。同时，标准化流程让工作有据可依，避免流程中出现互相推诿等现象，降低风险。

流程管理对管理过程进行有效梳理和执行，减少因为内部管理混乱带来的反复沟通、重复执行、决策失误、产出低劣等问题，提升企业内部的管理效率。实施流程管理后，企业的内部管理效率和业务执行效率都能得到较大的提升。对此，有些人会有疑问，觉得流程管理不一定能提升管理效率。例如，在实施流程管理之前，某些决策只需要管理层"拍脑袋"就行了，决策起来很快；而实施流程管理之后，管理层要按照决策流程操作，决策周期变长了，这怎么能说"提升了决策效率呢？"其实道理很简单，管理效率是否提升不能局限在某个具体的流程实例，需要站在企业管理的全局来考量。原来快速的决策是以不规范的过程和巨大的潜在风险为代价，一旦出了问题，企业将花费额外数倍的时间和成本进行补救，这种情况下一切管理效率都是空谈。流程管理规范了决策过程，能有效控制决策风险，提升决策效率。

(3)降低业务运作成本和风险

对流程的不断优化，可以减少流程中不必要的人力物力消耗，缩短流程执行的周期，降低企业运营成本，实现流程对组织的价值创造。

通过梳理现有流程和分析流程执行情况，发现流程中不合理的业务过程、管理授权和资源配置，反向推动企业管理架构、资源配置和管理过程的优化。当企业的管理优化后，再通过流程进行落地。流程运作的过程是相对透明的，而透明有利于发现不足，不断地优化迭代。流程优化和管理优化是相互推动和促进的。一个企业如果能做到流程优化和管理优化的良性互动，那么就能够不断优化业务过程，提升资源配置效率，不断降低业务运作成本，发挥组织的价值，推动企业的效益实现和收益增长。

30 端到端流程设计

1. 端到端流程理念

（1）端到端流程是价值创造的流程

端到端是从客户需求端出发，到满足客户需求端去，以客户为导向，提供端到端服务。企业所有的端到端业务流构成企业为客户创造价值的价值链。把从接收客户需求到交付产品或服务的整个过程，用几个端到端的业务流连接起来，实现价值创造，就是端到端流程。

端到端的流程设计可以确定企业内如何更有效地、更有价值地工作。哈默在《端到端流程》[1]中指出，端到端的设计原则是从"虫瞰"到"鸟瞰"，也就是让员工了解公司真正在做的事，才能设计更好的工作方式，促成公司目标实现或达成更好的结果。

员工通过端到端流程建立全局观，考虑的是整体而非部分。工作不再是一系列分解的步骤而是端到端的连续体。员工要认识到所有的工作都是为客户创造价值的。

（2）端到端流程是统一目标的过程

端到端的理念让所有人都朝着共同的目标前进。通过打破"部门墙"的方式，将业务流分解到流程，基于流程分解至活动，将员工的工作置于端到端的流程之中，让他们了解自己发挥的作用，了解自己的工作对于整个流程乃至整个公司的影响。员工更加关注结果而非分散的流程，关注集体而非个人，将个人利益与公司利益无缝融合。

---

[1] 迈克尔·哈默、丽莎·赫什曼. 端到端流程：为客户创造真正的价值[M]. 方也可, 译. 北京：机械工业出版社，2019.

端到端流程的理念自上而下看，是公司战略目标落实到了具体的活动中，活动匹配到具体责任人；自下而上看，能看到个体工作在流程层面、业务流层面、公司层面的作用和价值。

（3）端到端流程打破"部门墙"

因部门职能职责、工作内容的差异，各部门的工作目标不一致，员工以部门为中心开展工作，但在工作交叉和衔接中员工往往要跨部门沟通协作，此场景中，"部门墙"容易形成。当部门都以各自的目标为核心，部门间易产生冲突，业务活动被部门职责割裂。

端到端流程设计把流程从组织职能背后移到前面来，将业务流转环节串联起来，同时将部门职能串联。各部门通过建立流程端到端的概念，将当前各部门只关注流程中自己负责的活动，转变为从业务流程的整体性考虑流程的设置，考虑流程中部门间的协同关系，通过流程把被部门割裂的职能串联起来。

（4）端到端流程建立内部客户概念

端到端流程的最终目标是实现客户需求，在需求得到满足的全价值链，各环节可实现首尾相连，全程贯通。

传统的关注职能部门的管理方式无法有效满足客户需求，端到端流程理念在建立高阶流程中，始终关注最终客户需求。迈克尔·哈默将客户需求在端到端流程中归集到相对较少的（通常5—10个）端到端的活动序列中，这些活动创造了企业为客户提供的所有价值，如订单履行、产品开发、客户问题解决、需求创建和供应链管理等。

端到端流程还强调"内部客户"概念。要求流程各环节部门不仅对本环节负责，还要关注流程上其他部门的"内部需求"，并对流程的结果负责，将全员目标统一到客户满意度上来。

端到端流程设计示意如图1所示。端到端流程与业务、需求关系示意如图2所示。

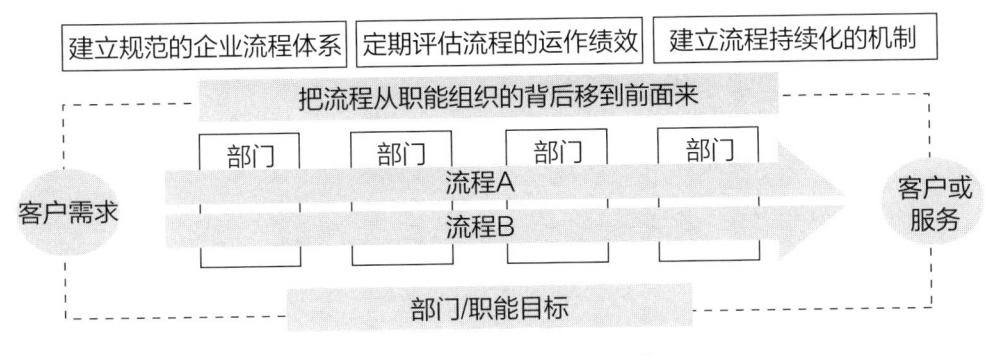

图1 端到端流程设计示意

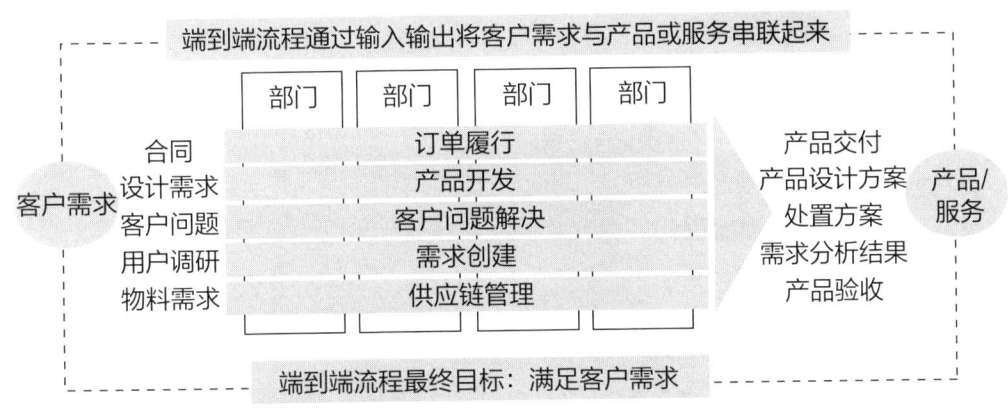

图2 端到端流程与业务、需求关系示意

2. 设计端到端流程

（1）强调端到端流程输入输出

非端到端流程的设计导向是"管控任务"，关注如何完成业务流程操作，输出的价值通常也为满足内部管控要求。比如：通常部门之间信息传递，A部门给B部门的信息，B部门不能直接使用，需要转化为B部门的格式，才能使用，这样就大大降低信息的流转效率，而且增加成本。

端到端流程设计过程中，需要厘清活动之间、流程之间、业务流之间的关系，突出各个环节的输入输出。端到端流程理念关注流程最终为客户创造的价值，基于流程的价值和目的去定义流程环节与要求。在端到端流程设计中，通过输入输出将客户需求的产品或服务串联起来，输出的也是客户真正的需求。梳理流程的输入输出，员工可以明确知道之前和之后的工作内容，进一步统一目标；还可以帮助信息化团队识别提升管理效率的信息数据来源，进一步提升业务运转的效率和价值产出。

（2）建立端到端流程结果负责机制

在端到端流程中建立为结果负责的机制，需要明确主责部门（流程所有者）并建立全员统一目标。

明确主责部门，由主责部门推动全员为流程结果负责。每个端到端的业务流都有主责人，每条流程都有主责部门，即流程所有者。流程所有者负责协调流程参与者执行该条流程，并对流程执行过程及最终成果负责，确保流程被遵守并解决执行中遇到的问题。

明确统一的全员目标。建立由主责部门推动全员为流程结果负责（统一整体目标）的机制，由流程所有者（主责部门）从结果角度协调各部门参与流程，为全员的共同目标负责。此外，流程所有者负责优化流程，确保流程目标实现。

（3）设计端到端流程闭环

端到端流程体现的是对客户需求的传递和交付的全过程。设计闭环端到端流程明确了流程中的分工和产出，涵盖了外部与内部流转的完整链条。

每条端到端流程设计需要明确流程涉及的必要问题：什么时候、什么条件、什么环境下启动/触动某流程？流程达到什么成果？满足什么条件才能关闭该条流程？最后关闭流程的条件是前两条的综合，强调了流程之间的关系。A流程的成果达到B1效果时，才能启动C1流程，达到B2效果时，才能启动C2流程，这就体现出流程之间的关系，达到B1或B2效果后，才能关闭A流程，这就体现出为结果负责。

3. 端到端流程应用

（1）有助于建立规范的企业流程体系

端到端流程将企业的业务管理体系集成，理顺企业流程体系的框架。通过端到端流程的梳理，统一业务目标，促进业务跨部门传递，将企业的采购、生产、质量、财务等各类管理体系的要求融入流程、活动中，形成一套集成企业各项业务的流程。流程设计中要对流程详细活动步骤、责任部门/岗位和执行标准等有详细要求，可以实现组织、流程和应用系统的有效整合与改进，进一步规范企业的业务流程，实现流程管理和实践工作的统一。

（2）便于评估流程运作绩效

端到端流程有助于提升流程设计的合理性以及流程执行的一次准确率，提升企业的运作效率，减少企业运行过程中的波动性。基于端到端流程设计流程绩效目标，可实现全局最优的目标。非端到端流程通常是部门内单独设计流程绩效目标，容易导致绩效之间的不集成、不一致，最终只能达到局部最优。建立端到端流程后，设立流程所有者，并赋予其职责和权利，辅助相应的考核机制，使各部门具备统一的资源协调者统一的业务目标，增进跨部门的协同，并能够评估流程运作效率。通过流程的运行数据，评估流程的执行情况和成熟度，识别流程问题，确保流程绩效与企业业绩间的平衡。

（3）便于流程持续优化

构建端到端的流程体系是一套系统化的方法论。端到端的流程体系，包含许多子流程，对业务流进行流程化管理，可以持续提高组织业务绩效。通过端到端的流程梳理，可以把客户、利益相关方、合规要求等在流程管理体系中体现出来。这不仅可以检查流程的完整性，还可以进一步发现流程中的潜在问题，进行有针对性的优化。更重要的是，把客户需求、企业目标、业务模式在流程体系中进行逻辑设计，实际操作过程中的问题可以通过流程运行、流程评估尽早地被发现，为流程的顺利执行扫清障碍，奠定业务持续优化的基础。

31 流程设计三要素

1. 流程设计的前期工作

开始流程设计前,需要思考的是流程设计的目的以及流程的评价标准。只有流程的目标明确,进行流程活动设计的时候才能有明确的输入。流程目标是本流程管理策略的一个具象化表达,管理策略直接又对具体的流程设计产生影响。例如,仓储管理中采取"先入先出"策略,还是"后入先出"策略,都会影响不同的入库操作和出库操作流程。所以,设计流程时,不能一开始就盲目地进入具体的流程设计,需要先明确管理策略和流程目标。

2. 流程设计三要素

进行流程设计,除了遵循前面介绍过的端到端流程设计理念,还有三个非常重要的流程设计要素(见图1),具体如下所述。

(1)设计流程中的活动

针对流程活动的设计需要做到"三识别"。

1)管理要求的识别和融入

流程设计需要先明确管理策略。在具体的流程活动设计中,需要对本流程的管理要求进行识别和融入。比如,识别国标、质量体系等标准体系文件,将识别后的标准体系要求融入流程活动设计。一方面解决的是流程设计的依据以及合法性的问题,另一方面解决了体系文件和业务实际匹配的问题。

设计流程中的活动（先后顺序、串并行）	设计流程活动涉及的管理模型和工作表单	设计流程的信息化实现
• 考虑流程管理要求的识别和融入，解决流程活动设计的依据和合法性问题；同时，解决体系文件和业务实际匹配的问题 • 充分识别流程所处的场景，保证流程的设计能覆盖本流程所定义的全部场景 • 考虑执行流程活动的角色/岗位是不是拥有开展这个活动的资源	• 流程设计中最重要也是最难的一个部分。将个人经验沉淀为组织智慧，需要通过管理模型的显性化以及工作表单的固化来实现	• 流程设计的同时要思考，流程如何通过信息化落地，信息系统如何将流程中涉及的策略和表单固化，以及流程中的数据如何流转

图1　流程设计三要素

2）流程场景差异化的识别

设计流程活动时，一定要充分识别流程所处的场景，保证流程设计能覆盖本流程所定义的全部业务场景。但是，很多公司为了"全覆盖地将业务场景进行差异化识别"，会在流程活动设计环节强调脱离具体的业务场景，把流程抽象化，而具体的业务场景在流程执行过程中再调整。上述理念操作需要一定的流程土壤做支持，若流程的相关方都不具备这个意识，这种理念就会导致一个结果，那就是"设计的流程无法执行"。

3）流程活动执行角色/岗位的资源识别

流程活动的设计最后需要关注的是——执行流程活动的角色/岗位是否拥有开展这个活动的资源。不管流程角色是基层人员还是领导干部，都需要考量角色人员的"活动资源"。一些业务活动主要依据基层日常工作的执行来判断，但在上述这类流程中总是需要各级领导参与审批。这种做法既不利于责任的传递，也不利于流程的高效运转。

（2）设计流程活动中涉及的管理模型和工作表单

管理模型和模板表单是流程设计中最重要、最困难的一个部分。个人经验沉淀为组织智慧，是通过管理模型的显性化以及工作表单的固化来实现的。如若做不到，那么流程就将失去"汇聚最佳实践，承载业务管控"的意义。

管理模型是管理世界的数字化表达，通过工作模型化的方式把讨论问题的抽象思路明确在一个框架下，解决由于看问题的角度不同带来的共识偏差。只有模型化了，工作才能基于模型持续不断地优化。管理模型的构建，也是未来业务实现数字化的基础；没有模型，光有数据不能解决决策问题。

模板表单是对工作中模板表单的设计。通过模板表单可以解决三个方面的问题。一是解决思考的全面性以及个人经验显性化的问题。二是解决数据格式化的问题，数据的格式化是提高流程中数据质量的基础，也是数据化、数字化的基础。三是解决数据传输标准化的问题，通过工作表单传递数据，解决不同业务场景下由于需求不同，导致数据来回转化的问题。例如，利用EXCEL分析数据时，需要一张原始数据表和一张分析报表。原因是：原始数据表不变，但是分析报表可以随着管理场景的变化进行适应性调整。要实现这个目的，原始数据表的设计一定要全面，与具体的业务场景解耦。也就是说，在某业务场景下只是呈现一个数据，但原始数据表中可能设计成两个数据字段，通过运算逻辑与公式才得到某业务场景下的这个数据。

（3）设计流程的信息化实现

信息化是打通流程的最后一个环节，也可以说"梳理流程不上信息化就是耍流氓"。设计流程时，需要思考流程如何通过信息化落地，即信息系统如何将流程中涉及的管理策略和表单固化，以及流程中的数据如何流转。

通过业务架构识别数据架构，进而抽象出应用架构，是企业进行业务信息化建设的一种路径。这种方法的难点是数据架构向应用架构的抽象转化，以及企业信息化的架构能否支撑这样的实现方式。

32 流程优化考虑的三个方向

1. 流程优化的前提

优化流程前,有三个需要明确的前提,以此说明"什么样的流程是一个好流程"。

第一,只有在流程显性化、固化的基础上,才能进行流程优化。当流程并未通过工作任务拆解、文档表单记录、制度及信息系统等形式予以显性化时,流程优化无从谈起。"好"的流程并不是一步到位的流程,需要在流程显性化和固化的基础上,进行不断的优化迭代,才能逐步体现流程的效率优势。

第二,待优化的流程是经过设计的端到端流程。端到端流程设计,强调流程有明确的输入和输出,有明确的主责部门为流程结果负责,最终通过流程闭环实现对客户需求的传递和交付的全过程。当企业的业务流程并非遵循端到端流程设计理念,流程构成要素并不清晰时,此时进行流程优化本质意义上还是进行端到端的流程再设计。

第三,流程优化不能以全面优化为目的,聚焦核心流程的优化。企业全面流程优化是长期的、持续的和随内外环境变化的过程,势必耗费较大的资源和精力。因此,企业要根据实际情况优先选择核心的业务流程进行优化提升。对于核心业务流程的辅助流程,在其能顺畅运行的水平下,不必投入过高的成本对其优化和提升。

2. 流程优化的三个方向

一个"好"流程应当把"客户满意"当作准绳,由此反推其他具体工作流程。

如何能让客户满意,就是流程优化考虑的方向。结合德衍睿通流程项目的咨询经验,要想客户满意需要从以下三个方面开展流程优化的工作。

(1)变行政指令驱动为时间驱动或者事件驱动

流程优化首先考虑的是将行政指令驱动转变为时间驱动或者事件驱动,即改变流程的主动触发机制,减少不必要的等待和延迟。

行政指令驱动的流程是被动接受的,可预见性比较差,不能提前安排工作计划。从接受指令到正式开展工作,会有大量延迟和等待。事件驱动的流程需要耗费一定时间对事件进行甄别,再规划相应的处理流程和方案,这会影响流程的效率。时间驱动的流程,有足够的时间提前规划工作,以时间触发流程能够提高流程效率。因此,优化流程时,首先考虑将行政驱动转化为时间驱动;不能转化为时间驱动的流程,需要提前对可能发生的事件进行识别和分类,并针对不同分类下的事件规划相应的处理流程。

在日常工作流程中,当有充足的时间提前规划工作时,需要将信息处理工作纳入产生信息的日常工作。如果能够及时收集并处理数据,就能在过程中不断完善本次任务成果,缓解突发任务形成的工作压力。如财务某专项报表的报送,通过流程优化,将该流程的前端触发机制由"收到上级领导某项专项报表要求"改为"实时收集整合数据并定期进行专项分析"。通过日常工作中数据的沉淀和分析,能够更全面、更及时、更有条不紊地完成本次任务的专项报表,而不是收到任务前通过"突击性加班"来出具一个临时性财务数据分析报表。

(2)标准化信息传递的要求

为何要约束标准化的信息传递要求呢?是为了通过标准化定义信息传递的要求,避免数据或信息的再加工。将信息传递/收集的需求模板化,可以让信息收集需求描述规范化,一次把事情做好,避免因为需求描述不准确而带来的信息传递工作的反复,从而提高工作效率。如某项工作需要汇总公司各部门的数据信息,每个部门对数据的需求理解不同,就会出现不同的表格数据统计方式,产生大量的反复统计及核对工作,才能统一认知达到汇总分析的要求。这往往浪费很多时间,甚至还影响项目交付时间。

因此,优化流程时,需要让流程传递的信息标准化,优化传递信息的要求和标准。需要上游环节给"你"传递信息时，用模板来描述需求。可以采用信息化的工具，来提高信息传递的效率和质量，这也是信息化在提高流程效率方面的作用。

（3）充分授权

通过充分授权，采用审批规则透明化、并行审批和会签、知会和批注等方式，减少或加快流程中的审批活动，提高流程效率。

在流程体系建设咨询项目中，前期调研访谈时普遍存在一种抱怨：但凡涉及审批的工作，效率都很低且流程审批的要点不明确，存在严重的形式化审批现象。这种审批使一个简单的工作需要双倍甚至多倍的时间来完成，严重影响"公司内部的客户满意度"。因此，在流程优化的三个方向中，授权、明确审批要点和审批规则透明化是必不可少的。

1）充分授权

识别现有流程中所有审批环节的必要性，列出现有审批流程环节的审批要点，识别是重复审批还是必要审批，通过授权方式减少审批环节。

2）审批规则透明化

减少因为资料不全、格式错误等规范性问题造成的审批环节反复。很多企业没有做到审批规则透明化的原因是，大家把掌握审批规则作为一种信息不对称带来的"权力"来看待。

3）审批规则优化

需要结合业务场景和流程目的，充分理解审核、审批、会签、知会的区别，基于业务场景差异化的流程审批规则，如串行的审批可以并行使用会签来解决。

从上述三个维度优化企业流程，既检验了流程端到端的设计合理性，也能够为企业构建流程体系奠定良好的流程基础，不断提升企业流程运行效率。

33 流程体系

1. 流程体系的构成

流程体系支撑业务创造价值，将组织职责落实到流程运转中。在公司体系建设工作中，流程体系建设起到承上启下的作用。"承上"是流程体系作为公司战略和业务的落地支撑，"启下"是流程体系作为制度执行和信息化建设的载体。

流程体系由三大要素组成，分别是流程框架、流程手册和责任矩阵（见图1）。

流程框架[1]：呈现企业业务构成关系的架构，覆盖企业运营的不同业务领域和不同管理层次，结构化地体现业务逻辑与业务差异，明确流程与流程之间的边界。

流程手册：涵盖流程的具体信息，是流程执行的指导手册。

责任矩阵：定义流程及活动参与人员的角色和责任，将流程的工作落实到组织职责。

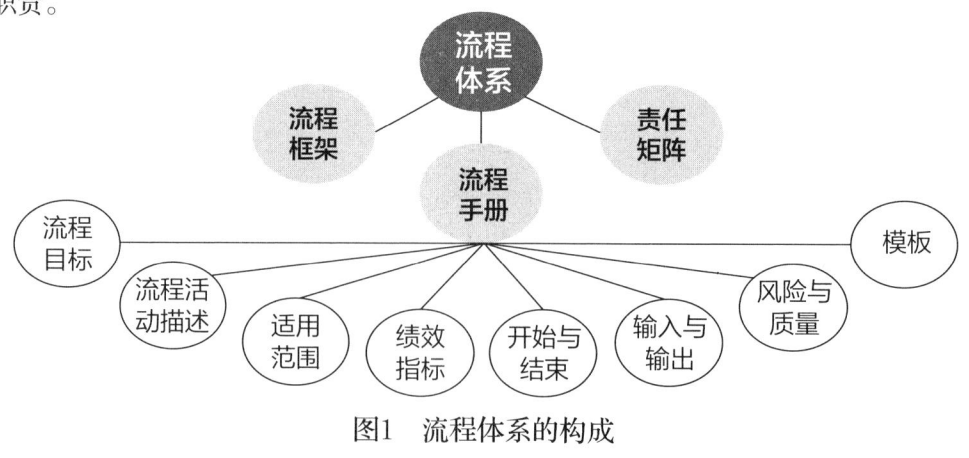

图1 流程体系的构成

---

[1] 陈立云，罗均丽.跟我们学建流程体系［M］.北京：中华工商联合出版社.2014

2. 流程体系的建设

流程体系的建设包括构建流程框架、编制流程手册和落实责任矩阵。

（1）构建流程框架

1）流程分级

流程框架是企业运营中分类管理和分级授权的体现。流程分级使流程实现细化到可执行的目标。流程框架按照涵盖的业务模式、业务场景及管理层级，可以分为6层（Level 1~Level 6），分别对应的层级为流程分类（业务域）、流程组、流程、子流程、活动和任务（见图2）。

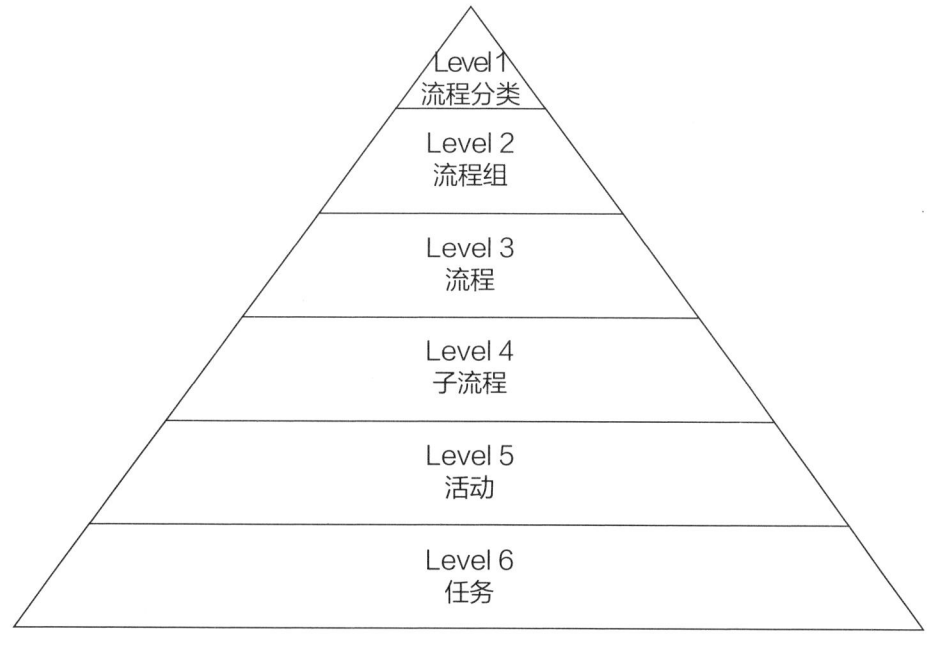

图2 流程框架分级示意

构建流程框架主要能发挥三个方面的作用。

Level 1 ~ Level 2：用于流程管理，回答"Why To Do"的问题。通过流程分类与流程组的划分，体现公司业务模型并覆盖企业全部的业务领域，承接企业战略，支撑战略解码和业务目标实现。

Level 3 ~ Level 4：用于落实方针政策和管控要求，回答"What To Do"的问题。通过流程及子流程，聚焦战略执行，体现创造客户价值的主要业务流以及为实现业务流高效、低成本运作所需要的支撑业务。

Level 5 ~ Level 6：用于将流程要求落实到人（角色），使之可执行，回答"How To Do"问题。明确完成流程目标所需要的具体活动及任务，体现业务操作性、多样化和灵活性。

2）构建流程框架

流程框架的构建主要分三步走，包括流程分类（Level 1）、流程组（Level 2）、流程（Level 3）与子流程（Level 4）的逐层构建。

流程分类（Level 1）的构建是流程框架建设的开端。依据企业战略、企业对价值的定义、行业最佳实践和企业最佳实践，结合POS（Plan，Operation，Support）和OES（Operation Enable Support）模式进行流程框架的设计。总体上，对企业的业务活动进行抽象和总结，体现企业的价值创造模式。

POS模式AEOS流程框架示意（Level 1）如图3所示。OES模式流程框架示意（Level 1）如图4所示。

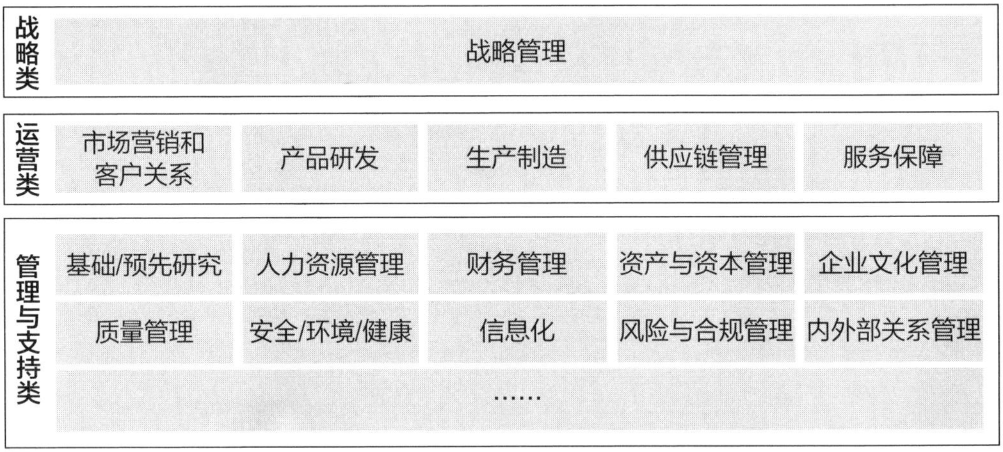

战略类	战略管理				
运营类	市场营销和客户关系	产品研发	生产制造	供应链管理	服务保障
管理与支持类	基础/预先研究	人力资源管理	财务管理	资产与资本管理	企业文化管理
	质量管理	安全/环境/健康	信息化	风险与合规管理	内外部关系管理
	……				

图3　POS模式AEOS流程框架示意（Level 1）

在流程分类（Level 1）的基础上，引入管理模型和行业最佳实践，结合企业的最佳实践构建流程组（Level 2）。以项目管理为例，PMP项目管理十大知识领域[2]

---

[2] Project Management Institute. 项目管理知识体系指南（PMBOK® guide）（第6版）. 2017.

可以作为设计项目管理流程组的关键模型（见图5）。

图4　OES模式流程框架示意（Level 1）

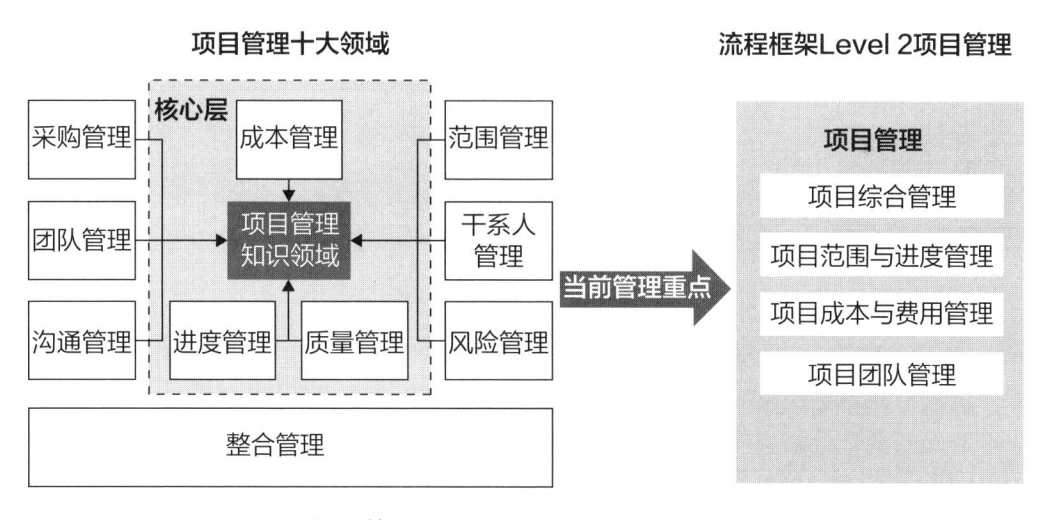

图5　管理模型与流程（Level 2）设计

流程（Level 3）与子流程（Level 4）的设计和梳理主要解决流程边界的问题。合理设计流程的边界需控制流程长短，以明确输入为始，以重要交付物为终，将资源从正在执行的流程中解放出来，并且将创造价值的过程衔接起来。在岗位、管理方式、流程层级、成果和周期五个方面界定原则，进行流程边界的确认。

第一，为跨岗位的工作设计流程。

第二，流程类型不同，流程边界不同。

第三，流程审批模式不同，流程边界不同。

第四，高阶集成，低阶敏捷。

第五，周期跨度合理，避免一个流程跨周期太长。

第六，流程产出独立可交付的成果。

同时，从场景、过程、对象和功能的复杂程度入手，对流程进行分级和分类，保障策略制定和授权。

（2）编制流程手册

1）流程手册内容

流程手册是流程框架建设的延续，承接流程（Level 3）与子流程（Level 4）设计的成果，是对流程信息的细化。流程手册主要包含流程目标、流程活动概述、适用范围、绩效指标、开始与结束、输入与输出、风险与质量、模板。

流程目标：描述该流程存在的价值，体现与企业经营的关系。

流程活动概述：该流程的所有关联活动，固化过去好的做法并推广。

适用范围：描述流程使用的组织或业务范围，说明不同业务场景下如何使用。

绩效指标：描述用什么指标（定量）评价该流程的执行情况，评价是流程持续优化的出发点。

开始与结束：描述触发流程启动的条件和流程结束的状态。

输入与输出：输入描述流程运行的相关资源，输出明确流程最后产出的成果或服务。

风险与质量：描述流程承载的其他管理体系的要求。

模板：处理该流程所需的相关管理模型及表单，作为与其他环节的接口和要求，使信息传递标准化。

2）流程手册编写步骤

流程手册编写同样采取流程管理的方式，包括六个步骤：明确管理策略与目标、现状显性化与分析、流程改进点识别、流程设计优化、流程评审和流程推行。

六个步骤使工作显性化，将管理要求转化为关键业务指标，完成对流程手册相关内容的梳理。

3）流程手册编写要求

流程手册的编写要依据"全、联、准"的原则。全，指信息全面，基本信息、流程的步骤和输入/输出要全面覆盖。联，指建立体系间、流程间、流程步骤间的连接，体现打破"墙"的目标。准，指要有操作标准，流程步骤有明确的工作标准，包括方法、工具和模板。另外，也要有管理标准，包括风控、质量和保密等标准要求。

通过流程手册的编制，达成固化企业最佳实践、提供多条路径和多种方法、控制作业流程和承载管控要求的目标。流程手册作为工作指导手册，可以把所有人从海量的、低价值的、简单重复的工作中解放出来。

（3）落实责任矩阵

1）建立流程管理组织

建立流程框架和流程手册的过程中，公司形成流程管理的责任矩阵，明确每条流程对应的相关人员及其在流程中的角色。通过"流程所有人"监督流程的落地执行和迭代完善。

同时，构建公司流程建设体系，建立流程管理委员会。流程管理委员会作为流程管理的决策和管理机构，监督流程执行，定期评估公司流程运行情况，并通过"流程所有人"推动其落实相关流程的迭代。

2）优化公司组织架构

流程的建立为公司组织架构优化提供契机，并且组织架构的调整可以保证流程优化的成果落地，最终保证战略的实现。

流程决定组织架构设计。依据流程调整组织架构，可以明确组织职责、管理分工和考核标准，有利于通过组织保障流程的执行。

流程可以解决组织内部相互配合和协调的问题。根据部门职责及工作特性，设计符合各部门工作的、便于操作的、端到端业务流程，促进组织内部的协同与配合，提高跨部门的业务效率。

3. 流程体系实践案例

某公司完成流程体系建设工作后，为适应公司的运行需要，开展基于流程的组织架构调整。主要调整内容如下。

第一，不再按照部门整体划分公司管理层职责，基于流程清单，在Level 2或者Level 3级流程上明确唯一负责人"R"。

第二，部分流程设置A/B角。

第三，相同流程内，业务责任人按照行业划分。

某公司管理层职责划分示例如表1所示。

表1 某公司管理层职责划分示例

一级流程编号	一级流程名称	二级流程编号	二级流程名称	A	B	C	D	E	F	G	H	I
1.0	市场管理	1.1	市场洞察	R								
		1.2	市场活动	R								
		1.3	市场机会	R								
2.0	产品研发	2.1	产品规划		R							
		2.2	产品开发		R							
		2.3	技术规划		R							
		2.4	技术研究开发		R							
		2.5	产品生命周期管理		R							
3.0	产品交付	3.1	从需求到订单/合同			R			R	R	R	
		3.2	从订单/合同到交付			R	R		R	R	R	
4.0	项目交付	4.1	从线索到合同						R	R	R	
		4.2	从合同到交付					R	R	R	R	
5.0	客户服务管理	5.1	客户服务规划	R								
		5.2	客户服务实施		R				R	R	R	
		5.3	客户服务评估	R								

—— 按照产品业务的行业划分　- - - 按照行业划分

流程框架、流程手册和责任矩阵是流程体系建设的关键，缺一不可。在三项流程体系建设基础工作之上，还需要提升企业人员的流程思考能力，建立流程文化的助力，以保证流程体系建设更加有效。打造一支有"高度、深度和广度"的流程团队，推行"平行思考和垂直执行"的流程文化，才能在执行中优化流程，让企业运行能力不断提升，企业才能真正成为流程化企业。

34 APQC航空航天与防务行业流程分类框架PCF

1. APQC流程框架PCF介绍

美国生产力与质量中心（American Productivity and Quality Center，APQC）为反映企业形态，其与成员公司开发流程分类框架®[1]（Process Classification Framework，PCF），将其作为一种开放的标准和前瞻性标杆运用于全球各地。PCF是全球产业领导者协同建议整合而成的公开标准，它能通过流程管理和基准测试促进流程的改善，APQC每年更新流程分类框架。

流程分类框架是跨职能业务流程的分类法，可对组织内部和组织之间的绩效进行客观比较。流程分类框架将业务流程进行分层列表，包括若干高阶类别（业务域），每个类别都将工作分解为越来越细的单元或级别，称为流程组、流程、活动或任务。L1（Level1）级流程框架反映企业对价值的定义和理解，是流程框架的最高级别。

流程分类框架的层级划分示意如图1所示。

APQC发布的航空航天与防务行业流程分类框架如图2所示。

---

[1] 美国生产力与质量中心（American Productivity and Quality Center，APQC）. Aerospace and Defense Process Classification Framework Version 7.2.1..2020

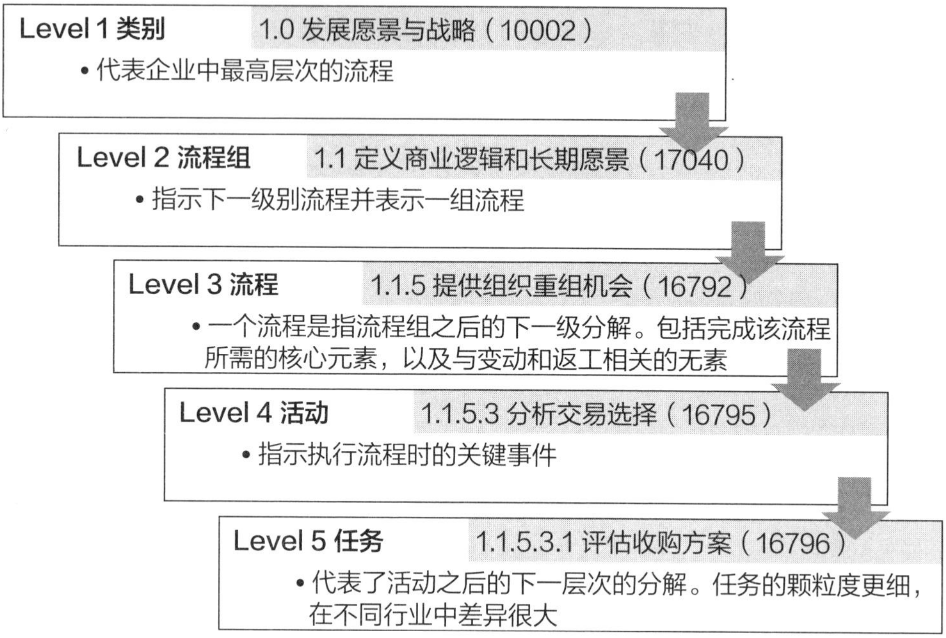

Level 1 类别　　1.0 发展愿景与战略（10002）
- 代表企业中最高层次的流程

Level 2 流程组　　1.1 定义商业逻辑和长期愿景（17040）
- 指示下一级别流程并表示一组流程

Level 3 流程　　1.1.5 提供组织重组机会（16792）
- 一个流程是指流程组之后的下一级分解。包括完成该流程所需的核心元素，以及与变动和返工相关的元素

Level 4 活动　　1.1.5.3 分析交易选择（16795）
- 指示执行流程时的关键事件

Level 5 任务　　1.1.5.3.1 评估收购方案（16796）
- 代表了活动之后的下一层次的分解。任务的颗粒度更细，在不同行业中差异很大

图1　流程分类框架的层级划分示意

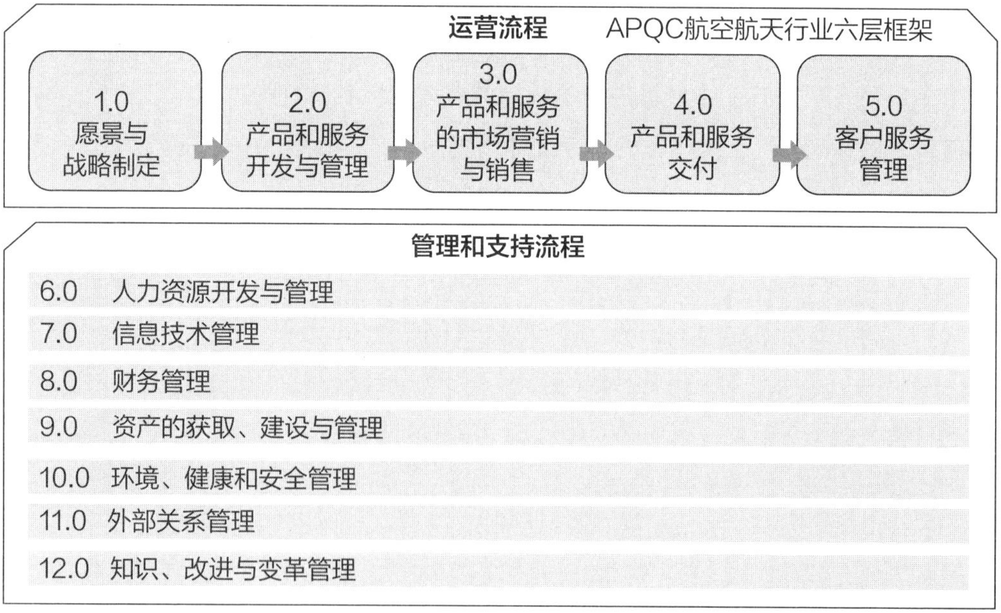

运营流程　APQC航空航天行业六层框架

- 1.0 愿景与战略制定
- 2.0 产品和服务开发与管理
- 3.0 产品和服务的市场营销与销售
- 4.0 产品和服务交付
- 5.0 客户服务管理

管理和支持流程

- 6.0　人力资源开发与管理
- 7.0　信息技术管理
- 8.0　财务管理
- 9.0　资产的获取、建设与管理
- 10.0　环境、健康和安全管理
- 11.0　外部关系管理
- 12.0　知识、改进与变革管理

图2　APQC发布的航空航天与防务行业流程分类框架

2. 航空航天与防务行业流程分类框架解读

（1）流程框架分层理念

APQC发布的航空航天与防务行业流程分类框架，可用于指导航空航天与防务行业的企业流程框架的搭建与优化。

APQC基于大量实践的抽象和主体业务多样性的特点，采用了POS（Plan，Operation，Support）的流程分类方法，将航空航天行业流程分为运营流程、管理和支持流程两层。这种分类方式的优点在于确保架构规划和管理体系的完整性和体系性。

1）运营流程

充分体现系统管理中的集成理念，即价值创造流程，用于回答业务具体如何实现的问题。

2）管理和支持流程

用于回答为保证业务有效顺利开展需要提供哪些支撑服务的问题。具体可分为两类：一是管控服务，即有效控制业务风险，确保经营健康的；二是服务类，提供资源保障、服务支持、能力支持。

航空航天与防务行业流程分类框架的分类共涵盖12个L1类别（业务域），包括五个运营类别流程和七个管理和支持类别流程。

（2）流程框架分级构建特点

如果L1级体现的是公司模型，L2级体现的则是业务模型。L2级流程架构形成的过程就是业务模型的构建过程。以下以产品/服务开发和管理类别（业务域2.0）为例，还原L2及以下（L3）级别的流程框架的构建特点。

1）把产品/服务开发当作项目来管理

APQC强调从项目管理核心维度对产品/服务进行有效投资组合分析，并通过数据资产的维护来进行产品和服务的全生命周期管理。

2）基于一定理念的产品/服务开发

APQC强调产品/服务开发是基于对新技术、新概念和需求的开发。因此，需要将定义产品/服务作为产品/服务开发的第一步，以确保"做正确的事"。

3）产品/服务全生命周期管理

结合航空航天行业产品/服务研发特点（概念—原型—验证），结构化地拉通产品"概念—设计—测试—交付准备"的全环节。针对产品/服务开发项目的不确定性，建立变更管理流程以实现对生产/交付的支持（见图3）。

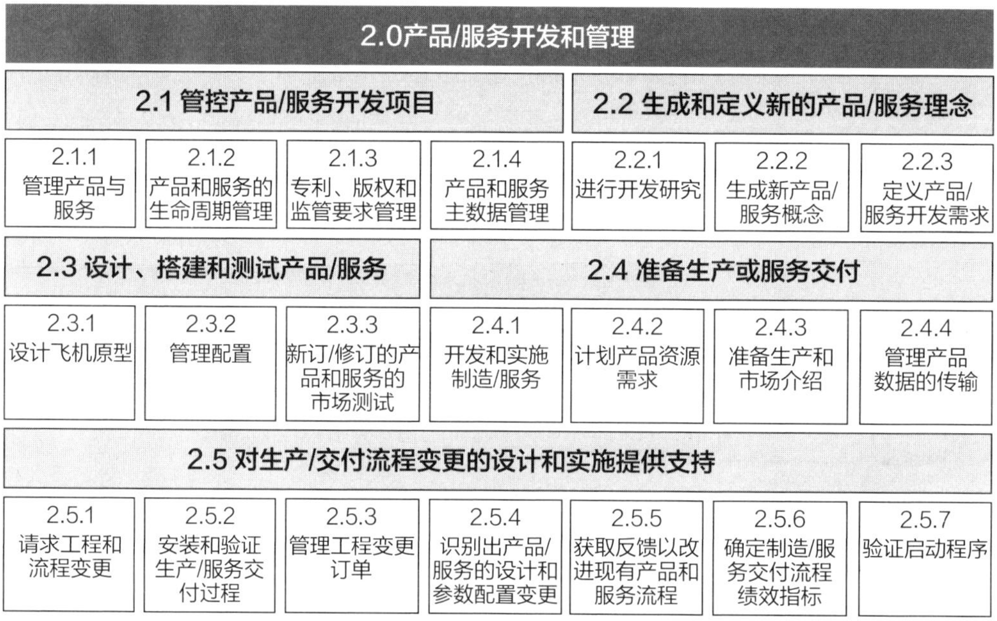

2.0 产品/服务开发和管理							
2.1 管控产品/服务开发项目				2.2 生成和定义新的产品/服务理念		
2.1.1 管理产品与服务	2.1.2 产品和服务的生命周期管理	2.1.3 专利、版权和监管要求管理	2.1.4 产品和服务主数据管理	2.2.1 进行开发研究	2.2.2 生成新产品/服务概念	2.2.3 定义产品/服务开发需求
2.3 设计、搭建和测试产品/服务				2.4 准备生产或服务交付		
2.3.1 设计飞机原型	2.3.2 管理配置	2.3.3 新订/修订的产品和服务的市场测试	2.4.1 开发和实施制造/服务	2.4.2 计划产品资源需求	2.4.3 准备生产和市场介绍	2.4.4 管理产品数据的传输
2.5 对生产/交付流程变更的设计和实施提供支持						
2.5.1 请求工程和流程变更	2.5.2 安装和验证生产/服务交付过程	2.5.3 管理工程变更订单	2.5.4 识别出产品/服务的设计和参数配置变更	2.5.5 获取反馈以改进现有产品和服务流程	2.5.6 确定制造/服务交付流程绩效指标	2.5.7 验证启动程序

图3 APQC发布的航空航天与防务行业流程框架PCF的产品/服务开发和管理业务域下L2~L3框架

3. APQC架构对企业流程规划的启示

管理体系是直观外化的东西，其背后体现的是组织的管理策略。要明确管理策略，首先要明确组织的管理模型，即组织是如何创造价值的，或者某一项业务是如何通过活动具有价值的（大多数体现为财务结果）。管理模型反映业务本质，因此，参考APQC架构能够为企业的流程规划带来如下启示。

（1）学习APQC的体系完整性

通过对APQC流程分类框架的标杆研究，查漏补缺，确保流程规划的完整性，形成框架理解丰富L1层框架的设计过程。

(2)学习APQC构建管理体系的过程（方法论）

不局限在管理体系本身，而是考虑在什么样的外部环境下，基于什么样的管理诉求来构建这套体系。学习APQC的管理策略是如何在管理体系中体现的，例如产品/服务开发当作项目来管理。

(3)学习APQC在某些具体管理点上的管理模型，和以此设计的管理策略

越在大的方面，行业跟行业之间是有很大差异的；越在小的方面，行业与行业之间的某些管理回归了管理本质。

35 基于业务场景差异化的流程审批设计

1. 业务场景差异化的流程设计核心

流程设计的本质是明确做事情的方法和标准，也就是把产出流程结果的核心"Know-How"通过流程设计结构化固化下来。流程强调的是做事情的方法，确保无论谁来执行这个流程都能保证"80分"的质量。执行人能力的差异，可能让流程的实施结果在80—100分间浮动。

设计流程时，面对不同的业务场景，其标准化的设计程度和出发点有所差异：研发类的工作，应该在产出的标准化下功夫；操作类的工作，应该聚焦工作过程的标准化；管理类的工作，流程设计的出发点更侧重工作原则、最佳实践和技能标准化三个方面。

2. 审批流程设计

（1）审批流程设计方法

从很多咨询项目中我们发现，流程设计普遍存在"流程即审批"的做法。即，流程设计都是围绕流程中的产出（如X方案/文件）逐级审批开展的，对流程设计更为重要的——最终交付物是如何产出的，普遍考虑较少。这主要受职能审批意识的影响。要改变"流程即审批"的观念，真正围绕业务场景设计流程中的审批（审批流），主要有两个方法。

一是在充分识别业务场景的基础上，基于不同类型的业务场景差异化设计流程。在不同的业务场景下，流程该简单就简单，该复杂就复杂。原则是：谁最熟悉业务场景谁负责。因为，只有最熟悉业务的人负责，这个事情才能越做越好。

二是设置审批点时充分论证必要性，要明确提出设置该审批点的必要性。设置审批点时不能只看到权利，还要强调责任，避免随着组织不断壮大，流程越来越繁杂，效率越来越低情况的出现。例如，华为曾规定"在IPD、LTC等成熟的流程领域，每增加一个流程环节点，要减少两个流程节点，或者每增加一个评审点，要减少两个评审点"。

（2）审批流程优化要点

如需要对含有审批的流程进行优化，需要充分授权。可以通过审批规则透明化、并行审批和会签、知会和批注等优化方式，减少或加快流程中的审批活动，提高流程效率。

一是充分授权。识别现有流程中所有审批环节的必要性，判断是否可以通过授权的方式，减少审批环节。识别审批环节必要性的方法主要是：列出现有每个审批环节的审批要点，识别是重复审批还是必要审批。减少审批环节，不仅是减少流程环节，更重要的是将责任"前移"，让最了解实际情况的人做出决策。否则，审批就容易变成责任转移的一种形式。

二是审批规则透明化。审批规则透明化可以大大提高审批的效率，减少因为资料不全、格式错误等规范性的问题产生的审批环节反复。很多企业没有做到审批规则透明化，是因为大家把掌握审批规则看作一种信息不对称带来的"权力"。

三是审批规则的优化。首先要充分理解审核、审批、会签、知会的区别。其实，很多流程中的审批就是知会；很多串行审批可以并行用会签来解决。当然，会签也会带来一个新的管理问题，即"谁第一个签"。所以，会签在很多企业反而影响效率。

3. 基于业务场景差异化的流程审批设计实例

A企业是一家离散制造型企业，当前的准入流程未区分业务场景，所有新产品准入均执行统一的流程，导致企业新产品准入周期过长。从业务场景差异化角度对其流程进行重构，改善新产品准入流程。

（1）业务场景识别

调研发现，A企业的产品准入主要分为以下三种情况。

一是合格供应商扩项。在现有合格供应商队伍中挑选与新产品的产品范围一致的供应商。产品范围一致表示新产品与该类供应商以往生产的产品基本类似，技术工艺相似。

二是合格供应商扩范围。从现有合格供应商队伍中挑选具备新产品生产能力的供应商，且该类供应商以前为企业供应的产品与新产品差异较大。

三是新供应商新产品准入。合格供应商目录中的供应商不具备新产品生产能力，需要从潜在供应商目录中选择新的供应商生产新产品。

（2）流程重构

当基于业务场景进行差异化流程设计时，仍然可以遵循"高端集成、低阶敏捷"的端到端流程设计原则。产品准入流程遵循从申请到逐级验证审批的大原则，结合业务场景中供应商状态、产品状态、技术水平等不同程度下的差异化准入标准，在低阶的流程环节中进行裁剪，灵活配置。

从流程设计角度出发，结合A企业三种产品准入场景，对准入流程的关键项进行梳理，基于不同的准入场景，设计流程裁剪项，区分关键环节。同时，针对不同场景中的审批设计环节进行不同人员权限的设计，最终形成三条不同的供应商准入流程。

1）合格供应商扩项

由于新产品只是略微调整，技术、工艺要求等与原产品相似，故无须进行产品验证与现场考察，只需要采购管理人员与供应商管理人员进行审核，即可完成准入。

2）合格供应商扩范围

虽然为合格供应商，但是所涉及的新产品与该供应商原本供应的产品在技术工艺和要求上差异较大，故需要进行新产品验证技术能力验证以及供应能力验证；验证通过后，需要公司副总审批，审批通过后完成准入。

3）新供应商新产品准入

由于是全新的供应商，除产品验证外，还需要对供应商全面考查，出具考查报告，最终由公司总经理审批，方可完成新供应商的新产品准入。

供应商准入流程关键环节差异化设计示意如图1所示。

流程设计差异化	业务场景判断		
	合格供应商扩项	合格供应商扩范围	新供应商新产品准入
	提出申请	提出申请	提出申请
	采购管理人员审核	采购管理人员审核	采购管理人员审核
	供应商管理人员审批	供应商管理人员审批	供应商管理人员审批
		产品验证	产品验证
			现场考察
		公司副总审批	公司总经理审批
	准入完成	准入完成	准入完成

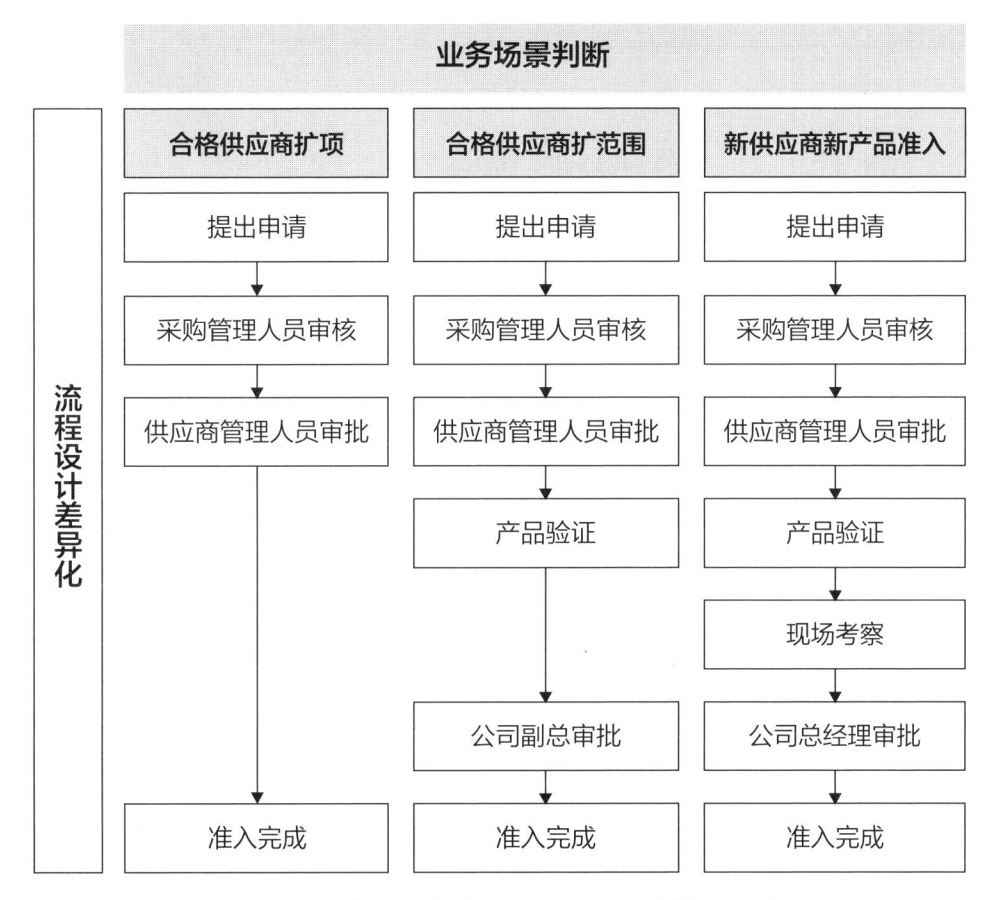

图1 供应商准入流程关键环节差异化设计示意

综上，流程设计时，一般为保障工作完整性和标准化，需要梳理业务流程中的全部活动环节，也就是设计上的"高端集成"。但是，并不是面面俱到、层层审批的业务流程就是最优设计。具体到业务应用，需要结合不同场景下的业务复杂程度及其对应的审批规则，删繁就简，突出关键环节，这也就在应用中体现了流程差异化的"低端敏捷"。

36 ESIA流程优化法

1. 流程优化法介绍

ESIA法是减少流程中非增值活动以及突出调整流程核心增值活动的实用原则。所有企业的最终目的都应该是提升顾客在价值链上的价值分配。反映到具体流程设计上就是采用ESIA模型尽可能地减少流程中的非增值活动，调整流程中的核心增值活动，体现流程价值。

ESIA流程优化法用于简化过于复杂的环节，分为清除E（Eliminate）、简化S（Simplify）、整合I（Integrate）、自动化A（Automate）四个基本步骤（见图1），常用于企业流程优化和流程梳理。

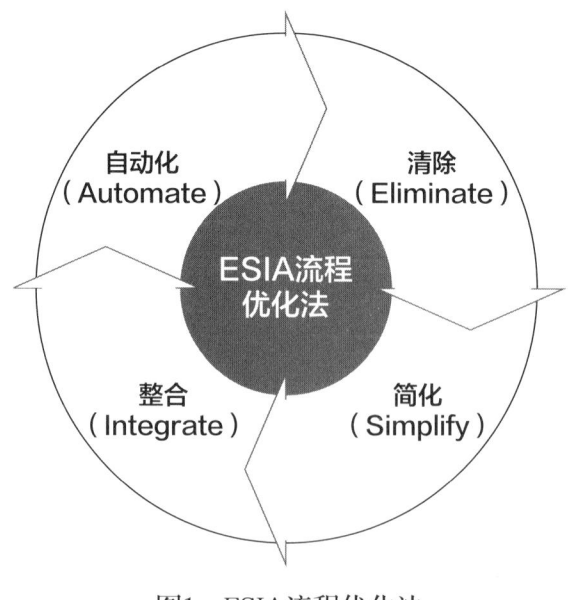

图1　ESIA流程优化法

（1）清除（Eliminate）

清除主要是对企业现有流程内的非增值活动予以清除，如过量产出、活动间等待、不必要的运输、反复加工、过量库存、缺陷与失误、重复活动、反复检验等。在非增值活动中，有一些是不得已而存在的，另一些则是多余的。多余的非增值活动应该被清除，无效活动可首先予以清除，如活动间等待、故障/缺陷和失误、重复活动。

设计流程时，针对流程的每个环节或者要素，思考以下几个问题：

每个环节为何要存在？

这个流程所产出的结果是整个流程完成的必要条件吗？

它的存在直接或间接地产生了怎样的结果？

清除它会解决怎样的问题点？

清除它可行吗？

通过一系列问题来判断该环节是不是非增值环节、是否多余、清除是否可行等。如何清除或最小化这些活动，同时又不给流程带来负面影响是重新设计流程的主要问题。

（2）简化（Simplify）

在尽可能清除了不必要的非增值活动后，对剩下的活动进一步简化。一般来说，可以考虑在表格、程序、沟通、技术指导、物流、流程间组织、问题区域等方面进行简化。

（3）整合（Integrate）

对分解的流程进行整合，使流程顺畅、连贯，从而更好地满足顾客需求，可以在流程、团队、顾客、供方等四个方面考虑整合。其中，流程整合是对经过简化的作业进行跨职能部门边界的一体化改造，使整个流程形成一个协调、高效的有机整体。团队整合是按流程任务进行逻辑上的延伸及组建跨层级、跨职能部门的流程作业团队。顾客整合是建立统一的顾客资源管理系统，以便为顾客提供最佳产品或服务创造竞争优势。供方整合是对非流程组织机构按管理控制的要求进行的机构再造。

（4）自动化（Automate）

利用信息技术自动化功能，提高流程处理的速度与质量。流程的自动化，不是简单地完成流程自动化就可以了。事实上，许多流程因计算机的应用反而更加复杂和烦琐。这里的自动化是在对流程任务进行清除、简化和整合的基础上应用的自动化。可以重点在以工作流程为核心的流转、业务流程和信息流整合，以及基于信息化的数据采集、传达和分析等方面开展自动化。

用ESIA法优化流程，在不同优化环节的切入点有显著差异。因此，经过ESIA优化流程的企业具有明显的特点。例如，企业组织趋于扁平化，同步并行工作代替串行工作方式，复合型人才的作用增大，管理者的工作职责由控制和监督转变为指导、帮助和支持等（见表1）。

表1　ESIA流程优化法

	清除 E （Eliminate）	简化 S （Simplify）	整合 I （Integrate）	自动化 A （Automate）
原则	找出并清除非增值活动	对剩下的必要活动进行简化	经简化的任务需要整合，使之流畅、连贯并能满足顾客需要	运用信息技术，提升流程速度和服务顾客的准确性和实效性
具体切入点	过量生产	表格	活动	以工作流程为核心流转
	等待时间	程序	团队	业务流程和信息流高度整合
	运输、转移和移动	沟通	顾客（流程上游方）	基于计算机化管理的数据采集、传达和分析
	不增值或失控流程中的加工处理环节	技术指导	供应商（流程下游方）	
	过量库存	物流		
	缺陷、故障和返工	流程间组织		
	重复任务	问题区域		

2. ESIA流程优化法应用实例——业务审批流程优化

（1）清除非增值审批活动

清除审批流程中非增值活动主要从两个角度出发：其一，针对单一审批流程，按照审批人必须有明确职责且职责不能重复的原则精简审批流程；其二，针对多个审批流程，在充分识别业务场景的基础上进行审批点设置的必要性论证，以清除冗余审批流程，需注意审批流不是业务流。此外，对于需知悉的内容，可采用抄送或传阅方式替代非必要审批环节，以此清除一些非增值的审批活动。

（2）简化审批流程中的必要活动

对于简化审批流程环节，可在表格、程序、沟通以及物流四个方面进行简化。一般可依据流程关键成功因素（KSF）和关键控制点（KCP），重新设计流程。多数情况下，建议遵循业务场景的差异化进行流程审批设计、优化。在不同的关键控制点上，按照岗位职责、级别的差异将审批内容差别化。举例来说，某付款申请流程的审批简化（见图2），由主管领导审核申请真实性、会计审核合规性、财务主管审批支付，切实减少流程环节，缩短审批周期。

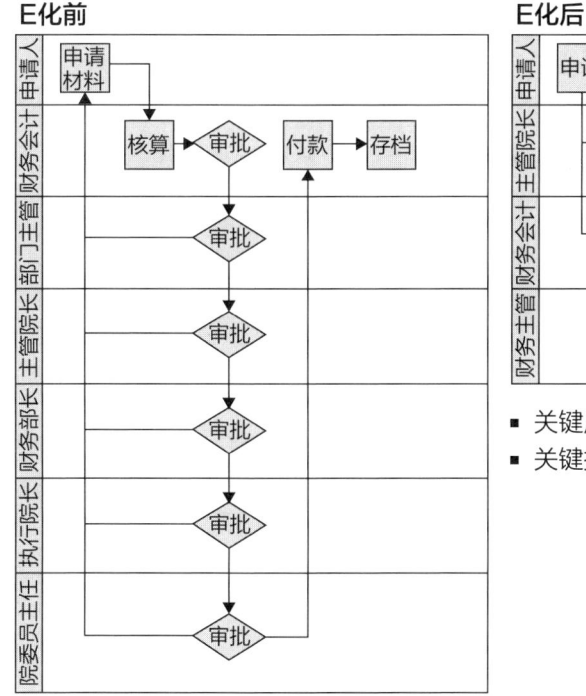

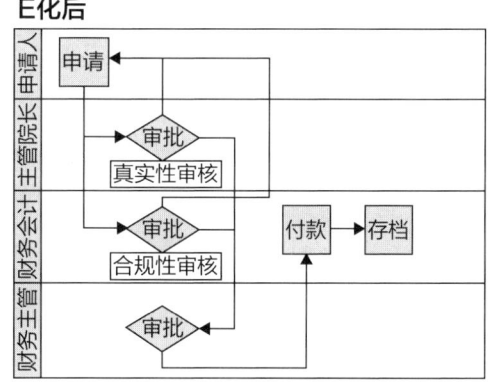

图2　非增值活动简化审批流程

（3）整合审批流程

整合审批流程是对审批流程中的活动进行调整排序，使工期最短、效率最优。最典型的流程活动排序调整是以并行代替串行（见图3）。运用并行优化审批流程，可以明显缩短审批周期，提高审批效率。

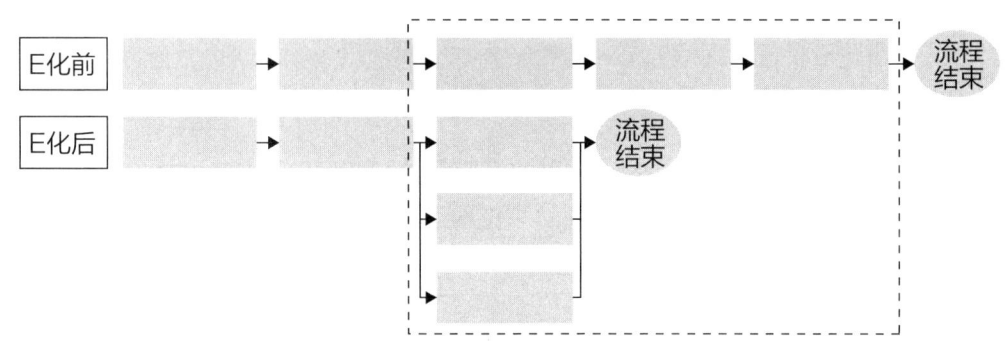

图3　串行审批优化为并行审批

（4）审批流程信息化

通过信息技术在清除、简化和整合的基础上，实现审批流程自动化，固化核心审批流程，建立模块化审批流程。审批流程自动化主要包括三个方面。

1）流程角色固化

上报审批不用反复确认审批流程，可显著提高上报审批效率。但是，当组织架构发生变动，需要该流程负责人及时和对口部门人员沟通，及时更改审批人，更新审批流程，保障审批流畅通。

2）工具表单固化

工具表单为"一次性把事做好"提供基础，工具表单的上线既为流程交接统一语言，又能保证数据资产的共享与集成。

3）功能模块或业务系统集成

如将产品开发、财务报销、合同用印等审批单与项目管理系统集成，便于数据抓取、减少重复录入，实现公司内部相关数据、知识以及资源的共享，提高协同工作效率。

37 PACE产品开发系统结构

1. PACE相关概念介绍

PACE（Product And Cycle-time Excellence，产品及周期优化法）[1]既是一个用于产品开发流程的目标，也是一幅蓝图，或是一个参考模型。它将产品开发定义为一个集成流程，其中子流程、组织结构、开发活动、技术及其工具共同运作在单个整体的框架内。

产品开发流程的七个相关要素，包括决策、项目小组构成、结构化开发流程、开发工具与技术、产品战略流程、技术管理、管道管理。

PACE系统结构是七个相互关联的因素，按照项目管理和跨项目管理两个维度进行的组合。其中，阶段评审流程、核心小组、结构化开发流程、开发工具和技术四个项目管理要素成为PACE的基础。

PACE产品开发系统结构如图1所示。

2. PACE产品开发系统结构的四个项目管理要素

核心小组：有权开发特定产品的一个小型跨部门项目小组。一般由5—8人组成，包括但不限于硬件设计、软件设计、市场研究、质量、客户服务、生产制造等专业人员，他们有权利也有责任管理所有与开发该特定产品相关的任务。核心小组的每个成员需要利用自身资源，为指定的工作方向与职能部门沟通，并作为核心小

---

[1] 迈克尔·E. 麦格拉思. 培思的力量：产品及周期优化法在产品开发中的应用 [M]. 徐智群，朱战备，等译. 上海：上海科学技术出版社，2004.

组成员共同决策。

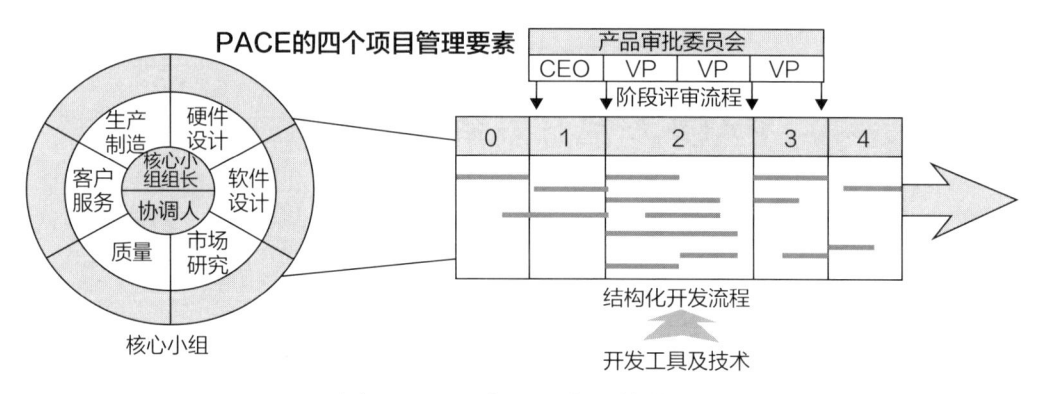

图1 PACE产品开发系统结构

阶段评审流程：一个产品开发项目必须在预定时间内达到明确定义的目标，才能获准进入下一个阶段。产品审批委员会执行阶段评审流程，通过阶段评审，做出决策和进行资源分配，有效引导新产品开发。产品审批委员会作为主要新产品决策的高层领导小组，确保开发的产品符合公司战略，拥有资源分配和新产品决策权。

结构化开发流程：保障产品开发过程的实施。按"阶段和职责"对开发流程进行梳理，形成通用化的流程，为使用通用的周期时间指南并持续改进打下基础。结构化的开发流程按照阶段、步骤和活动等不同等级层层拆分，结合跨部门小组的职责，将研发与市场、销售、生产、供应链、财务、客户服务等职责融入开发流程，达到流程梳理的不重不漏。一般来说，产品开发过程可以分为3—5个阶段，每个阶段可以定义出15—20个主要步骤，每个步骤可以分为10—30个活动。

开发工具及技术：依托于开发流程，综合运用各种可以促进产品成功并达到相应运行成果的设计技术，包括但不限于质量功能配置（QFD）、装配设计（DFA）、可制造性设计（DFM）、计算机辅助工程（CAE）。开发工具及技术要融入产品开发流程，通过自动化的工具提升开发效率。

3. PACE产品开发系统结构的应用实例

在某航空制造企业的流程体系建设项目中，对产品研发流程的设计引用了

PACE产品的开发系统结构。通过贯彻理念、搭建阶段/职责矩阵、细化工作步骤和建立评审步骤等四个步骤，为客户设计产品研发流程。

（1）贯彻理念

贯彻产品研发流程设计的三大核心理念，即投资理念、跨部门协同理念和"高阶集成、低阶敏捷"理念。

投资理念：加强产品规划与论证全面评审；决策评审、技术评审与功能评审相结合。

跨部门协同：产品研发团队的组建方式要多元化；各阶段产品研发职责的设计，不能仅考虑研发职责。

高阶集成，低阶敏捷：高阶集成是公司从阶段/步骤的维度，进行管理。同时，从全局角度，进行资源调配与决策；低阶敏捷是各岗位人员发挥主观能动性，利用公司资源，做好具体工作。

（2）搭建阶段/职责矩阵

明确核心小组成员，搭建结构化产品研发体系，保障产品研发流程设计的不重不漏。

阶段是基于流程框架进行设计，将产品研发过程分为五个主要阶段，即产品初步设计、产品详细设计、产品开发与联调、产品验证和产品鉴定。

职责是产品研发与项目交付的区别在于研发过程中，跨职能的"规划、计划和协同执行"。一般与产品研发和项目交付的相关职责包括研发，市场（含市场、销售和客服），制造，采购，财务等。

阶段/职责矩阵如图2所示。

（3）细化工作步骤，实现跨职责协同

利用阶段/职责矩阵，梳理产品研发的相关职责、活动和活动之间的关系，在此基础上，完成流程信息表的填写，文档设计和流程图设计等工作，完成流程显性化的工作。

第一步：相关职责确认。

第二步：相关职责的活动梳理。

第三步：相关职责活动间的关系建立。

"管"用模型：超实用50+管理模型与实践

- 职责：产品研发与项目交付的区别在于研发过程中，跨职能的"规划、计划和协同执行"，当前确认的相关职责包括研发，市场（含市场、销售和客服），制造，采购，财务等

- 阶段：基于流程框架进行设计，将产品研发过程分为五个主要阶段

职责：研发、市场、制造、采购、财务

阶段：2.2.2产品初步设计、2.2.3产品详细设计、2.2.4产品开发与联调、2.2.5产品验证、2.2.6产品鉴定

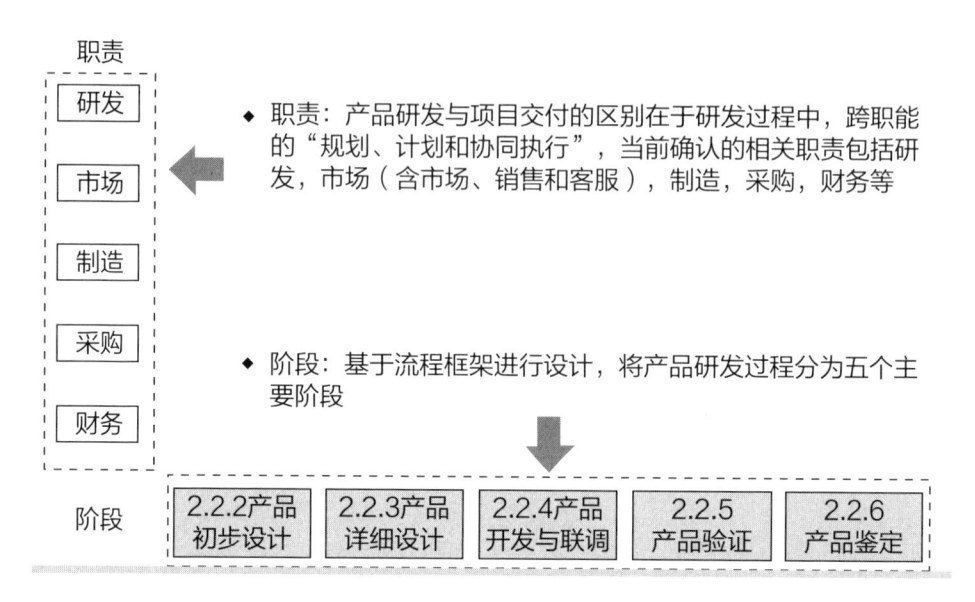

图2　阶段/职责矩阵

流程信息表示例如图3所示。

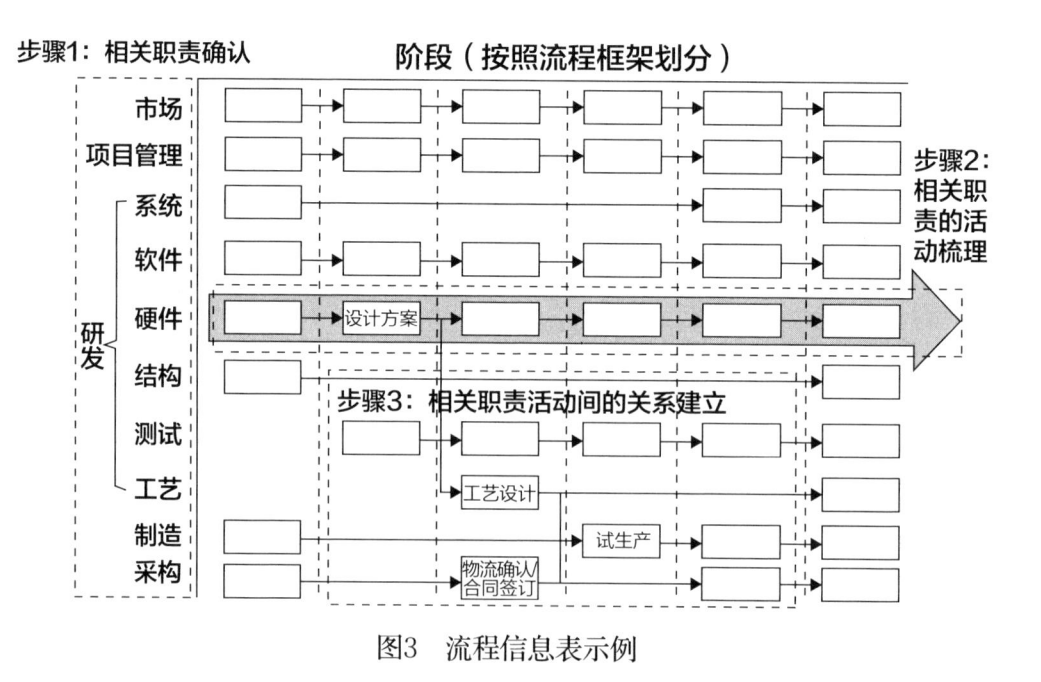

步骤1：相关职责确认
阶段（按照流程框架划分）
市场、项目管理、系统、软件、硬件、结构、测试、工艺、制造、采购
研发
步骤2：相关职责的活动梳理
步骤3：相关职责活动间的关系建立
设计方案、工艺设计、试生产、物流确认合同签订

图3　流程信息表示例

（4）建立评审步骤

为提升评审效率，基于客户开发交付物管理，设计三级评审机制。在不同阶段，完成评审工作，作为阶段结束的依据。其中，三级评审机制由项目经理评审、部门级评审及公司级评审组成。

公司级评审需要按照评审类型进行评审点设计，包括决策评审、技术评审和功能评审三类。确定决策评审点保障决策质量，尤其是研发投资方向；技术评审点可以提前发现问题且形成对策；功能评审点进行可制造性、可供应性、可交付性、可服务性和可销售性的评审。

评审步骤示例如图4所示。

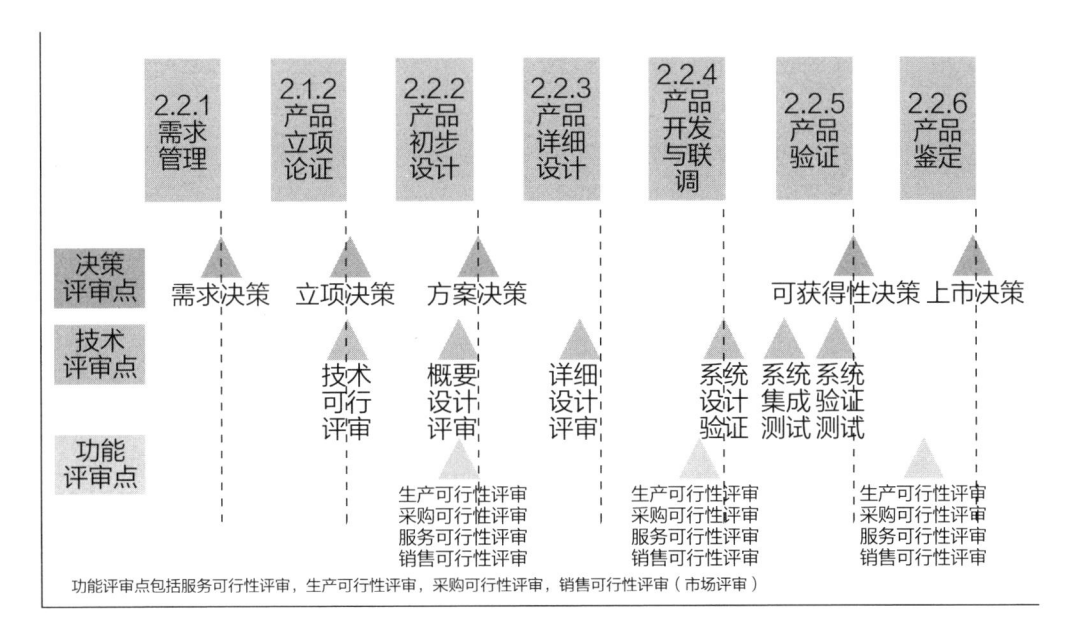

注：图中示例编号为某企业的流程编号。

图4 评审步骤示例

基于PACE产品开发系统结构的产品研发流程，在产品研发理念的指导下，通过"高阶集成、低阶敏捷"的流程，帮助企业建立包含市场、销售、研发、生产、供应链等职责的产品研发体系，并通过标准化的高效决策，让企业迅速占领目标市场。

营销篇

38 销售漏斗模型

1. 销售漏斗模型介绍

销售漏斗模型，可能起源于19世纪初期的工业时代，现在是进行市场预测、系统记录客户业务机会的重要工具。销售漏斗可以预测未来销售业绩的多少，也可以预测不同业务部门和不同时间的销售业绩。

销售漏斗模型将"从销售机会到合同完成"的整个销售工作过程进行阶段划分，并按照不同阶段的工作对合同完成的贡献价值设定成交概率。成交概率是销售漏斗模型的核心要素。

销售漏斗模型不仅直观地描述了销售工作的特点——前期跟进多个销售机会并逐渐收敛，更重要的是将"从机会到订单"的工作任务达成率进行了量化，实现销售业绩的可预测。

销售过程如同漏斗，众多销售机会在不断跟进中被层层筛选，选择最有可能达成合作的机会投入资源，最终完成合同签订和回款。

销售工作往往需要跟踪多个销售机会，起初销售机会较为笼统，销售人员并不完全了解客户的需求，在销售活动中经过不断接触，逐渐明晰需求，并选择重点机会持续推进。销售目的是获取订单及回款，但销售过程是公司资源投入的过程，因此，销售过程也是筛选过程，"广撒网，多敛鱼，择优而从之"。

在描述业绩收入时，"已签订"的合同金额是确定的，但进行中的销售工作，由于还没签订合同难以量化，对于"还要跟进多少才能达成业绩"也难以量化。销售漏斗模型根据每个阶段销售工作对合同完成的贡献价值设置成交概率，量化的概率乘以预期合同金额，得到预期的销售金额，以此反映销售工作的价值。

通过销售漏斗模型对预期合同金额进行测算，可以对未来一段时间的业绩做出整体判断。如果预期销售金额大于目标，说明业务基本正常；如果预期销售金额远小于目标，说明需要对经营进行相应的调整改进等。

销售漏斗模型如图1所示。

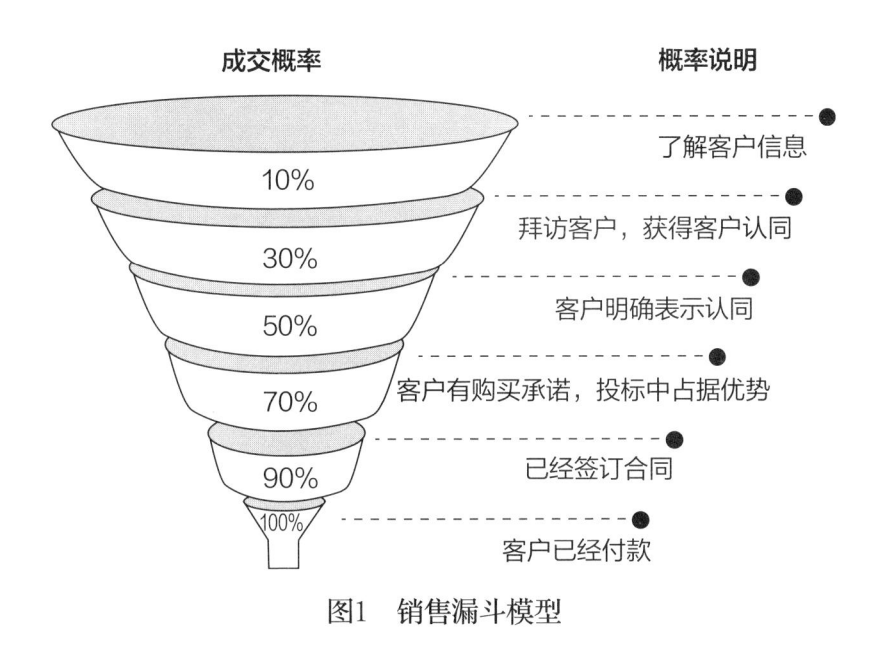

成交概率	概率说明
10%	了解客户信息
30%	拜访客户，获得客户认同
50%	客户明确表示认同
70%	客户有购买承诺，投标中占据优势
90%	已经签订合同
100%	客户已经付款

图1　销售漏斗模型

2. 销售漏斗模型的使用方法

使用销售漏斗模型进行销售业绩预测管理时，首先要对自身的销售工作进行全面梳理——明确从机会到合同的整个过程是怎样开展的。

（1）确定阶段

全面梳理销售工作后，需要对销售工作进行阶段划分，德衍睿通将复杂项目的销售管理分为以下七个阶段。

第一，进入客户。运用灵活多样的方法对客户进行分析，深入了解客户信息并成功进入客户。

第二，确认需求。发现客户需求并确认需求。

第三，评估方案。了解客户决策标准，理解能够影响客户选择供应商的标准并增加我方的竞争优势。

第四，项目投标。根据客户需求和自身优势拟定初步方案参与投标，并制定竞争策略。

第五，合同签订。及时发现客户存在的疑虑并尽快解决，通过谈判敲定细节，明晰模糊点，最终签订合同。

第六，订单履行与回款。在合同签订后持续跟踪订单履行情况，完成回款。

第七，发现新需求。进行大客户生命周期管理，持续性地维护与客户的关系，挖掘客户新需求。

（2）确定成交概率

根据每个阶段工作对合同完成的贡献价值进行成交概率的设置，以完成回款作为100%进行销售阶段的划分。例如：进入客户——10%；确认需求——30%；评估方案——50%；项目投标——70%；合同签订——90%；订单履行与回款——100%。

实际使用时，需要按照自身销售特点和销售阶段的划分确定概率。

这里需要注意的是，业绩实施部门与目标（业绩）管理部门需要确认一致的内容包括：销售阶段的划分；各销售阶段对应的成交概率；是否需要根据业务差异设置不同的销售阶段及成交概率。这为销售业绩的预测、执行和过程监测提供了统一的衡量标准和预测依据。

3. 销售漏斗模型的使用场景

销售漏斗模型主要用于销售管理，包括经营收入预测、业绩监控与调整、销售绩效考核等。

（1）经营收入预测

年初编制经营计划时，可以用销售漏斗模型预测销售收入。以当前销售机会的不同阶段作为收入构成，测算不同销售机会的收入规模。由此，可以确定公司（或部门/个人）年度销售目标，以及要实现预期的经营目标收入需要拓展多大规模的销售机会。从公司整体经营收入来看，潜在销售机会数量与订单转化率决定收入规模。

销售漏斗模型与收入规模预测示意如图2所示。

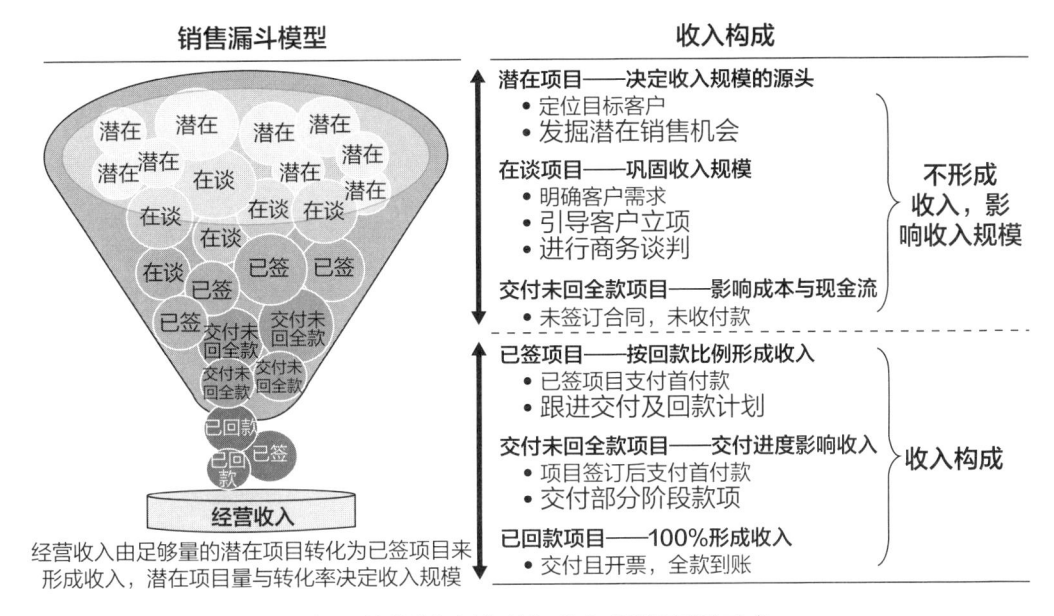

图2 销售漏斗模型与收入规模预测示意

年度收入目标明确后，可以按照年度销售高低规律，通过成交概率推测各季度、各月度业绩的目标。

（2）业绩监控与调整

定期月度或季度总结回顾销售业绩时，可以基于各阶段的目标达成情况进行过程监控和销售策略调整。对所有销售产品/项目的实际完成合同金额和未签订合同的预期销售金额进行统计，掌握销售机会的实际进展和预期目标的差距。

如果"进入客户"阶段的销售机会金额较大且远远高于合同签订金额，需要提高机会到订单的转化率。销售人员应当积极跟进销售机会，进一步挖掘客户实际需求、打消客户疑虑并推动合同签订。

如果"确认需求"到"合同签订"阶段中的未签订合同预期金额和实际完成金额之和，远低于预期销售目标，需要采取销售策略扩展销售机会的敞口规模，如增加销售活动拓展新销售机会、拓宽新销售渠道、开拓新区域/细分市场等。

如果订单回款额较低，需要跟进交付进度和回款进度，提高从合同到回款的转化率，尽快将交付的产品或服务转化为收入。

（3）销售绩效考核

考核销售人员的绩效，一方面可以依据销售漏斗模型的推算设定销售人员的销售目标，用未签订合同的预期销售金额对销售人员的工作进行量化考核与评估。另一方面，根据不同销售机会跟进情况，从收入源头开展工作，还可以依据销售人员在中间阶段的概率销售额，预判该人员是否能够达成年度任务目标，并形成预警，从而上级领导者对年度收入目标是否达成能够"心中有数"。

39 安索夫矩阵

1. 安索夫矩阵介绍

策略管理之父安索夫博士于1957年提出安索夫矩阵。

安索夫在《新公司战略》[1]一书中认为公司战略由四个方面构成——产品市场范围、成长向量、竞争优势和协同效果。

成长向量是一家公司在目前产品及市场组合基础上表现出来的以后发展方向,为此安索夫提出了成长向量模型,即安索夫矩阵。

安索夫矩阵是以产品和市场两个维度构成2×2的矩阵,区别出四种产品/市场组合和相应的营销策略,代表企业试图使收入或获利成长的四种选择。企业依据不同的产品、市场情况,可选择不同的成长性策略来达成增加收入的目标。

安索夫矩阵如图1所示。

安索夫矩阵适用于营销分析、营销策略制定,是应用最广泛的营销工具之一。

(1)现有产品、现有市场——市场渗透策略(Market Penetration Strategy)

以现有产品面对现有市场,以增加产品市场份额为目标。此时企业侧重于增加市场占有率的营销策略,可以选择成本领先、差异化等策略。

(2)新市场、现有产品——市场开发策略(Market Development Strategy)

寻找新的消费群体,将现有产品销售给新市场,使产品承担新的使命。在保持产品本身不变的情况下,通过适当调整产品应用方案及营销策略等方式,重点挖掘与当前市场需求相似的新客户群体,以此发展新市场。

---

[1] 安索夫.新公司战略[M].曹德骏,范映红,袁松阳,译.成都:西南财经大学出版社,2009.

（3）新产品、现有市场——产品延伸策略（Product Development Strategy）

将研发的新产品销售给现有市场，以提高客户购买总额。企业侧重于产品线的延伸，扩大现有产品深度和广度，如衍生品等；或基于现有品牌的影响力等，在现有市场推出新产品。

（4）新产品、新市场——多元化经营策略（Diversification Strategy）

提供新产品给新市场。企业采取多元化经营，原有产品及市场的竞争优势不复存在，是企业最冒险的策略，也是企业向行业外、向纵深发展的一体化战略。

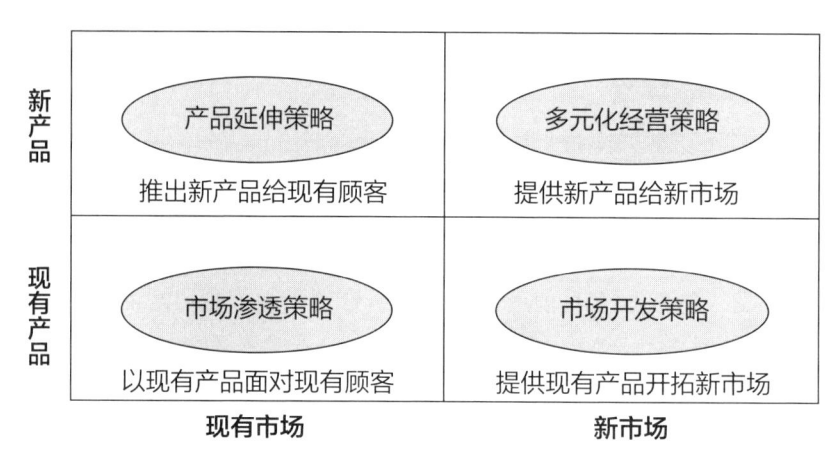

图1 安索夫矩阵

2. 安索夫矩阵的策略选择

安索夫矩阵是企业增长性策略的选择工具，也是风险选择工具。企业在运用安索夫矩阵对产品进行战略模式选择时，存在一种普遍的选择路径——立足现有产品深耕市场，拓展新市场，推广新产品，进行多元化运营。

安索夫矩阵策略选择步骤如图2所示。

（1）是否有更多市场份额

企业应首先用自己成熟的产品，巩固自己现有的市场地位，然后考虑扩大市场份额。判断是否可以获得更多消费者的青睐，现有产品的市场份额是否还有增长空间。

若产品的市场份额仍有可增长的空间，企业在战术、策略上主要以提高市场占有率为主。通过产品促销、改善服务品质、市场宣传推广等手段，吸引更多的消费者购买本企业产品,达到扩大市场份额的目的,如:通过产品降价和提升服务质量获取更多客户,增加产品曝光率增强客户黏性,提高消费频次。也就是企业采用市场渗透策略。

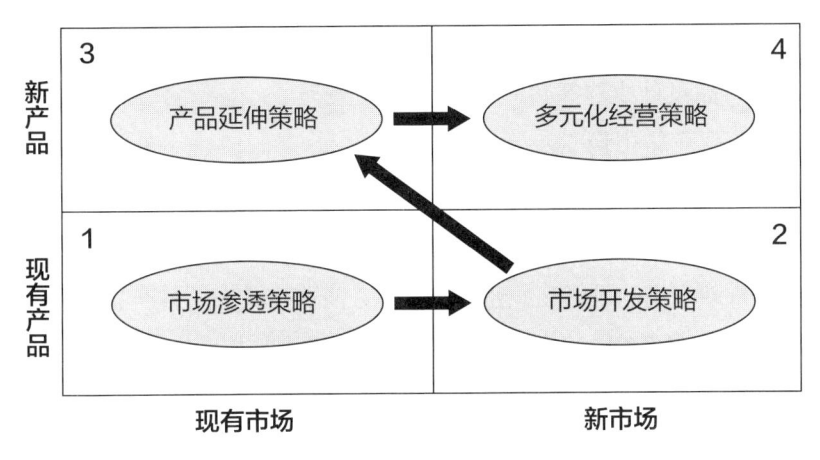

	现有市场	新市场
新产品	3 产品延伸策略	4 多元化经营策略
现有产品	1 市场渗透策略	2 市场开发策略

图2 安索夫矩阵策略选择步骤

若产品的市场份额可增长的空间不大或市场份额已经最大化,没有可增长空间,企业应当考虑第二步,拓展新市场,即采用市场开发策略。

(2)是否能开发新市场

考虑现有产品的可复制性,为其开发新市场。评估现有产品拓展新市场的可行性、新市场的进入壁垒、新市场同类产品的竞争者情况,进入新市场后业绩增长情况等。

若进入新市场的壁垒易攻克,或该市场竞争者较少,或市场同类产品较少,且调研阶段产品在该市场有较好口碑及预期,则可选择进入该市场。此阶段要求企业有较强的市场开拓能力,产品能满足新市场的消费需求。

若进入新市场的壁垒难攻克,或市场饱和度较高,企业进入该市场后,没有可观的增长空间,则企业可考虑第三步,即拓展新产品,采用产品延伸策略。

(3)是否现有市场能推出新产品

以现有市场为基石,考虑为其现有市场发展若干有潜在利益的新产品。即通过研发、生产、销售新产品,拓展现有市场的产品种类,更加稳固地在现有市场内发展。

此阶段较大的风险点为新产品的研发和推广。若研发顺利,且新产品易获得现有市场的接受和青睐，则企业可以通过新产品的生产，提高现有市场的销售总额，扩大市场份额。

若前期研发投入大且研发失败，或研发出的产品并未获得预期销售量，企业可能失去部分现有消费者，甚至使现有市场份额下降。面对此种情况，企业须及时调整，如调整新产品设计或选择其他市场。

（4）新产品及新市场

结合企业在产品、技术、市场方面的优势，考虑其是否具备纵深发展的机会。通过分析企业财务现状、产品研发能力等和研究外部市场的可行性，综合评估企业研发新产品并进入新市场的可能性，进而改进业务商业模式来调整产品和市场。

选择多元化经营策略，企业需要具备充足的资金、技术、产品等优势。成功的企业多半能在销售、渠道或产品技术等方面取得某种综合效应，否则多元化失败概率很高。多元化经营策略的选择需要慎重，尤其在开展多元化经营的过程中，需要经历多次试错或失败、整体性转变和适应，以及组织的各个部门、各个体系都避免不了地进行相应的变化、调整。

以上四种策略的选择并无先后顺序，"新""旧"产品和市场并不是绝对的，也会随着时间的推移和市场的逐步变化而相互转化的。每种策略对应的市场特点、市场空间、市场收益和风险都有各自典型特点，而每种策略的执行效果，也受企业的业务构成、组织结构、资源多寡、运作机制、工作重点等影响而有所差异。

3. 安索夫矩阵应用场景

安索夫矩阵用于战略决策，公司可以在现有业务领域里寻找未来发展机会，制定业务的发展战略。通过战略决策，落实公司的战略管理，在管理层和执行层形成一个合理有效的业务目标体系，并在各个管理体系中拆解为相应的实施计划。

安索夫矩阵用于市场定位。企业运用安索夫矩阵，分析企业现有的产品组合，可为公司业务发展明确市场和产品的定位，并结合不同定位形成对应的业务发展策略，指导具体业务活动的开展。除此之外，安索夫矩阵还能用于竞争分析，可以研究不同的潜在竞争对手未来可能的渗透路径。

在当前产品为王的时代，安索夫矩阵并不过时。如何动态利用矩阵管理产品，随着环境和市场的变化，动态制定增长策略，仍然是企业追求永续发展中不变的管理课题。

40 客户需求分析工具$APPEALS模型

1. $APPEALS模型介绍

$APPEALS模型最早是由IBM提出的评判客户购买产品的动机模型，在华为IPD（集成产品开发）中引用，现作为分析客户需求的一种方法而被普遍接受。$APPEALS是了解客户需求、确定产品市场定位的工具，代表了客户的购买标准，$APPEALS模型可用于市场规划和产品规划的市场细分中，从多个维度、不同权重分析客户需求和产品的市场定位。

$APPEALS模型（见图1）包含八个要素，分别是价格、可获得性、性能、包装、易用性、保证、生命周期成本、社会接受程度。企业可以通过八个要素来理解市场、分析市场，制定自家产品的差异化市场策略并以此打造核心竞争力。

图1 $APPEALS模型

2. $APPEALS模型八要素

（1）价格（Price）

价格要素指的是客户对价格的支付意愿。

价格要素需要考虑价格敏感性、价格水平和付款条件等。价格敏感性指目标客户对该产品的购买意愿受价格影响的情况。价格水平指客户愿意为满意的产品/交付支付的价格，以及该价格在市场所有产品中所处的分位，产品的价格水平受企业的技术、制造、物料、人工等影响。在确定定价区间时应考虑市场价格及目标客户愿意支付的价格水平。付款条件包括付款比例、付款周期、付款方式等，在进行产品定价时应一并设计。

（2）可获得性（Availability）

可获得性要素指的是客户购买过程的易得性和高效性。

可获得性要素需要考虑的是渠道、售前和交付。渠道指的是客户了解产品、购买产品的渠道方式是否易得，也就是说产品的销售渠道、推广方式是不是能真正地触达客户。例如，客户在展会、技术交流活动、网络、销售网点等线上线下的多种渠道及场所中能够得到产品的公开资料、介绍示范及支持等。售前指客户对整个购买过程所需的服务要求，包括产品介绍、示范、技术支持、定制服务等。交付指客户对产品的交付周期、交付方式等的需要。

（3）性能（Performance）

性能要素指的是客户对产品功能和性能的期望。

性能要素需要考虑的是客户对功能、性能等技术指标的要求，同时需要考虑标准要求，如国标等。产品功能多指用途，是客户痛点得以解决的具体功能，如手机的照相功能。产品性能指的是物理、化学或技术性能，包括强度、化学成分、纯度、功率、转速等技术指标，如手机照相达到1600万像素。产品功能需要从客户角度来衡量，判断哪些是客户的刚需，哪些只是"噱头"。

（4）包装（Packaging）

包装要素指的是客户对产品包装、特性、外观设计的需求，对软件、系统类产品而言指的是交付或提供的功能包。

包装要素需要考虑的是客户对产品外形、工艺的要求，包括尺寸、外形、材质、包装、样式、模块性、集成性、结构、颜色、图形、工艺设计等。包装要素的客户需求直接影响产品的研发设计。

（5）易用性（Ease of Use）

易用性要素指的是客户在操作、使用产品时感受到的使用便捷性。

易用性要素需要考虑客户在产品的舒适、学习、文档、支持、人性化显示、输入/输出、接口、直观性等方面的需求。在软件、系统类产品中主要指界面友好，包括打开界面美观、易学、易上手、一致性强、可操作性强、反馈明确等，促进人机交互，给人美观、舒适、大方的感觉。在技术服务、咨询、培训等专业服务产品中，主要指过程专业清晰、简洁高效、客户配合情况好等。

（6）保证（Assurances）

保证要素指的是企业在产品的可靠性、安全和质量方面对客户的保证。

保证要素需要考虑客户对产品的质量保证要求，对维修、保养等售后服务的保证要求。这些要求既需要企业考虑指标、数值上的要求，又需要考虑时间上的要求。

（7）生命周期成本（Life Cycle Costs）

生命周期成本要素指的是客户对使用产品整个生命周期的成本要求，包括安装成本、培训、服务、供应、能源效率、价值折旧、处理成本等。

生命周期成本要素需要考虑的是客户对产品各阶段、各项成本的接受程度，以此作为产品商业模式，尤其是收费模式设计的重要参考。

（8）社会接受程度（Social Acceptance）

社会接受程度要素指的是客户采购时，产品或品牌的社会认可程度对其购买的影响情况。

社会接受程度要素需考虑产品的口碑、第三方评价、顾问的报告、形象、政府或行业的标准、社会认可、法律法规关系等对购买决定起了怎样的促进作用。在开展市场推广活动，宣传、销售产品时，企业着重强调客户对社会接受程度因素中最看重的且是产品较为有优势的因素。

3. $APPEALS模型的应用场景

$APPEALS模型的用处广泛，针对不同目的，有以下具体应用场景。

(1) 设计需求调研

模型八个维度可用于需求、用户相关的调研问卷设计，有助于使不同的问卷系统更加全面、系统。

(2) 识别客户群体及细分市场

在模型中呈现不同客户群的需求，体现不同客户群需求的差异性，有助于识别产品的不同客户群体，进行市场细分。

不同年龄段客户群对某型号手机的需求分析中，如图2所示，手机性能、易用性是各类客户群对该产品的共性需求，而在价格、可获得性、包装、社会接受程度等方面，不同年龄段所代表的客户群的需求差异极大。因此，确定该产品定位、细分市场及目标客户群体时，应考虑不同的需求特征，进行产品和市场上的区分和识别。

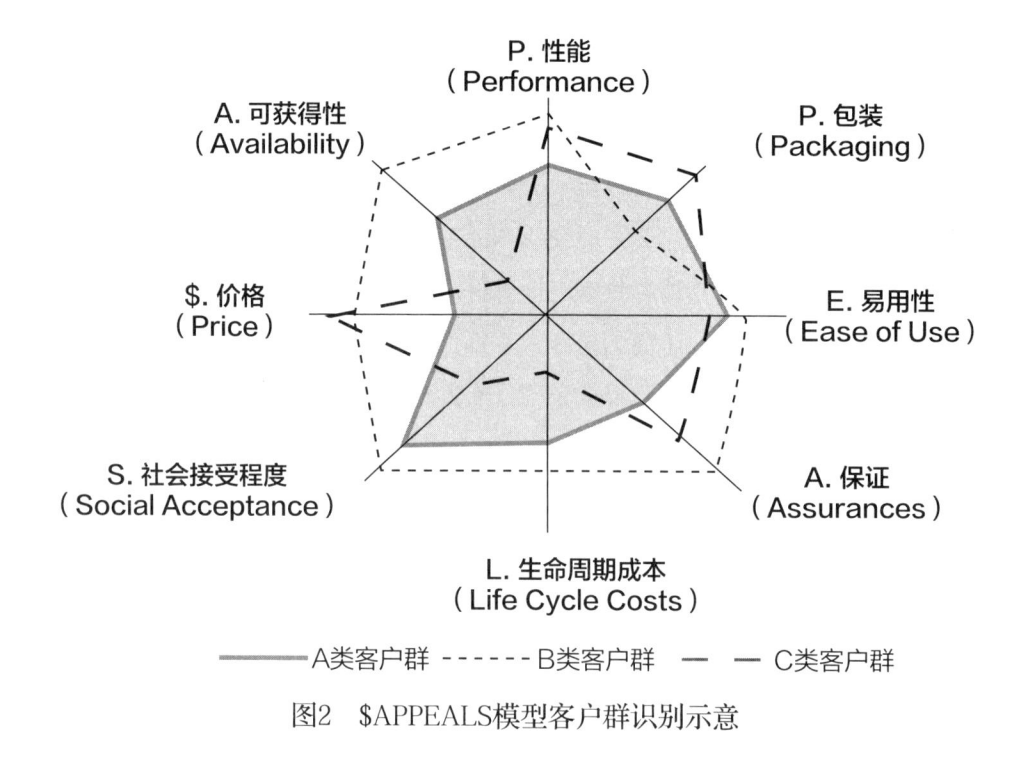

图2　$APPEALS模型客户群识别示意

(3) 分析客户需求

通过该模型，全面梳理客户的诉求与需要，确定促使客户选择公司产品的主要差异，以此作为商业模式设计、后续产品开发的重要输入和投资重点。

（4）竞品分析

对竞争对手的竞品进行对比分析，找到自身产品的优势和差距，有利于制定营销策略、开展产品优化或商业模式优化等。

（5）策划市场活动及销售活动

根据该产品客户群呈现的突出需求，组织相应的市场活动，利用客户视角的需求策划销售活动。

（6）辅助设计产品商业模式

使用$APPEALS模型，从客户视角展开客户需求分析，能够有针对性地进行产品商业模式设计。在市场类项目的咨询实践中，普遍发现企业对外部市场、客户痛点等相关的信息分析不到位——不知道目标客户到底需要什么、有哪些痛点，这就导致企业运行的商业模式设计过于笼统，对产品、市场及营销不具有指导性和可操作性。在这种情况下，$APPEALS模型的分析将有助于进一步明晰商业模式中各个维度的相关信息，使商业模式设计能够真正与产品或业务实际相关联。

$APPEALS模型与商业模式画布关系示意如图3所示。

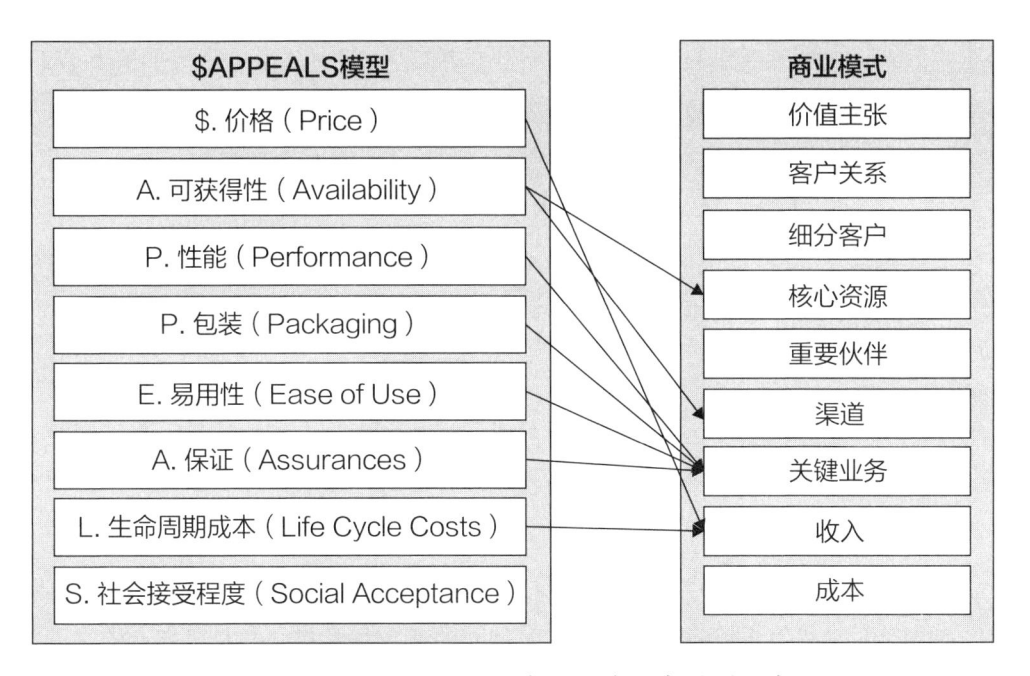

图3　$APPEALS模型与商业模式画布关系示意

目标客户群体对价格和产品全生命周期成本的接受程度、接受价格区间等可以作为收入来源设计参考，尽可能保证收费模式和收费标准符合目标客户的接受范围；对产品可获得性的要求，可以作为渠道设计的基础；对产品包装、性能、易用性、保障性和社会接受程度的要求，应作为产品和售后服务设计的依据。

4. $APPEALS模型的应用步骤

企业如何使用$APPLEAS模型分析呢？常用的具体步骤如下。

（1）设定模型八大要素具体评价指标

按照八个要素的具体内容和产品特点，设定八大要素细分的子要素指标。保证指标能够完全覆盖产品的所有特点，而不是只挑选对自己产品有利的指标进行评价。例如，分析智能手机竞品，在P性能（Performance）这一要素下，可以选择可变焦拍照、智能防抖等指标。

（2）设置指标评分标准

通过量化方式对各竞品评分，需要对每个指标都进行评分标准的描述，据此设定子维度指标的权重。需要注意的是，对一些定性指标而言，评分是相对评分，不是绝对评分，目的是通过数值表达产品间的差异程度。

（3）开展产品及竞品评分

设计评价表给产品及竞品评分，评分人员可以选择对市场熟悉的一线销售人员、客户、外部专家、供应商、渠道方及合作伙伴等，需要保证评分的客观、公正，以便能够充分分析产品满足客户需求的程度。

（4）对比进行差异化分析

将评分结果通过雷达图的形式来呈现，以此展示产品和竞品的情况。通过对比八个要素及其下分的子要素，深入分析自身产品与竞争产品的优势和劣势。同时，结合子要素设置的权重差别，进行产品的差异化分析。为后续产品设计、优化或商业模式优化等工作提供参考。

（5）制定相应的策略及解决方案

结合分析结果，根据自身产品和竞品之间的差距和劣势，以及客户群的权重分配，明确产品的定位及细分市场、目标客户群。然后，确定或者调整企业的产品策略、市场销售策略。

对于分析结果的应用需注意以下几点。

一是通过对比分析结果，检查当前的产品定位是否符合企业初期的商业模式设计。经过竞品对比，可能发现预想的优势、定位、目标市场与实际情况并不相符。这就需要企业重新审视自身产品，进一步明确产品的市场定位和商业模式。

二是对比分析的目的是找到自身的优势。自身产品和竞品相比有哪些差异化优势，这些优势既是产品的定位，也是企业未来设计开发、销售的重点。例如，当产品与竞品的性能基本一致，当价格和易用性优势更明显，那么性价比就可以作为该产品的竞争优势。

三是分数高不代表着"好"。并不是要追求将产品"优化"到八个要素都是高分。每个要素的提升可能涉及多个部门、多个业务，也与成本息息相关，需要综合判断后再进行策略上的调整。因此，不能仅根据模型评估得分就盲目地调整工作。

供应链管理和项目管理篇

41 SCOR供应链运作参考模型

1. SCOR模型介绍

SCOR供应链运作参考模型[1]是美国供应链协会发布的跨行业标准供应链参考模型和供应链的诊断工具。SCOR全面、准确地提供了一套适用于各种规模和复杂程度的供应链的标准化术语和流程。

SCOR模型由四部分组成：供应链管理流程一般定义，是企业确立供应链性能和目标的基础；对应于流程性能的指标基准；供应链"最佳实践"的描述；选择供应链软件产品信息，实施已配置的特定供应链。SCOR模型定义了供应链的流程，制定了各个流程中的绩效指标，提供了供应链的最佳实践和人力资源方案。

2. SCOR模型构成

SCOR模型建立在计划（Plan）、采购（Source）、制造（Make）、交付（Deliver）、退运（Return）、使能（Enable）六大流程之上。供应链SCOR模型如图1所示。

（1）计划/规划（Plan）

计划是供应链运作的火车头，涵盖端到端供应链的所有环节，一切由计划开始，其核心包括四大要素：客户、产品或服务、资源能力、瓶颈限制。

1）客户

客户包括直接及间接购买产品或服务的客户，涵盖客户关系管理、客户服务管理、需求管理三个方面的活动。客户关系管理包括客户定位、获利评估、根据客户

---

[1] APICS. SCOR: Supply Chain Operations Reference model，2019.

定位决定产品与服务、忠诚客户维护等。客户服务管理是通过企业全员努力，为客户适时、适地、适价地提供产品与服务，以实现客户满意，最大限度地开发利用客户。需求管理中的不确定性是影响供应链运作的主要问题，不确定性主要源于客户需求波动。应对不确定性的主要供应链活动包括需求预测、库存计划、分销计划等。成功的需求管理能够保持供需平衡，实现所囤即所需。

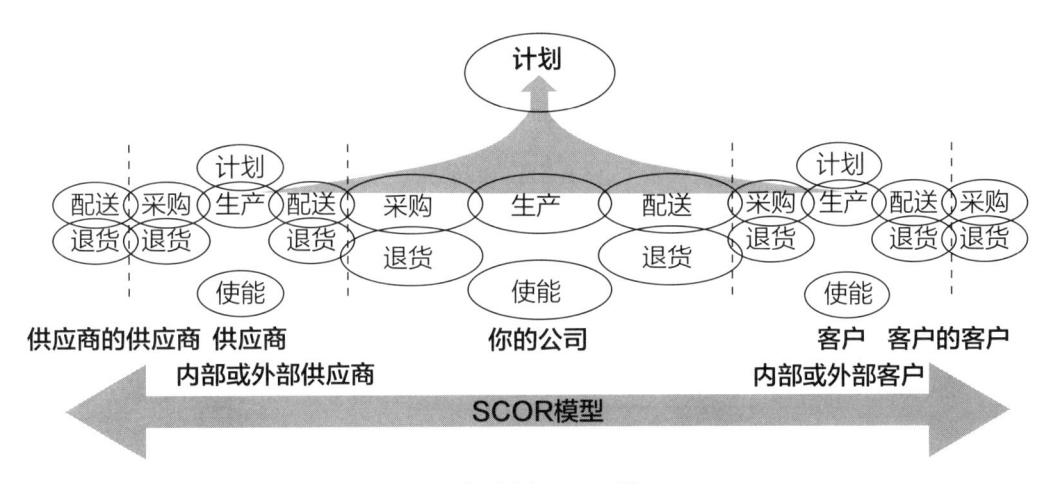

图1 供应链SCOR模型

2）产品或服务

产品或服务是企业对客户的价值所在，包括产品规划、开发、生命周期管理等活动，过程涉及产品、研发、销售、采购、制造、供应商等的共同协作。

3）资源能力

资源能力是为了满足客户需求所需要的一切东西，包括内部资源与外部资源，如厂房、设备、员工、生产能力、供应商资源等。

4）瓶颈限制

瓶颈限制是因为资源有限，限制了满足客户需求的制造和交付能力的发展，如供应商产能瓶颈、内部生产瓶颈、设备瓶颈、技术瓶颈等。

（2）采购（Source）

在SCOR模型中，采购是原料从哪里来的、使用了什么样的流程获取的。

购买的方式可以分为直接采购和间接采购。直接采购是各种直接用于制造产品的原料或零部件；间接采购范围广泛，一般是间接使用在产品制造中，如保安、保洁和第三方物流服务等。直接采购和间接采购有不同的流程，许多大公司会把这两种采购责任分给不同的团队管理。无论是直接采购还是间接采购，每个采购部门的目标之一都是减少花费，使用更少的钱获得更多的产品或服务。

（3）制造（Make）

在SCOR模型中，制造流程扮演着重要角色。当制造产品或服务时，企业必须做出很多决定，如生产什么类型的产品、生产多少数量、如何生产，以及何时生产，这些活动就是运营管理，也叫生产管理或者生产计划和控制。

企业都希望最大限度地利用资源，但是每种资源都是有限的，也就是前文提到的约束条件。当运营经理能够识别、减少或消除流程中的制约因素时，就能提高生产能力，产出更多的产品或者提供更多的服务。为达到这个目标，管理者使用许多工具进行改善，如六西格玛、精益管理。从供应链管理的角度来看，企业需要在拉动Pull和推动Push两种不同的制造策略中做出选择，即按订单生产（Make-to-Order）或按库存生产（Make-to-Stock）。

（4）交付（Deliver）

SCOR模型的交付流程专注于交付产品或服务。交付过程分为订单管理、运输和配送。

1）订单管理

订单管理是接受客户订单的整个过程。制造业订单管理包括订单确认、评估交货日期、安排生产、完成进度跟踪，以及订单出货。

2）运输和配送

在仓库或配送中心中接收到成品，根据订单拣货、包装，并运送到下一个地方。

这里涉及运输配送流程，为了选择正确的运输模式，需要了解产品和收货人的信息，以及产品发出和接收信息。交付过程从收到客户订单时开始到产品交付时结束。交付流程是公司和客户之间供应链的最后一环。因此，完善订单管理、运输配送的流程是成功实施供应链管理的关键。

（5）退运（Return）

完成交付后，供应链并没有结束，在一些情况下，因客户不喜欢、产品质量不合格或是维修问题需要回收产品。

正向供应链是流程化的标准操作，发货点是固定的，逆向则是非标准操作，退货点是随机的，因此难度极大。而逆向供应链更能体现出公司的管理水平。逆向供应链需要一个有效的检查产品的过程，确定每件商品的最佳处置方式。一个好的流程可以帮助公司从退回的产品中获取最大的价值，同时建立起客户的忠诚度。最重要的是，逆向供应链可以使有用的产品不会被废弃，可以帮助公司降低成本，提高服务水平，增加收入，并更具有可持续性。

（6）使能（Enable）

SCOR模型中的使能（Enable）可看作工具箱，在SCOR V12.0版本里共有11项工具。

第一，供应链业务规则管理：制定供应链业务规则。

第二，供应链绩效管理：发布绩效报告，分析不达标的原因，找出根本问题，实施纠正性措施，批准改善行动。

第三，供应链数据和信息管理：供应链中大量的数据和信息的维护管理，如主数据、交易数据、供应商数据等。

第四，人力资源管理：识别人力资源和供应链目标之间的差距，寻找合适的人才并培训，满足岗位需求。

第五，供应链资产管理：资产管理流程在供应链的表现中也能发挥很大的作用，特别是当维护和修理周期对供应链能力产生影响时。

第六，供应链合同管理：合同和法律流程也会影响供应链。例如，公司合同流程新增客户或供应商需要多长的审批时间，流程是否影响业务发展。

第七，供应链网络管理：供应链的地理位置和活动足迹，包括设施的位置和资源、分销网络、供应商、客户、材料、产品、产能等信息。一旦碰到重大风险事件，可以快速预判结果，寻找替代方案。

第八，监管和自愿性合规：遵守经营所在地的法律法规，以及行业标准。

第九，供应链风险管理：识别公司风险并制订缓解计划，以规避风险，减少风险发生的概率或后果，转移风险给第三方，如保险公司。

第十，采购管理：这里的采购偏重于商务，如供应商选择、报价询价、谈判、竞标、开发和定点、合同授予和实施。

第十一,供应链科技:除了最基础的MRP和ERP之外,供应链需要引入更多的科技来实现数字化,如制造执行系统MES、建模和分析工具、物联网、流程自动化、可视化工具、风险监控管理平台、商业智能BI等技术。

3. SCOR模型应用
(1) SCOR与流程

SCOR模型是由一系列流程组成的框架,对流程进行考核。SCOR按流程定义的详细可分为三个层次,每层都可用于分析企业供应链的运作。SCOR模型流程框架如图2所示。

第一层即前文说的计划、采购、制造、交付、退运、使能六大流程,构成供应链流程框架。第二层即流程目录,为六大流程的二级目录。第三层为流程,定义单个流程的配置、构成。三层以下还可以有第四、五、六等更详细的各企业特有的流程描述层次,但不包括在SCOR模型中。

计划
P1 供应链计划
P2 采购计划　P3 生产计划　P4 配送计划　P5 退货计划

执行

采购
S1 采购库存生产产品
S2 采购订单生产产品
S3 采购订单定制产品

生产
M1 库存生产
M2 订单生产
M3 订单定制生产

配送
D1 配送库存产品
D2 配送订单生产产品
D3 配送订单定制产品
D4 配送零售产品

原料退货
DR1-缺陷原料退货
DR2-维修原料退货
DR3-多余原料退货

支持
建立和管理原则、评估绩效、管理数据、管理库存、管理资本化资产、管理运输、管理供应链配置、管理协调、处理特定流程因素

产品退货
DR1-缺陷产品退货
DR2-维修产品退货
DR3-多余产品退货

供应链　　客户

支持流程(Enable)

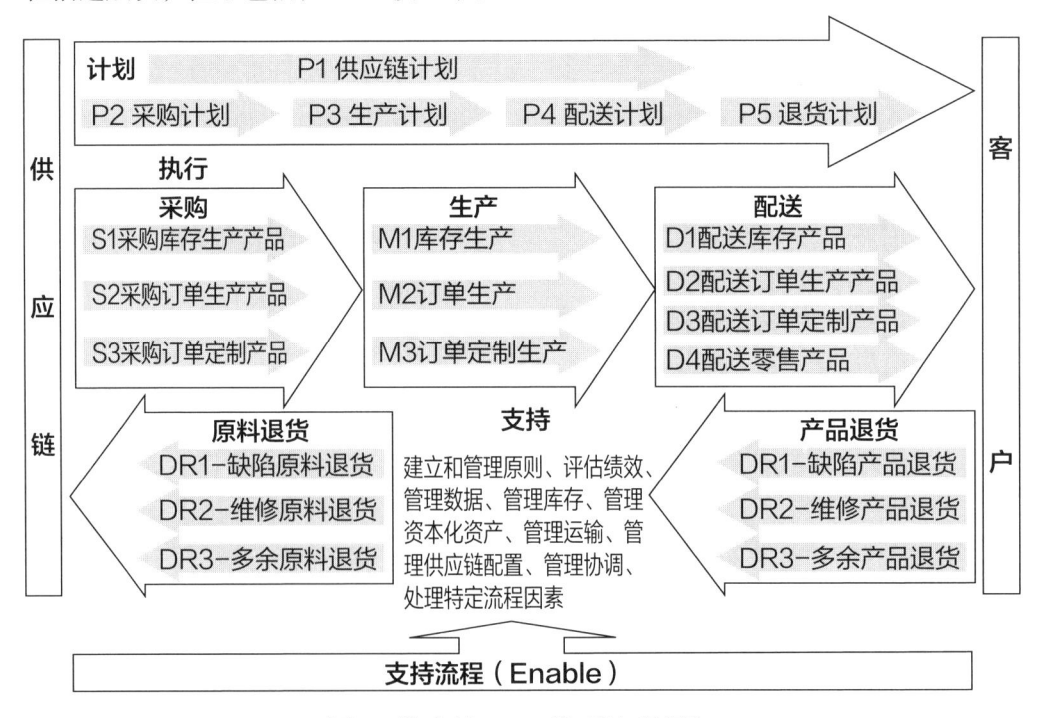

图2　供应链SCOR模型流程框架

（2）SCOR与绩效

SCOR模型规划了五个维度的绩效，包括供应链可靠性、供应链响应能力、供应链的成本优势、供应链柔性、供应链的资产利用率。供应链及各功能领域二级绩效指标（KPI）的确定可以帮助确定问题产生的原因及相关的重要影响领域。

SCOR指标体系示意如表1所示。

表1 SCOR指标体系示意

指标大类	L1级指标	L2级指标
供应链可靠性指标	完美订单履行率	订单按期达成率
		按承诺日期交货表现
		……
供应链响应性指标	订单履行周期	采购周期
		生产周期
		交付周期
		……
供应链柔性指标	提升供应链柔性	提升采购柔性
		提升生产柔性
		……
	供应链适应性（负向）	采购适应性（负向）
		……
	整体风险值	供应商/客户/产品的风险评级
		风险值（计划）
		……
供应链成本指标	供应链总体管理成本	制造成本
		交付成本
		……
	产品销售成本	直接人工成本
		……
供应链资产管理指标	资金周期天数	应收账款周转天数
		……
	供应链固定资产收益率	供应链收入
		供应链固定资产
	营运资产收益率	应付
		库存
		……

42 PRINCE 2受控环境下的项目管理

1. PRINCE 2项目管理方法论

PRINCE 2 [1]（Projects In Controlled Environments，受控环境下的项目管理），由英国商务办公室制定，总结自全世界无数家企业的多年实践，是世界上最广泛使用的项目管理方法之一。

PRINCE 2是一套基于经验的结构化项目管理流程，以一种逻辑性、有组织的方法，按照明确的、可操作的步骤对项目进行管理。PRINCE 2是将业务和项目结合起来，从项目治理的角度帮助企业搭建一个受控的项目环境，通过对项目的阶段化管理及多维度立体控制，确保项目完成交付并实现业务收益。

组织采用PRINCE 2这一项目管理方法，可以提升组织能力以及跨领域业务活动的成熟度。PRINCE 2项目管理方法论适用于所有类型的项目和情况，如业务变革、施工建设、IT、兼并收购、研究和产品开发等。

PRINCE 2项目管理方法如图1所示。

2. PRINCE 2的核心

PRINCE 2受控环境下的项目管理方法论解决了项目管理四要素（原则、主题、流程、项目环境）的整合问题，PRINCE 2的核心包括项目环境下的七个原则、七个主题、七个流程。

---

[1] 英国政府办公室. PRINCE 2®成功的项目管理方法论. TSO（The Stationery Office）. 2009.

供应链管理和项目管理篇

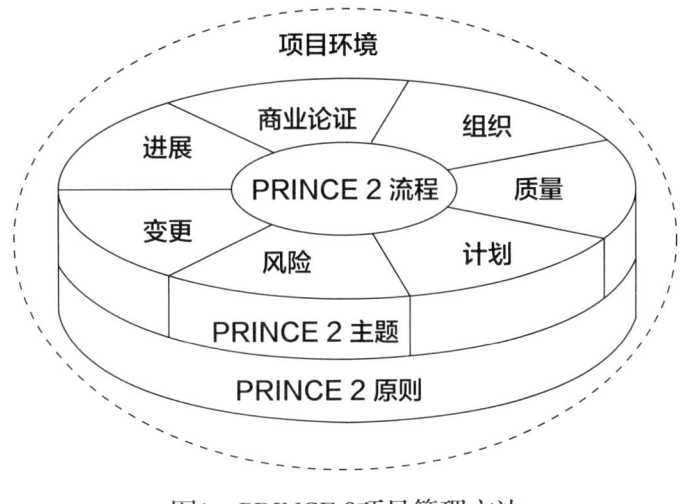

图1　PRINCE 2项目管理方法

（1）项目环境

PRINCE 2的一个核心思想是基于情境。在PRINCE 2方法论中，项目受实际情况的影响差异变化较大。PRINCE 2的方法论是通过结合、适应外部商业环境，利用内部组织情境，最终搭建或创建一个受控的项目环境，进行项目的实施和治理，保证交付和获得收益。

（2）七个原则

PRINCE 2的七个原则具有唯一性，是指导性的原则和最佳实践，可以判断一个项目能否应用PRINCE 2方法论进行管理。七个原则让项目朝着正确的方向发展。

PRINCE 2的七个原则如表1所示。

表1　PRINCE 2的七个原则

持续业务验证	项目必须具有持续业务验证，确保项目始终符合业务目标、实现战略与收益
吸取经验教训	项目团队吸取以前的经验教训，并在整个项目生命周期中发现、记录、应对、传递经验教训
明确定义的角色和职责	在定义的项目组织结构中共识其中的角色和职责，确保合理用人，使所有干系人明确自己的任务要求

续表

按阶段管理	项目需要在划分的管理阶段基础上进行计划、监督和控制。每个计划必须有可管理性和预见性，并在整个项目的各个重要阶段设置控制点
例外管理	对每个项目目标都定义容许偏差，建立授权的限制范围，确保在组织的正确层次做出决策，以实施合适的治理措施
关注产品	项目需要面向产业而不是工作，项目关注产品的定义与交付，特别是产品的质量要求，使最终产品是可交付的
根据项目环境剪裁	基于项目的环境、规模、复杂性、重要性、团队能力和风险，在界定的项目环境中剪裁PRINCE 2的项目管理方法论，形成适用于项目的量身裁剪的项目管控方式

（3）七个主题

PRINCE 2的七个主题，包括商业论证、组织、质量、计划、风险、变更和进展，主题描述了项目管理中必须持续关注的项目管理的几个重要方面。七个主题为项目团队提供正确的做事方法（见表2）。

表2　PRINCE 2的七个主题

主题	描述	回答
商业论证	说明想法如何发展成为组织的一个可交付的投资建议，项目管理如何在项目中保持对组织目标的持续关注	为什么？
组织	项目是跨职能的，直线职能结构不适合项目，为有效管理项目所需要的临时性，PRINCE 2的组织描述了项目管理团队中的角色和职责	谁？
质量	介绍商业概要如何逐步发展，使所有参与人员都理解交付产品的质量点，并确保这些要求能够在后来被交付	什么？
计划	项目按照一系列经过批准的计划推进，计划要与组织不同层次人员需求匹配，描述制订计划所需步骤和所应用的PRINCE 2技术，对质量主题进行补充	如何？多少？什么时候？
风险	项目比稳定的运营承担更多风险，项目管理如何管理计划和项目环境中的不确定性	如果……将会怎样？
变更	项目管理如何评估和处理对项目基线可能产生潜在影响的问题	影响是什么？
进展	关注计划持续的可交付性，解释批准计划、监督实际绩效的决策流程，以及如果项目没有按照计划执行的上报流程	现在在哪里？要去哪里？是否应该继续？

七个主题必须完全应用于项目中，并按照相关项目的规模、特点及复杂程度进行裁剪，以提高操作性和易用性。例如：复杂项目、高风险项目可以增加更详细的指导性文件和采用严格的控制流程；简单项目、低风险项目可以用简明的要点报告和非正式流程。

（4）七个流程

PRINCE 2的七个流程，提供了成功的指导、管理和交付项目所要求的一系列活动，包括项目准备流程、项目启动流程、阶段控制流程、产品交付管理流程、阶段边界管理流程、项目指导流程、项目收尾流程。七个流程定义了由谁在什么时候做什么事情，让项目团队正确地做事。

七个流程贯穿整个项目，描述了项目的进展。项目生命周期中有三个管理阶段：启动阶段、后续阶段和最终阶段。需要注意的是，简单的项目可能只有两个阶段：启动阶段和交付阶段（最终阶段）。

PRINCE 2每个主要流程都包括一系列的子流程，总共45个子流程。每个流程针对目的、目标、环境、活动和裁剪进行描述。流程中都有与其相关的建议活动、产品和相关职责的核查清单。项目的流程和进程必要时需纳入组织本身的政策、流程、方法、标准和实践中。PRINCE 2流程如图2所示。

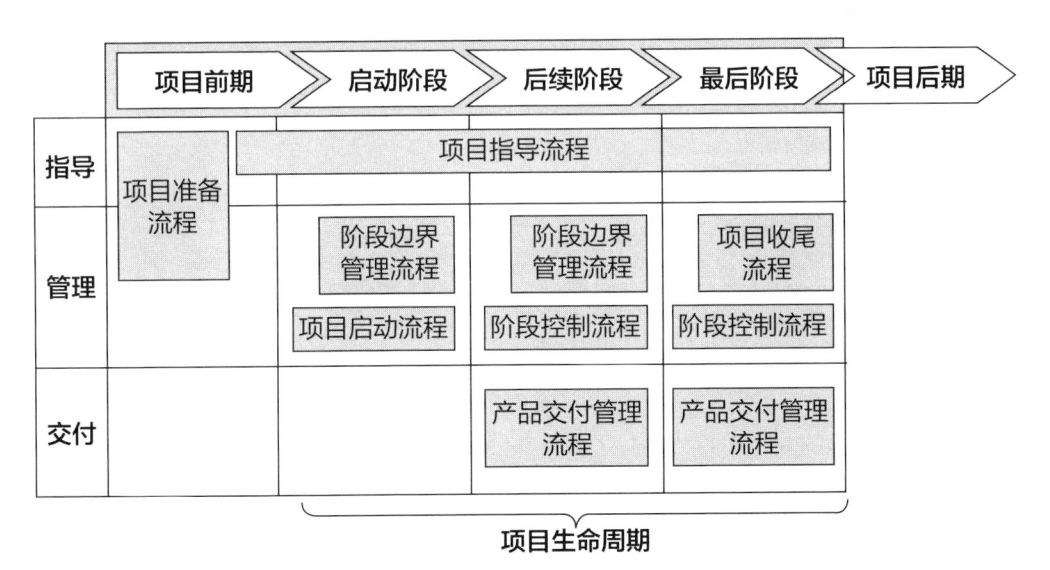

图2　PRINCE 2流程

3. PRINCE 2的应用特点

（1）强调多方共识

1）项目的利益共识

PRINCE 2识别了三类利益相关方——商业发起人、高级用户和高级供应商，在项目启动、实施和管理过程中，强调三方共识。掌握三类利益相关方的各自利益需求，尽量避免出现三方冲突，依据项目情境，要求在项目不同阶段、流程中加强相关方之间的协同配合，以平衡各方利益，使其为同一个目标共同努力。

2）项目环境的共识

PRINCE 2针对每个临时项目的特点，强调从独特性、唯一性、变革性、跨职能性、不确定性五个维度，在项目管理团队内部形成项目特点的共识，明晰项目所处环境，了解项目实施的难易程度和交付能力，在内部通过共识设定具体每个项目管理的管控点以及绩效。

3）项目实施的多点共识

遵循PRINCE 2的七个原则、七个主题的内涵，在不同项目管理阶段、流程中强调对项目认知的统一、项目偏差的统一、阶段交付的统一、流程接口的统一。例如，商业论证贯穿于项目始终，在项目各个阶段结束时，不断以商业论证为基础对项目进行评估，提供关键点的决策依据。

（2）强调项目受控

1）结构化与灵活裁剪

PRINCE 2为项目管理构建了结构化的管理方法，基于流程和业务实践，有必须遵循的原则。同时，按照项目情境可以进行裁剪的管理主题和流程，对项目的管理与工作开展界定了清晰的工作框架和指引。

2）层级组织与例外管理

PRINCE 2划分了参与项目的四层管理结构，确定了与项目相关的八类项目角色的具体职责，企业可以根据项目的复杂程度和组织能力适当调整。在项目管理与项目团队的各层级角色和职责定义清晰的前提下，通过例外管理直接授予项目经理允许偏差范围内的管理权利，使其对项目范围、质量、进度和成本在可接受的范围内享有充分授权。提升内部工作效率的同时，保证项目在实施过程中实现动态管理。

3）流程控制与配置管理

PRINCE 2的流程分为项目管理的技术性阶段和管理阶段，既包括项目自启动至收尾的项目生命周期，也包括"项目准备"和"项目指导"两个项目全程持续支持的流程，将公司管理和项目督导的责任与权限通过支持流程予以明晰。每个流程都详细设定关键输入、输出和具体目标及要执行的活动，为管理计划和变更、偏差提供自发的控制。

PRINCE 2将变更控制嵌入流程，将流程与配置管理有效结合。通过用流程沉淀要跟踪的任务、作业序列的集合，并形成细致的确保项目顺利执行的管理文档。

（3）强调项目收益

1）关注产品，定义质量标准

PRINCE 2用项目产品描述清晰定义产品的目的、组成、来源、格式、质量标准和质量方法。在质量管理中通过明确的质量计划和质量控制对产品和交付进行控制。同时，提供确定项目投入、资源需求、依赖关系以及活动安排的方法，确保项目中使用的质量管理方法与交付方法相互支持。将产品描述作为评估基础，采取质量审查机制，给项目相关角色如高级用户、高级供应商、项目保证等赋予质量相关职责，使其在项目实施过程中组织落实整套的项目质量标准和质量管理体系。

2）关注收益，持续进行业务验证

PRINCE 2关注收益，而不只是项目交付。项目交付以产品为形式产出，产出会导致组织的业务发生改变（成果），成果帮助业务实现收益。"产出—成果—收益"这条路径，为项目提供了业务验证，要求项目经理对项目的投资目的有清晰的认识，并确保项目交付与期望回报保持一致。项目伊始进行商业论证，明确界定项目的产出、成果和收益，在项目整个生命周期进行维护、审查和更新，项目管理委员会在每个关键决策点进行验证。在每个阶段组织业务验证，如在阶段边界，收益产生时，根据收益管理方法和投资评估技术对收益进行确认。

产出、成果及收益示例如图3所示。

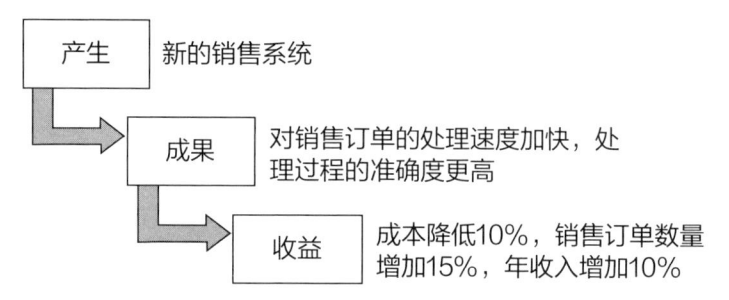

```
产生 → 新的销售系统
成果 → 对销售订单的处理速度加快，处理过程的准确度更高
收益 → 成本降低10%，销售订单数量增加15%，年收入增加10%
```

组织通过项目来实现对其业务的单方面或多方面的、可度量的改善被称为收益

图3 产出、成果及收益示例

43 PRINCE 2流程

PRINCE 2是一种基于流程的项目管理方法。流程是为完成特定目标而设计的一组结构化的活动，PRINCE 2的流程[1]介绍了如何协调项目中的人和活动、如何设计和监督项目，以及在项目发生变更的情况下如何调整的一系列流程。流程将一个或多个确定的输入转变成确定的输出。

1. PRINCE 2流程

PRINCE 2（成功的项目管理方法论）包括七个流程，它们提供了成功的指导、管理和交付项目所要求的一系列活动，使项目从立项至收尾阶段都在有效地控制、组织下进行。七个流程分别为项目准备流程、项目启动流程、产品交付管理流程、阶段边界管理流程、阶段控制流程、项目指导流程、项目收尾流程。

项目准备流程：用于形成启动项目的决策。

项目启动流程：代表项目的正式启动，项目活动正式展开。

产品交付管理流程：用于项目交付产品拆解的工作包的验收、执行和交付。

阶段边界管理流程：用于处理项目管理阶段之间的接口问题，在每个管理阶段结束或临近结束时，执行该流程。

阶段控制流程：用于指出应该如何控制PRINCE 2将项目分解的每个阶段。包括工作包的需要授权和验收、过程检查、过程要点要求等。

项目指导流程：项目管理委员会为项目经理提供非正式的建议和指南，以及正

---

[1] 英国政府办公室. PRINCE 2®成功的项目管理方法论. TSO (The Stationery Office). 2009.

式的指导。

项目收尾流程：代表项目的结束，进行项目收尾、可交付成果的移交、经验教训的总结、资源的解散等活动。

PRINCE 2流程如表1所示。

表1　PRINCE 2流程

流程	目的	主责导向（R）
项目准备	• 通过回答"是否有一个可交付的、值得做的项目"来确保项目启动的先决条件已经具备 • 防止不合理项目启动，批准可行的项目启动	公司或项目群管理层 项目主管 项目经理
项目指导	• 使项目管理委员会能够对项目的成功负责（由项目管理委员会做出关键决策，并进行总体控制，而把项目的日常管理委托给项目经理）	项目管理委员会
项目启动	• 为项目建立坚实的基础，使组织在承诺大笔投入前，能够了解为了交付产品需要完成的工作	项目经理
阶段控制	• 分配需要完成的工作，监督这些工作，处理问题，向项目管理委员会报告进展，以及采取纠正性行动来确保该阶段仍保持在容许偏差范围内	项目经理
产品交付管理	• 通过提出有关接受、执行和交付项目工作的正式要求，控制项目经理与小组经理之间的联系	小组经理
阶段边界管理	• 项目经理向项目管理委员会提供充分的信息，使之能够评审当前阶段的成果，批准下一个阶段计划，评审更新项目计划，以及确认持续业务验证和风险的可接受性	项目经理
项目收尾	• 提供一个固定点来确认对项目产品的验收，认可项目启动文件中最初设立的目标已经实现（或实现已批准的变更目标），或者项目不再有更多的贡献	项目经理

2. PRINCE 2流程描述

PRINCE 2的每个流程都采用统一的结构和格式进行描述，包括流程目的、目标、环境、活动和裁剪指南（详见：PRINCE 2受控环境下的项目管理）。

目的，描述该流程的理由。

目标，描述流程所要实现的具体目标。

环境，描述每个流程与其他流程和活动互相联系的环境，这些其他流程和活动存在于本项目、公司、项目群管理或客户方之中。

活动，PRINCE 2流程由一组活动组成，活动由为了获得特定结果而设计的一组推荐行动/行动建议构成，这些活动按顺序或并行运行。每个活动都对应输入和输出，包括在活动中创建或更新的产品及文档。

剪裁指南，PRINCE 2要求项目管理流程尽量简单并反映项目需求。PRINCE 2的裁剪指南描述对流程剪裁的方法，以使流程更灵活地适用于不同情境的项目，包括对角色、产品、主题（通过管理方法、步骤和控制实施）以及术语的剪裁。

PRINCE 2的各条流程，参考RACI模型对流程各个活动中的责任导向进行了明确界定。PRINCE 2流程职责如表2所示。

表2 PRINCE 2流程职责

流程	活动	产品	行动	公司/项目群管理层	项目主管	高级用户	高级供应商	项目经理	小组经理	项目保证	项目支持	可用的产品描述
项目准备流程	任命项目主管和项目经理	项目任务书	提供	P								
		项目主管角色概述	创建	P								
		项目主管	确定	P								
		项目经理角色概述	创建	A	P							
		项目经理	确定	A	P							
		日志	创建					P				
	捕获以前经验教训	经验教训记录单	创建		R			P				
	设计和任命项目管理团队	日志	更新					P				
		项目管理团队角色描述	创新		A			P				
		项目管理团队结构	创建		A			P				
		任命项目管理团队	确定	A	P							
	准备概要商业论证	概要商业论证	准备	A	P	R	R	R		R		
		项目产品描述	创建		(A)	(A)	(A)	P		R		
		日志	更新					P				
	选择项目方法和汇总项目概述文件	项目方法	创建/选择		(A)	(R)	(R)	P		R		
		其他角色描述	创建		(A)	(R)	(R)	P		R		
		项目概述文件	汇总		(A)	(R)	(R)	P		R		
		日志	更新					P				

续表

流程	活动	产品	行动	公司/项目群管理层	项目主管	高级用户	高级供应商	项目经理	小组经理	项目保证	项目支持	可用的产品描述
计划启动阶段		阶段计划	创建		(A)	(A)	(A)	P		R		
		日志	更新					P				

生产者（P）——负责生产项目产品；评审者（R）——独立于生产；批准人（A）——确认批复

3. PRINCE 2流程管理周期与阶段划分

PRINCE 2流程有三个项目周期：项目前期、项目生命周期和项目后期，PRINCE 2流程主要覆盖前两个周期。

项目前期，在开始项目所有活动之前，主要用来验证项目是值得做的和可交付的，需要项目管理委员会形成关键决策，决定是否启动项目。

项目的生命周期分为三个管理阶段：启动阶段、后续阶段和最终阶段，在本周期中完成项目的计划、实施、控制及交付。PRINCE 2的七个流程中有六个流程穿插于此周期的不同管理层次中。

项目后期主要为项目后期的收益评审，用于评估公司、项目群管理层或客户方所定义的收益是否实现。通常，项目后期收益的评审包含在项目群收益管理的活动中。

4. PRINCE 2流程与组织

PRINCE 2项目管理结构分四层，项目组织构建了"项目"人的体系。其中项目管理团队分为指导层、管理层和交付层三层，另有一层为项目之外（见图1）。

（1）公司、项目群管理层或客户方

负责正式批准项目，包括确定项目总监，定义项目层次的容许偏差，项目管理委员会在此容许偏差范围内工作。

（2）指导层

在公司或项目群管理层设定的限制范围内，项目管理委员会负责项目整体的指导和管理。包括批准主要计划和资源，授权超过容许偏差的偏差，批准阶段的结束，授权下一管理阶段的开始，以及与其他利益相关方的沟通。

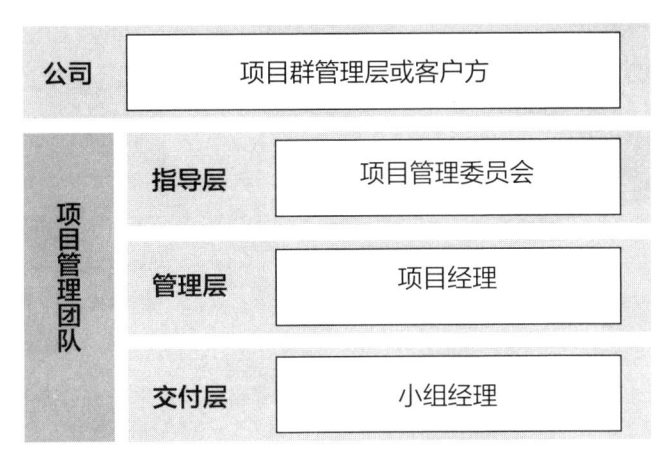

公司	项目群管理层或客户方
项目管理团队 - 指导层	项目管理委员会
项目管理团队 - 管理层	项目经理
项目管理团队 - 交付层	小组经理

图1 PRINCE 2项目管理结构四层次

（3）管理层

在项目管理委员会设定的限制范围内，项目经理负责项目日常管理，包括根据时间、成本、质量、范围、风险与收益绩效目标确保项目生产所要求的产品。

（4）交付层

小组成员负责在特定时间和成本范围之内交付达到适当质量要求的项目产品及其组件。根据项目的规模与复杂性，编制产品生产计划、管理专家团队的职权和职责，可以委托给向项目经理汇报的小组经理。

PRINCE 2流程要求与公司、项目群管理层或客户方、项目指导、项目管理和交付层的管理层次保持一致。PRINCE 2流程按照项目管理结构四层次明确各层在流程中的职责，同时明晰流程间的触发关系。

PRINCE 2流程模型如图2所示。

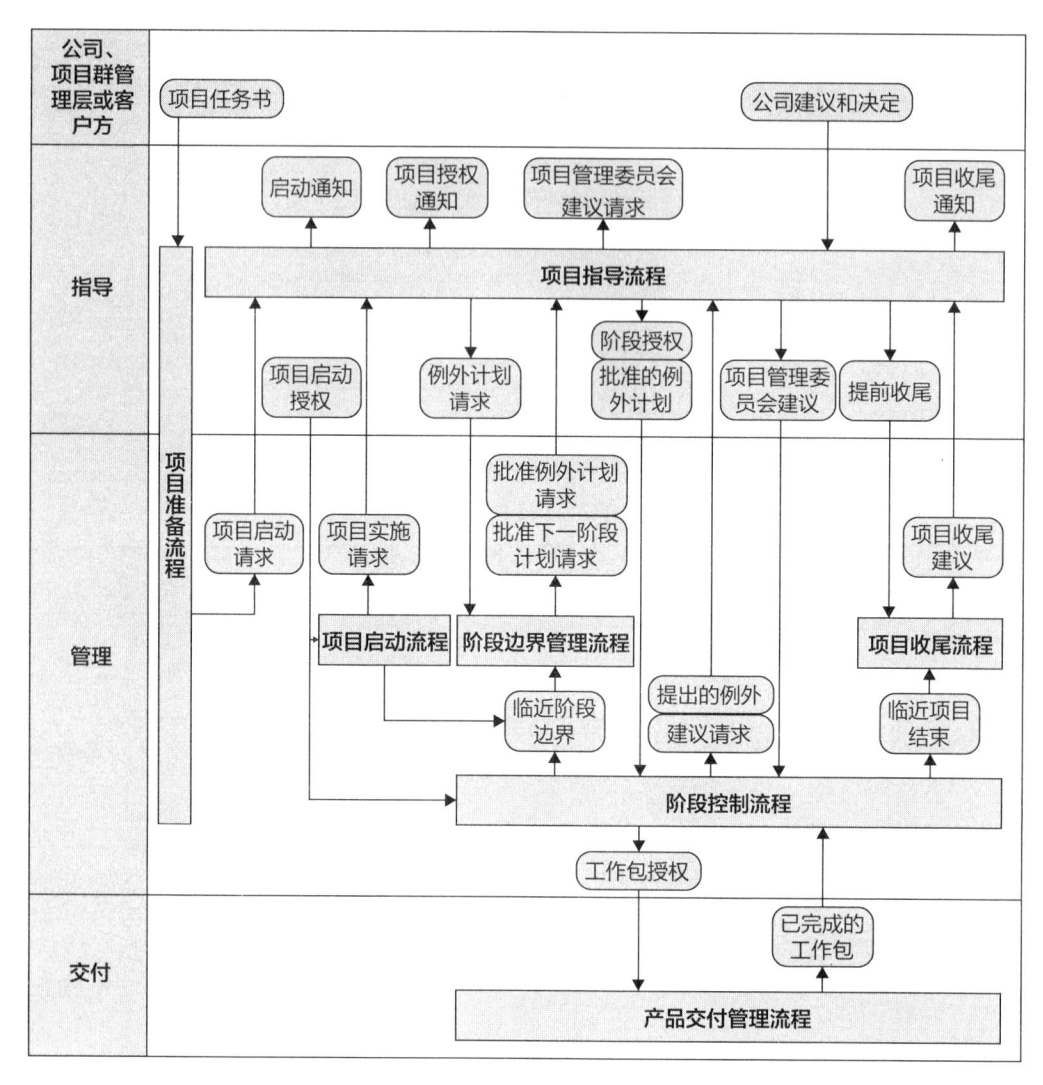

▼ "管"用模型：超实用50+管理模型与实践

图2　PRINCE 2流程模型

44 RACI责任矩阵

1. RACI责任矩阵定义

组织中我们有时可能遇到这样一个问题：当有一项任务需要完成时，"每个人"都被要求完成，"每个人"确信"某个人"肯定会去干，"任何人"都能去做，但是"没有人"会去做。面对这种情况，我们需要厘清几个问题：到底谁来负责这项工作？负责人到底做了什么？为什么没有人去做？自己到底应该做什么？为什么某个人最后承担了所有工作？

这时，RACI就应运而生了。

RACI[1]是责任分配矩阵的一种常见模型，用于定义某一项活动参与人员的角色和责任及其他必要资源的有效分工。RACI使用执行、负责、咨询和知情等词语来定义相关方在项目活动中的参与状态，显示与项目活动、决策和可交付物有关的干系人。

RACI责任矩阵（又称RASCI）定义了活动参与人员的角色和责任分配，解决"谁负什么责任""由谁去做什么"等问题。

R（Responsible）即"谁负责"，负责执行、操控任务的角色，具体负责为项目、任务解决具体问题，可以理解为"干事儿的"。

A（Accountable）即"谁批准"，对任务负全责的管理者，只有经其同意或签署之后，任务才能得以进行，可以理解为"管事儿的"。

S（Supportive）即"谁支持"，辅助任务执行的人员，可以理解为"从旁协

---

[1] Project Management Institute. 项目管理知识体系指南（PMBOK® guide）（第6版）. 2017.

助的"。

C（Consulted）即"咨询谁"，在任务实施前期或中期，提供指导或指定性意见，可以理解为"帮忙琢磨事儿的"。

I（Informed）即"通知谁"，被及时通知项目、任务信息或结果的人员，不必向其咨询、征求意见，可以理解为"听信儿的"。

RACI责任矩阵如图1所示。

```
        ┌─ Responsible  谁负责：负责执行任务的角色
        │
        ├─ Accountable  谁批准：对任务负全责
        │
RACI ───┼─ Supportive   谁支持：辅助执行的人员
        │
        ├─ Consulted    咨询谁：对项目给予指导
        │
        └─ Informed     通知谁：项目、任务信息的知情者
```

图1　RACI责任矩阵

2. RACI责任矩阵的使用方法

（1）RACI责任矩阵的使用原则

1）RACI责任矩阵的首要原则是集体决定

RACI需要由相关部门及人员共同参与设计责任分配，要共同完成而不是仅由少数几个人或部门拍板决策。只有通过组织或团队集体决定、认可的RACI责任分配，才能实现跨部门的任务流转及协作。RACI责任分配的过程是一个确定责任分工、活动产出的承诺约定的过程，也是形成部门合力、提高业务流程效率的过程。

2）RACI责任人具有唯一性，每个任务活动有且只有一个"A"角色

在复杂任务中，承担责任的"A"是唯一的，是该任务的活动有对应管理和负责的唯一人选，不至于因分工模糊产生推诿。负责人A可以兼任执行人R。工作的复杂性可以允许多人参与执行，即执行人R、协调配合者C和了解进展者I都可以存在多个；但执行人R不能兼任了解进展者I的角色，否则难以保证评价的客观性；执行人R不能兼任协调配合者C的角色，以保证建议的独立性和客观性。

3）RACI需要合理分配职责。

通过RACI责任矩阵进行任务分配，每个部门或个人都清楚各自在工作中扮演的角色及应该履行的工作职责，可以避免冲突。管理者和领导者可以通过RACI责任矩阵快速知道找谁了解任务进程，定位问题的原因和负责人，甚至了解资源分配的均衡性和工作分派的饱和程度。

（2）RACI权责分配步骤

RACI责任矩阵模型通常利用RACI矩阵表的形式来确认流程和组织中的职责分工，显示分配给各个任务及流程活动的资源，用于说明工作任务或活动与角色之间的关系。RACI矩阵表的使用遵循如下步骤。

第一步，辨识整个流程/任务的各项活动，记录在RACI表的左侧。

第二步，辨识流程、活动中的所有角色，记录在RACI表的上方。

第三步，辨识每个流程、活动的角色（R、A、C、I），完成RACI表的方格单元。

第四步，确认每个流程有且只有一个角色"A"。当一个流程找不到"A"角色时，则出现缺口；当一个流程有多个角色"A"时，则出现交叠。

解决缺口问题：如果某个流程找不到角色"A"，由对流程负全责的权威人士在现有角色中（或者发现新人选）挑选、任命一人担任"A"。

解决交叠问题：如果不止一个"R"存在，需要对该流程进行再分解，然后对"R"进行分配。

RACI责任矩阵表如表1所示。

表1 RACI责任矩阵表

流程/任务/活动	组织/岗位/角色1	组织/岗位/角色2	组织/岗位/角色3	组织/岗位/角色4
流程1	A	R	I	I
流程2	I	A	R	C
流程3	I	A	R	R
流程4	A	C	I	I
……				

（3）RACI结果验证

基于RACI分配结果，可分别从角色和流程/任务/活动的横、纵两个维度，验证职责分配的情况并得到如下启示。

1）检验角色的工作强度。

同一部门/岗位所代表的RACI角色在流程（任务）中出现次数的统计结果，可反映此角色担任的任务是否过多。当同一负责人（R）出现次数较多时，需要考虑：是否存在控制过盛？任务执行中是否有必要配备这么多的负责人？这些负责人的预期任务与C或I是否存在交集？每个负责人是否都认同自己在RACI管理模式中分配到的角色定位？组织是否了解其对管理模式的认同程度？

2）检验管理效率

同一部门/岗位所代表的角色在流程（任务）中出现次数的统计结果，可在一定程度上反映管理效率。尤其是当协调配合者C出现次数较多时，会严重拖慢项目或流程的执行进程，并导致成本过高。这时需要考虑：是否真的需要这么多协调配合者C？是否把协调配合者C的职能无意中放大了？是否有过多的了解进度者I，让无关的人得到无关的信息，也造成了浪费和低效？

3）检验责任落实归属

同一流程中不同角色出现次数的统计结果，反映每项任务是否有人主责，以确保问题出现时，能够找到了解情况的入口。尤其责任人A过多，会令效率变得低下、缓慢；责任人A的缺乏又会导致"群龙无首"局面的出现。这时需了解：是否有太多A，让大家感到决策权混乱？是否A的授权足够，能让A拥有设定工作如何进行和解决分歧的对等权利？

RACI结果检验和回顾，可以协助管理者进行组织调整或流程体系设计，改善贡献率较低、功能重叠、任务过重的部门或岗位。

3. RACI责任矩阵的应用场景

RACI责任矩阵是专项管理或组织变革时常用的工具，也是提高团队执行力的工具；既可以用来分析设计，也可用于诊断回顾。RACI责任矩阵可以解决权责不明确、沟通不顺畅、工作量负荷不均衡、组织人员变动、日常与专项工作冲突等情况下的责任分工及资源配置问题。所以，RACI责任矩阵常用于组织调整、项目管理、流程设计等组织管理过程中角色及其相关责任的划分。

在组织变革中，均衡组织职能和资源、权限分配。RACI责任矩阵可以显示出各部门、各环节、各岗位的任务承担数量和人员、资源的配置情况。在跨部门的协作机制中，可以平衡资源分配、促进协调、增加组织柔性。基于RACI责任矩阵的职责划分，不同层级的组织和部门能够对各自的边界、角色责任及流程逻辑有最直观的理解。

在项目管理中，界定项目组织结构的角色分工及项目职责。基于RACI责任矩阵，明确团队每个人的分工和相互联系，使项目管理组织、项目团队及项目相关方（干系人）在共有的项目目标下各司其职、按需参与。如汇报、征求意见、指导执行、执行、审核审批等关系都通过RACI的分配体现出来，促进项目各方相互间的有效沟通，最终达成项目成果的交付和利益的实现。

在流程体系设计中，落实价值流程的岗位职责。利用RACI聚焦流程和人的对应关系，拉通部门间的协作共识。根据工作实际与管理要求，在流程关键活动中，确保任何一项活动都只有一人负责，对跨部门的流程输出达成共识，避免职责不清，造成日后推诿、扯皮和资源浪费。

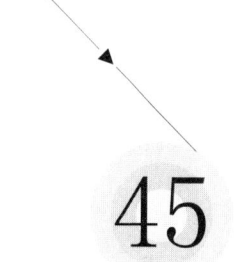

45 CMMI能力成熟度模型

1. CMMI的起源与发展

CMMI全称为Capability Maturity Model Integration，即能力成熟度模型集成，由美国卡内基梅隆大学的软件工程研究所（SEI）提出。SEI在CMMI之前还开发了系统工程、软件采购、人力资源管理以及集成产品和过程开发方面的多个能力成熟度模型。

CMMI是一个针对产品开发的过程改进的成熟度模型，它包含开发与维护活动的工业应用，涵盖产品从概念到交付、维护的整个生命周期。CMMI最初作为最佳实践工具，指导软件企业改进质量过程，建立一个演进的、具有动态尺度的标准，驱使软件开发组织不断改进和完善，使软件开发管理走向成熟、规范的开发过程。在软件企业内获得巨大成功后，逐渐延伸应用到其他领域。CMMI可用于软件能力评估或项目能力成熟度评估，适用于所有过程，某个过程达到通用目标，即意味着该过程的实施是有效的、可重复的和持久的，并且实现了某种程度的制度化。

CMMI认为人、技术和过程是影响产品质量和组织生产率的三个关键要素，这也是CMMI的核心理念（见图1）。

2. CMMI的两种实施方法

CMMI有两种不同的实施方法，分别是连续式和阶段式。不同的实施方法，其成熟度级别对应不同的内容。

供应链管理和项目管理篇

```
          人
          People
            ●
           / \
          /   \
         /     \
        / 质量和生产率 \
       / Quality &    \
      /  Productivity  \
     /                  \
    ●────────────────────●
   过程                  技术
   Process             Technology
```

图1　CMMI的核心理念

（1）连续式

CMMI通过业界的最佳实践，分析梳理出22个对项目开发成功起重要作用的实践领域（过程域）。这22个过程域按相关性分为过程管理、项目管理、工程、支撑四个领域，为组织在不同领域的改进提供指导（见图2）。

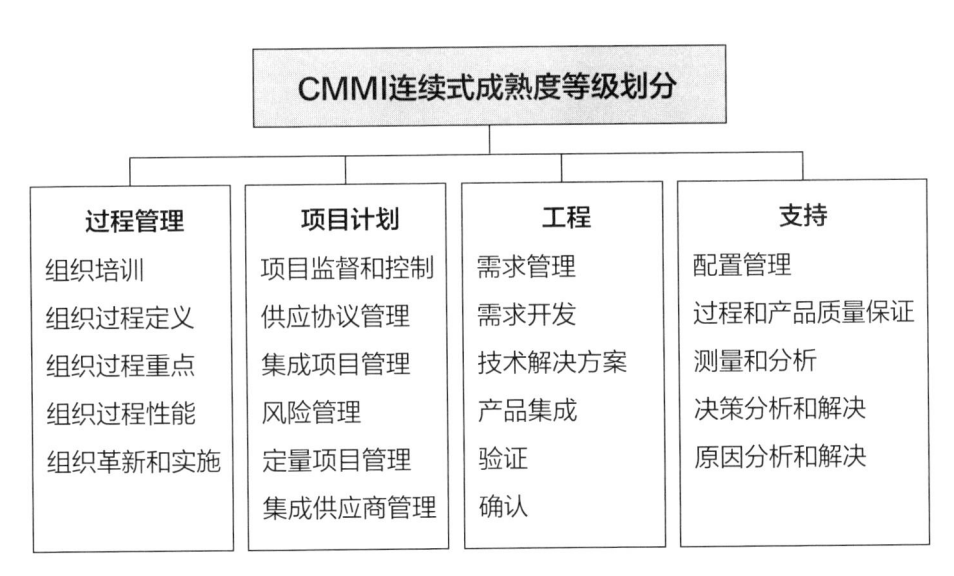

CMMI连续式成熟度等级划分

过程管理	项目计划	工程	支持
组织培训	项目监督和控制	需求管理	配置管理
组织过程定义	供应协议管理	需求开发	过程和产品质量保证
组织过程重点	集成项目管理	技术解决方案	测量和分析
组织过程性能	风险管理	产品集成	决策分析和解决
组织革新和实施	定量项目管理	验证	原因分析和解决
	集成供应商管理	确认	

图2　CMMI连续式成熟度等级划分

连续式关注单一过程的绩效，支持单个过程域的改进，它允许组织将不同的过程域改进至不同的能力等级。组织可以根据自身的情况，选择某个特定的过程域进

235

行实施，以提升和改进组织在某一特定领域的能力（能力等级）。连续式适用于知道组织中需要改进哪些过程域并掌握过程域间的依赖性的管理场景。

在CMMI评估中，连续式主要衡量企业的项目能力，表明企业在该项目或类似项目的实施能力上达到了某一等级。

（2）阶段式

CMMI在对不同项目的实践分析中发现，阶段式中四个领域的实践组合和次序会带来不同的成功结果。把实践过程固化下来，形成组织的标准开发过程，就是组织成熟的表现。由此，CMMI将过程能力划分为五个成熟度等级，分别是初始级、管理级、定义级、量化管理级、持续优化级（见图3）。CMMI模型认为具有不同成熟度的研发组织具有不同的过程能力，拥有不同的研发和管理能力，即项目能够成功的能力。高成熟度等级表示企业有比较强的综合开发能力，组织的管理透明度也高。

等级	过程域
持续优化级	组织革新和部署；原因分析和决定
量化管理级	组织过程性能；定量项目管理
定义级	需求开发；技术解决；产品集成；验证；确认；组织过程聚焦；组织过程定义；组织培训；集成项目管理；风险管理；决策分析和决定
管理级	需求管理；项目策划；项目监督和控制；供方协定管理；测量与分析；过程和产品质量保证
初始级	

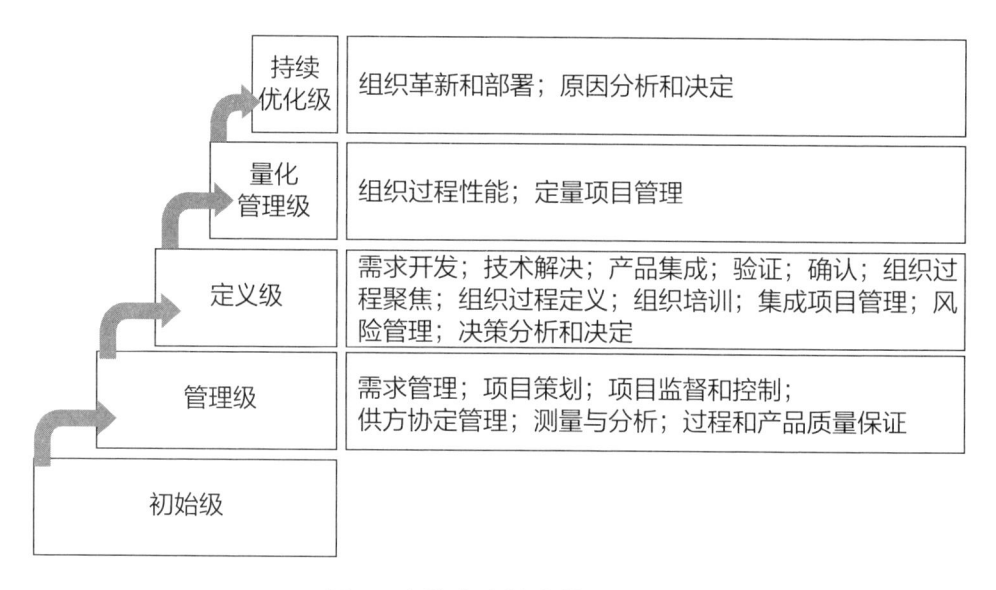

图3 阶段式成熟度等级划分

CMMI一级，即初始级。过程不可预测且没有得到控制，不能对发生的事件做出反应。企业清楚项目目标且通过努力能够实现目标，但任务的完成带有偶然性，企业也无法保证在实施同类项目的时候仍然能够完成任务。此级别项目实施的成功对实施人员有很大的依赖性。CMMI对此级别不进行评价。

CMMI二级，即管理级。过程主要是项目管理的过程，且能够对发生的事件做出反应。在项目实施上企业能够遵守既定的计划与流程，有资源准备，权责到人，对相关的项目实施人员有相应的培训，对整个流程有监测与控制，能体现企业对项目的一系列管理程序。这一系列的管理手段排除了企业在一级时完成任务的随机性，保证企业的项目实施能完成。CMMI对此级别评价的七个过程域是需求管理、项目策划、项目监督和控制、供方协定管理、测量与分析、过程和产品质量保证。

CMMI三级，即定义级。过程提升到组织层面，且能够主动对发生的事件做出反应。企业不仅能够对项目的实施有一整套的管理措施并保障项目的完成，而且能够根据自身的特殊情况以及自己的标准流程，将管理体系与流程制度化。企业不仅能够在同类项目上成功实施，在不同类的项目上也能够成功实施。科学管理成为企业的一种文化和组织的财富。CMMI对此级别除上一级七个过程域外，还需评价的11个过程域是需求开发、技术解决、产品集成、验证、确认、组织过程聚焦、组织过程定义、组织培训、集成项目管理、风险管理、决策分析和决定。

CMMI四级，即量化管理级。过程得到度量并控制，过程执行的好坏有详细的度量指标，进行量化打分，为过程改进提供依据。企业的项目管理已形成制度，并实现了项目管理的数字化，对管理流程要量化与数字化。通过量化技术来实现流程的稳定性，实现管理的精度，降低项目实施在质量上的波动。CMMI对此级别除上一级18个过程域外，还评价组织过程性能、定量项目管理两个过程域。

CMMI五级，即持续优化级。更关注于量化的持续过程改进，组织可以进行过程创新，裁剪过程、优化过程，企业的项目管理达到了最高境界。企业能够通过信息手段与数字化手段实现对项目的管理，并利用信息资料对项目实施过程中可能出现的次品予以预防。能够主动改善流程，运用新技术，实现流程的优化。CMMI对此级别除上一级20个过程域外，还评价两个过程域：组织革新和实施；原因分析和解决。

阶段式关注多个过程的绩效，将过程域以成熟度等级划分，并对过程改进做推测工作，使组织达到一个成熟度等级，并作为下一成熟度等级的基础。阶段式适用于不确定从哪个过程域进行改进的管理场景。

在CMMI评估中，阶段式主要衡量企业的成熟度，即企业在项目实施上的综合实力。

3. 实施CMMI的意义

CMMI通过提供一种单一的"语言"，使多学科能够集成。企业关注一个统一的过程改进目标并进行共同改进。

CMMI能力成熟度模型，既不是标准，也不是流程。其将过程分解成诸多小的活动，并区分哪些是基本活动，哪些活动应该先完成（2—3级），哪些活动需要改进（4—5级）；并且在过程改进中帮助项目与组织业务目标保持一致。CMMI并不告诉企业具体要怎么做，而是提供一个集成框架，致力于解决全系统的问题。依据这个框架，形成一条可预期的改进线路图。

CMMI能力成熟度模型是改进组织的过程，开发高质量的产品或服务，面对满足客户需求。复杂产品的开发，正是通过不断的调整和改进，企业才能实现提高组织的生产率和产品质量的目标。

CMMI等级评估是业界公认的一种标准，CMMI能力成熟度模型适合企业操作，弥补了某些管理体系只重理论而忽视实践的缺陷。CMMI的证书标志了该企业或组织的能力等级，该证书在国内外大型项目中有一定的竞标优势。但在我国，企业引入CMMI咨询和认证对企业管理提升的效果，尚存在使用方式和实用价值上的争议。

46 IPMA卓越项目基准模型

1. IPMA卓越项目基准模型简介

IPMA卓越项目基准模型（卓越项目模型）[1]是IPMA（国际项目管理协会）用于评选IPMA国际项目管理大奖的评估模型，其中包括三大项目管理标准模型（PEC卓越项目基准、OPM3国际项目管理成熟度模型和ICB/NCB国际项目管理能力模型）。

IPMA卓越项目基准模型是在EFQM模型基础上设计推出的。EFQM模型针对组织机构的管理优化问题，提供了一个用于自我业务评价和改进的工具，帮助组织机构有效提升竞争力。在EFQM基础上，IPMA开发了IPMA卓越项目基准模型，主要用于评估项目管理现状，提升项目和计划管理的卓越性，并指导组织机构提高项目卓越管理的能力。

IPMA卓越项目基准模型是一种标准，建立在年度IPMA国际卓越项目大奖的多年卓越评价实践经验基础之上，进一步总结凝练全球项目管理最佳实践，使其可以应用于不同行业和区域的项目评价。

卓越项目管理四要素包括：目标——提高项目的卓越水平，可持续提高利益相关方的满意度；愿景——推进和发展项目的领导能力以应对更为复杂的情况；核心竞争力——人才资源的核心能力和独特价值；价值——价值观是灯塔，是每项工作和活动的核心。

IPMA卓越项目基准模型为项目或项目集的评价提供指南。它是为各种目的设计的一种适应性、开放性的评价方法，可用于：推动项目中的持续改进；定期监控

---

[1] 国际项目管理协会.IPMA卓越项目基准：项目与项目集中的卓越实现［M］.1版.2018

"管"用模型：超实用50+管理模型与实践

在不同层面（目标、客户、员工、相关方、环境）的可持续交付成果的项目能力；项目管理方法的评价与持续改进；基于IPMA评价，认可证实为卓越的项目；认可致力于卓越的项目；认可卓越的领导和管理绩效；项目审核工具的补充；项目管理成熟度评价工具的补充。

IPMA卓越项目基准模型如图1所示。

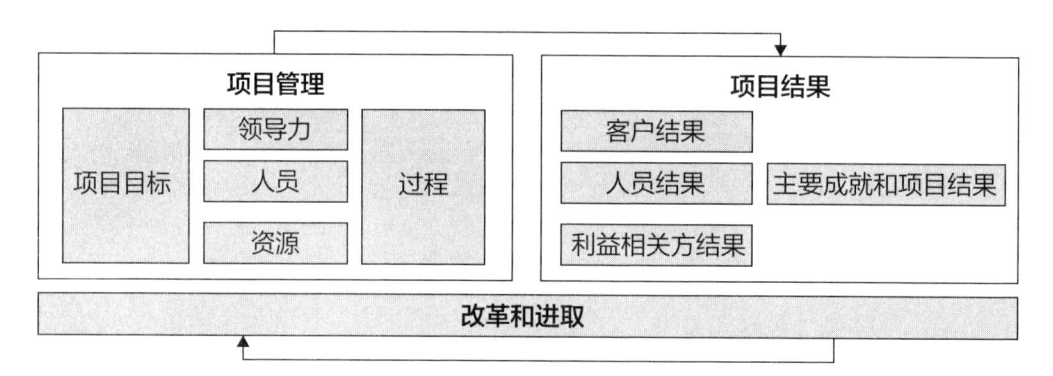

图1　IPMA卓越项目基准模型

2. IPMA卓越项目基准模型构成

IPMA卓越项目基准模型应用于大型复杂项目的评价，不断结合具体实践进行修订和完善。目前IPMA卓越项目基准模型由人员与目的、流程与资源、项目成果三大部分组成（见图2）。

图2　IPMA卓越项目基准模型的构成

240

（1）人员与目的

人员与目的，包括领导力、价值观、相关方分析、项目目标体系的设计与实现、战略的设计与实现，以及合作与交流等。

人员与目的是优秀项目的基础，项目应由优秀的领导者正确引导和支持，合适的人员为卓越领导者所领导和支持、倾力分享成功的共同愿景，推进和帮助项目达到项目标准甚至超过项目预期。项目的卓越始于领导者（也包括赞助者），他们遵循正确的价值观并且能够有效执行。领导者需要组织关键的利益相关者参与项目目标和战略的制定，组建高效的团队并与正确的合作伙伴和供应商合作，以实现项目的成功。

人员与目的领域，包括三个标准：领导力和价值观，目标和战略，项目团队、合作伙伴和供应商。

（2）流程与资源

流程与资源，包括项目过程与资源的管理、关键过程与资源的管理等，关注对项目成功做出贡献的过程管理，以及实现这些过程所需的资源。

流程与资源领域，代表了通过有效、可持续使用合适的流程与充足的资源来改善卓越的必要实践。它也是筑起未来改进浪潮的坚实起点和保障创新成果的基础。有效、持续地使用流程与资源的管理方法，加强项目的卓越表现，是确保实现卓越成果的基础，也是实施改进的前提条件。

IPMA卓越项目基准模型考虑资源的原因是识别项目成功所需的其他流程与资源，使项目能适应企业、法律、环境等外部因素。项目团队应该仔细选择、调整、发掘和整合各种资源，以便于项目目标的高效实现。

流程与资源领域包括两个标准：项目管理流程与资源、其他关键流程和资源的管理。

（3）项目成果

项目成果，包括客户/团队/相关方的满意度指标及实现情况、目标体系实现结果、超越目标的结果、对环境的影响和项目绩效评价等。

仅当项目管理方式给所有核心相关方带来突出的、可持续的成果时，项目才能成为卓越项目。该领域以项目相关方所定义的卓越成果的必要证据补充了前两个领域。

项目成果的领域由收集客户、团队和其他利益相关者对项目的看法组成，以他们的满意程度作为指标。此外，还涵盖了其他可以衡量项目成果达到卓越水平的指标，如环境、文化，以及政治影响等。

权衡所有相关方的预期、需求以及优秀的管理流程，为所有关键相关方贡献可持续的、显著成果。只有当成果具有可持续性时，才能将项目定义为卓越。因此，全方位地评估项目是否卓越需要在项目结束时推断所有利益相关者的满意度以及成功的水平。

项目成果领域包括四个标准：客户满意度、项目团队满意度、相关方满意度、项目成果。

IPMA卓越项目基准模型，是一个全面推动项目团队理解实现成果并识别和发挥其优势和改进潜力的过程。

3. IPMA卓越项目基准模型的应用

除了用于IPMA国际项目管理大奖的评估，IPMA卓越项目基准模型中卓越的项目和组织管理的管理方法和理念，也是管理能力的重要体现，卓越的能力可使项目取得成功并实现卓越项目管理。另外，运用IPMA卓越项目基准模型，可提高项目绩效，可实现项目的不断改进。

在卓越项目管理实践中，IPMA卓越项目基准模型作为一种被广为应用的模型，由不同的标准组成，从20个不同的角度，涵盖了各个方面，包含人员、目的、过程、资源和结果。成功的卓越项目管理是在高效的领导下，在正确战略的指引下，资源的合理管控下，实现组织、利益相关方、成员及绩效等方面的成功。

（1）推动项目中的持续改进

IPMA卓越项目基准模型能够推动持续改进，是因为它可以帮助项目团队识别改进方向、保持与项目目标的一致性、获得改进部署并将其整合到战略中的技能和资源，持续推行PDCA闭环管理原则。

卓越项目准备是对关键成功因素的自我评估和反思，指导项目经理开展工作。卓越项目评估是评估一个正在进行的项目，识别和指出最契合的领域，并实施改进计划。卓越项目准备和评估相结合，可以为项目提供保障，使之运转高效、收益更高、效果更好、发挥优势，并能确定需要改进之处。

（2）改善领导力和提高项目绩效

卓越管理是一个开放的理念，可以运用到任何项目。IPMA卓越项目基准模型为管理层面提供了一个指导方针——哪些因素需要被考虑和追踪，为整个项目生命周期的强化和卓越奠定了基础。作为项目审核工具的补充，IPMA卓越项目基准模型提供了一个确保合理规划项目审核活动的框架，以及影响项目成功能力的所有关键领域。

IPMA卓越项目基准模型包含对个人能力评价的模型（IPMA ICB®），这是一个完整且广泛应用的评价模型，包括人员、实践和视野三个层次。可用于个人能力评价的认证和职业发展的规划。IPMA卓越项目评价的结果，提供了领导者在IPMA个人能力基准（IPMA ICB®）中个人能力三大领域中的真实情况。

（3）实现项目管理方法的持续改进

成功的项目配有健全的项目管理方法。这些方法的主动应用、合理评价以及持续改进，是项目成功的必要组成部分。通过IPMA卓越项目基准模型的指标来检验所使用的项目管理方法，并评价项目中这些方法的应用水平，其评价结果可用于改善质量、知识、流程管理等，并以结构化的方式把握创新和积累经验教训，还推动组织建立项目知识资产。

47 质量屋

1. 质量屋的构成

质量屋是美国学者J.R. Hauser与D. Clausing于1988年提出的，全称是The House of Quality。质量屋是一种质量管理工具，它的图案是房子的样式，因而被形象地称为"质量屋"。质量屋是质量功能配置（QFD）的核心，是一种确定顾客需求和相应产品或服务性能之间联系的图示方法，也一直是产品开发中连接用户需求与产品属性的经典工具。质量屋由七部分构成（见图1）。

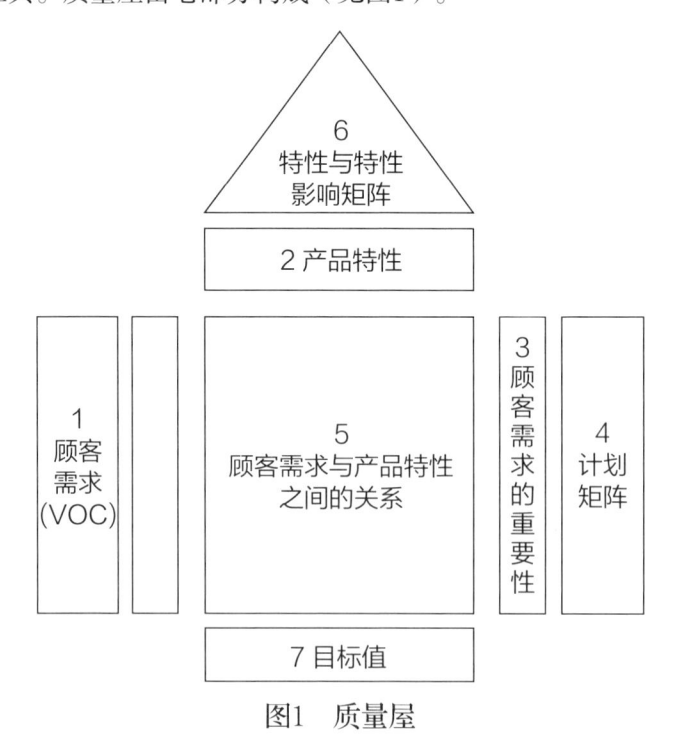

图1 质量屋

（1）顾客需求

顾客需求，即客户的声音（Voice of Customer，VOC），不同的产品有不同的顾客需求。收集顾客要求有一个相对独立的过程，在质量功能配置中只部署顾客要求而不收集顾客要求。

（2）产品特性

产品特性是用来满足顾客需求的手段，产品特性指标都是可量化的，必须用标准化的表述。产品特性也因产品不同而有差异，在质量功能配置中利用顾客需求来产生产品特性。

（3）顾客需求的重要性

顾客需求的重要性，知道顾客需求是什么，也要知道这些需求对顾客的重要程度。

（4）计划矩阵

计划矩阵包含对主要竞争对手产品的竞争性分析。计划矩阵包括三部分内容，分别是对现有产品所需的改进、改进后可能增加的销售量以及每个顾客需求的得分。

（5）顾客需求与产品特性之间的关系

顾客需求与产品特性之间的关系是质量屋矩阵的本体（中间部分），表示产品特性对各个顾客需求的贡献和影响程度。

（6）特性与特性之间的关系

特性与特性之间的关系是一个特性的改进往往导致另一个特性变坏。用特性关系图来辨别特性之间的影响，以获得折中方案。

（7）目标值

目标值是上述各部分对产品特性影响的结果。

质量屋是一个大型的矩阵，输入信息、分析评价得到输出信息，实现一种需求转换，通过定性和定量分析得到诊断结果从而解决实际质量问题。

2.质量屋建造八步法

质量功能配置的关键是建造一个质量屋，一般分为八个步骤。

(1) 确定顾客

解决"Who"的问题，产品从走向市场到终端消费者，这个过程中的制造商、经销商和购买者都是需要关注的顾客。区分消费者是形成客户需求输入的前提。

(2) 确定顾客需求

解决"What"的问题，了解顾客在各个方面对产品的需求，确定需求并量化需求。顾客需求来自多方面，诸如客户、制造商、监管部门、新技术等，可以通过、问卷调查、组织中心小组活动等方式获取需求，形成需求输入。

(3) 确定需求的相对重要性

针对多项需求，评价每种需求的重要性并排序。（见图2）

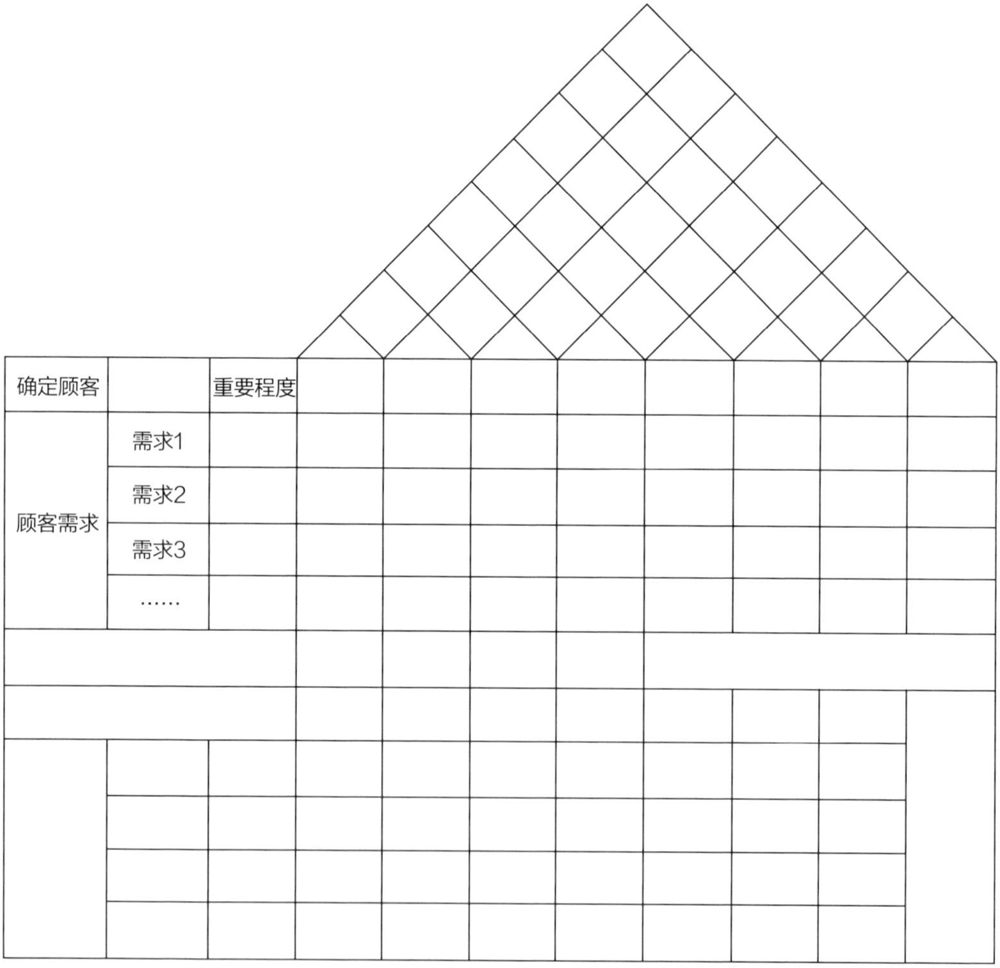

图2　质量屋建造八步法（1）

（4）分析产品竞争能力

针对产品进行竞争力分析，掌握市场上的竞争形势。对本公司产品及竞争对手现有的、可比性的产品或服务进行评价，确定顾客从竞争对手那里获得的需求满足程度，对比得出本企业已有产品与设计产品需要改进的方向。

（5）生产工作任务书

基于前四步对需求的评价和满足产品需求的分类评价，提出产品可量化的改进指标及改进方案。

（6）评估顾客需求的关系

工作任务书中的改进措施与顾客需求之间存在不同的关系。按需求关系的密切程度进行量化评估，为产品特性排序（见图3）。

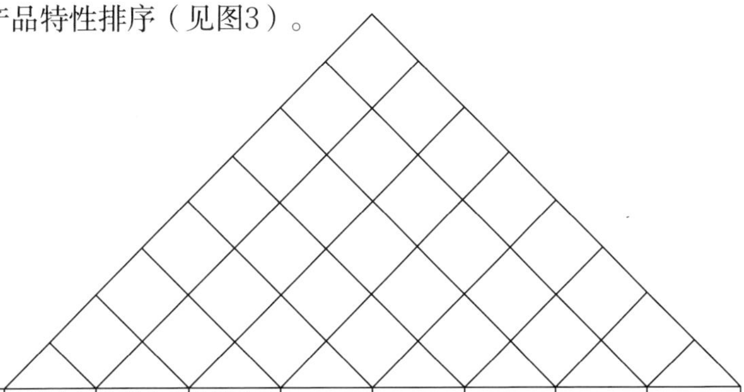

确定顾客		重要程度	改进方向1	改进方向2	改进方向3	……	已有产品	现有产品	国内对手	国外对手
顾客需求	需求1									
	需求2									
	需求3									
	……									
			改进方向1	改进方向2	改进方向3	……				
方案改进重要程度										

图3　质量屋建造八步法（2）

例如，用1、3、5、7、9表示相关度，其中：1代表关系微弱；3代表关系较弱；5代表关系一般；7代表关系密切；9代表关系非常密切（2、4、6、8介于不同关系之间）。

（7）设置工作目标

结合质量屋的所有信息为新设计决定适当的目标。确定每个改进方向的重要程度，即具体的工作目标值。评价产品改进后其功能是否满足顾客需求，以及需求满足程度（见图4）。

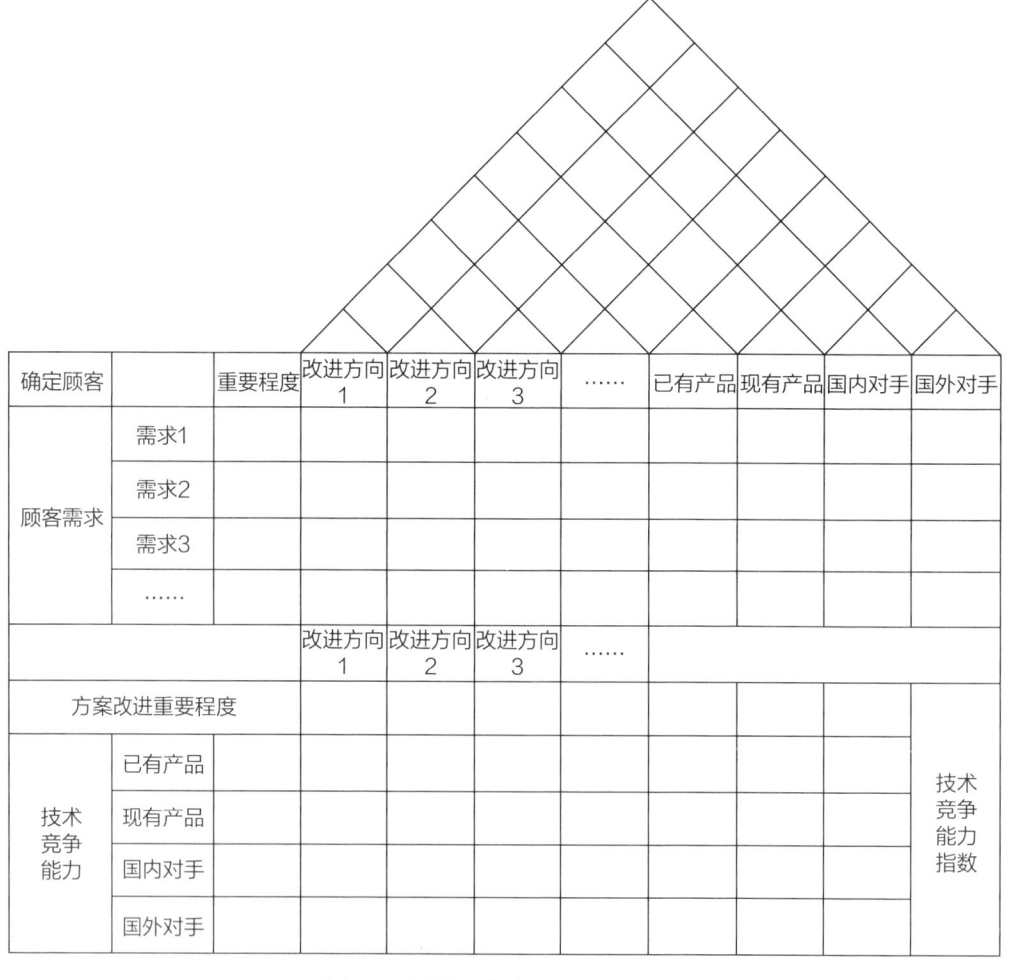

图4　质量屋建造八步法（3）

（8）确定工作需求之间的关系

解决"How"的问题。完成质量屋的屋顶，依据对各项指标做出的质量改进方案，评估产品各个改进方向之间的联系。房顶上的对角线表示三种相关关系，其中：#代表负面影响；×代表特别负面的影响；+代表正面影响；*代表特别正面的影响（见图5）。

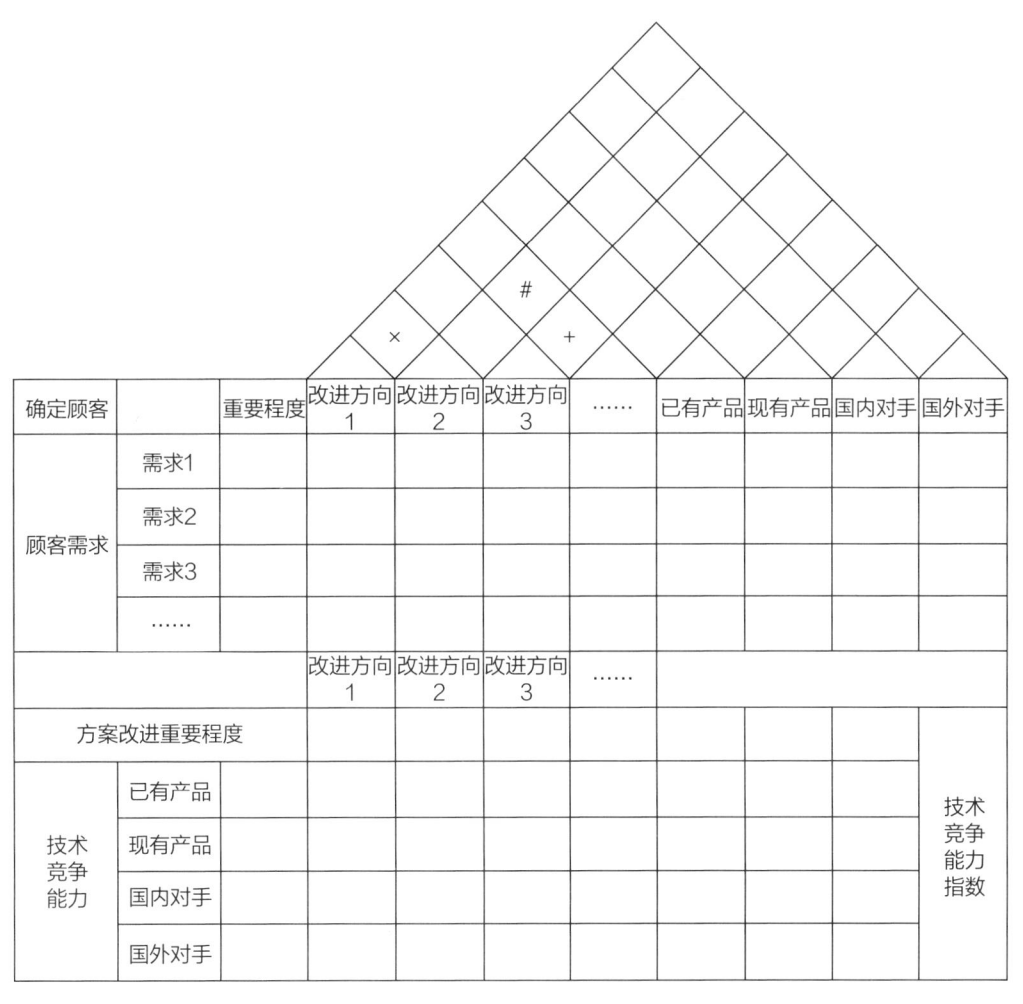

图5　质量屋建立八步法（4）

通过八个步骤，将顾客需求具体转化为产品或服务的技术规格，形成设计要求、工艺要求。使设计能够最大化地满足顾客的满意度，并对需求转化过程进行评价。质量屋评估表见表1。

表1 质量屋评估表

		产品特性			重要度	公司水平	公司规划	水平提高率	特性卖点	绝对权重Ⅰ
		产品特性1	产品特性2	产品特性3						
顾客需求	顾客需求1	主观评价关系度评分1—10			顾客需求主观评价重要度评分1—10	主观评价公司评分1—5	主观评价公司评分1—5	计算方式：公司水平/公司规划	主观评价评分2，1.5，1	计算公式：重要度×水平提高率×特性卖点
	顾客需求2	主观评价关系度评分1—10								
	顾客需求3	主观评价关系度评分1—10								
	顾客需求4	主观评价关系度评分1—10								
技术难度		主观评价难度系数评分1—10								
绝对权重Ⅱ		计算公式：求和（技术难度×需求与特性的关联）								
相对权重		计算公式：求和（绝对权重Ⅰ×绝对权重Ⅱ）								

3. 质量屋的适用场景

质量屋是产品开发中连接顾客需求与产品属性的经典工具。可应用于产品设计的多个阶段，包括产品规划阶段、零部件设计阶段、工艺规划阶段的需求变换，明确设计、规划、生产需求以及生产计划阶段的生产要求等场景。

在产品规划阶段，需要将顾客需求转化为与组织生产相关的语言，质量屋可以用来实现需求到产品特性、属性的转换。当设计新的产品或服务时，通过质量屋确定需求的重要性和设计属性，为新产品设计确定合适的目标值。当需求冲突需要权衡时，质量屋可以用来分析竞争表现，明确设计属性与产品、顾客需求间的关系，为调整产品属性、技术指标等提供评估方法和思路，以帮助改进产品设计，制订产品迭代计划。

思维工具篇

48 5W2H分析法

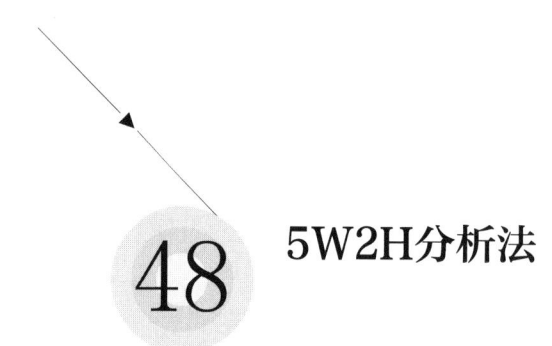

1. 5W2H的构成

5W2H分析法在第二次世界大战中由美国陆军兵器修理部首创，用五个W开头和两个H开头的英语单词进行提问，提供解决问题的思路，有助于弥补疏漏，后被广泛用于企业管理和技术活动。5W2H对于决策和执行性的活动措施非常有帮助，可用于企业管理和技术活动决策和个人行为决策的情况分析和梳理。

5W2H是一种高效的调查研究和思考问题的方法，提供了系统的提问技巧，用来发掘问题的真正根源，有助于形成清晰、有条理的解决问题的思路及关键决策。5W2H包含七个问题方向的引导，每个问题根据实际可以细化出多个相关问题（见图1）。

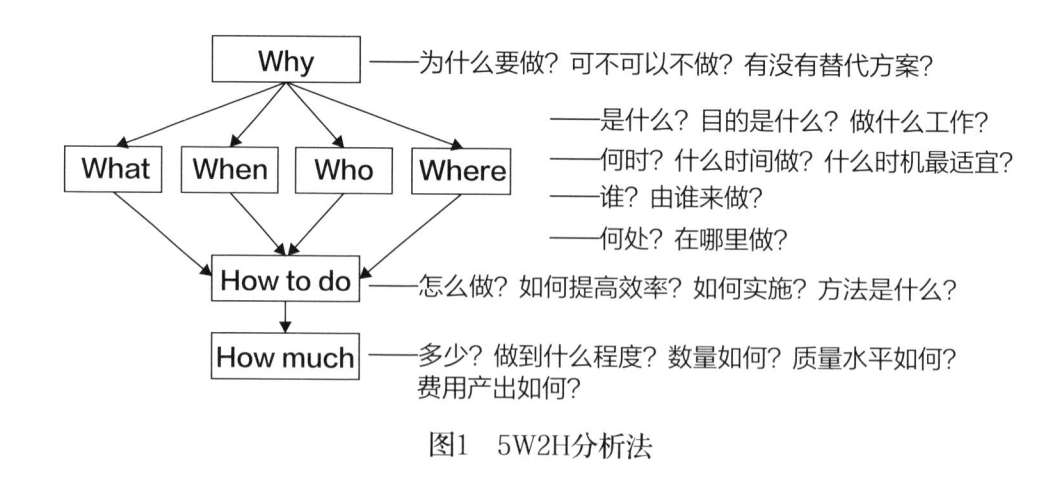

Why ——为什么要做？可不可以不做？有没有替代方案？
What ——是什么？目的是什么？做什么工作？
When ——何时？什么时间做？什么时机最适宜？
Who ——谁？由谁来做？
Where ——何处？在哪里做？
How to do ——怎么做？如何提高效率？如何实施？方法是什么？
How much ——多少？做到什么程度？数量如何？质量水平如何？费用产出如何？

图1 5W2H分析法

2. 5W2H的应用场景

5W2H分析法作为企业管理和技术活动决策最常用的分析方法之一,可应用于组织及个人工作中的各个方面,如任务安排的全面性检查、产品功能设计的完整性、诊断与改进的问题解决等诸多场景。

(1) 安排工作任务

上级给下级安排工作或布置任务,检查工作安排是否全面、细致,下级可以按照5W2H分析法的问题维度与上级核对和确认,确保信息传递完整,按照要求完成工作任务,少走弯路。

(2) 产品开发与创新

企业开发产品或增加产品新功能时,可按照5W2H分析法进行分析。针对要开发的新产品或新功能,在七个方面考虑产品的设计思路,每个方面的构思都将成为新产品或新功能开发方案中的重要内容。例如,更新某产品设计时,可如图2考虑。

What 何事?
更新哪些功能和配置?
哪些需要淘汰?
哪些保持不变?

When 何时?
什么时间开始做?
什么时间完成?
什么时间推广更新产品?

Who 何人?
谁组织更新?
谁承担开发?
谁承担需求测试?

Why 何故?
为什么需要更新?
不更新会怎样?

Where 何处?
从什么环节着手做?
从设计、生产还是材料?
产品用于什么环境?

How to do 怎么做?
如何计划?
产品更新如何实施?

How much 做多少?
更新达到什么水准?
如何衡量完成更新?

图2 5W2H分析法——产品更新问题示意

（3）管理诊断分析

5W2H分析法还可以用于各类管理体系内的问题诊断、分析和改进等场景。例如，在质量管理中，工厂车间生产的某个产品有质量问题，可以按照5W2H分析法去追踪质量问题发生的时间（When）、生产环节（Where）、当事人（Who）、质量现象（What）、原因（Why）、问题产生的经过（How to do）以及造成的损失（How much），快速分析、层层质疑，识别质量问题产生的根本原因，找到解决质量问题的方法。

（4）工作汇报

5W2H分析法作为系统思考的一种方法，可用于工作汇报。个人、部门向上级进行阶段性汇报、年度总结时，可按照5W2H分析法进行主要工作内容的梳理。

Why何故：为什么汇报这几件事项，这些工作要分别达到什么目的。

What何事：汇报哪些事项，分别是ABC……

Who何人：这些事项由谁参与，如何分工。

Where何地：工作事项在哪些地点开展。

When何时：工作事项何时开展、何时结束，或处于什么进程。

How to do怎么做：这些工作事项分别是如何安排、计划和实施的。

How much做多少：这些工作事项计划产出是什么，目前取得哪些成果/效益，预算是多少，工作的要求标准是什么。

3. 5W2H分析法的应用案例

5W2H分析法本身易于理解和掌握，难点在于要养成5W2H的思考习惯，并在工作中不断使用。这样面对更复杂的决策和分析时才能够熟练运用，让学习和工作变得更简单、快捷和有效。应该如何应用5W2H分析法呢？参考以下几个应用案例，快速代入这个思维模式。

（1）案例1——团队沟通

在部门内部或项目团队中，沟通是工作的重要组成。高效的沟通将减少重复次数和会议时间，大大节省时间成本。将5W2H分析法应用于团队沟通中，从七个方面界定、表述沟通的内容问题，可提高团队之间的沟通效率，有效掌控事件的进展情况，也有助于全面思考问题，避免沟通中遗漏重要内容。

例如，项目成员在向项目经理汇报项目进度后，项目经理可询问以下问题，以便更全面地了解项目的整体进展情况：能否理解交付的某项要求（What）、是否需要增加人手（Who）、费用和进度是否可控（How much和When）、还有哪些困难（How to do）等。

（2）案例2——软件功能开发

某软件设计公司需要在客户原有的系统上增加功能，以满足客户应对项目不断增加后的精细化管理要求。用5W2H分析法进行详细分析，可以更好地统筹工作安排和开发系统功能。

1）Why——统一工作目的

为什么要做？对软件公司来说，是为了提高二次签约率和增加收入，还是为了增加客户黏性。如果软件公司不做，有没有替代方案解决客户提出的功能开发需求？是不是需要推荐其他公司做？在确定本次功能开发做或不做之前，需要软件公司和客户双方都能明确本次工作的目的。

2）What——定开发的工作内容

本次功能开发对软件公司的工作是什么？是对其他产品的某项功能做迭代、二次开发，还是做全新开发？

对客户的工作是什么？是客户已有精细化管理的具体目标和思路，提出明确开发的具体功能需求，还是需要软件公司引导客户识别并聚焦在重点功能需求上，摒弃一些本次不重要、不紧急、零散的功能诉求。

3）Who——定项目相关方

针对本项目，软件公司是外包还是内部开发？项目组成员应如何配置分工？由谁来对接客户？由谁对项目质量负责？

4）When——定开发的计划和进度

确定功能开发的计划相关问题，如：客户要求什么时间上线系统功能？软件公司什么时候完成编码、测试和正式上线？客户现在上线该功能是否最佳？

5）Where——定工作场域

系统功能开发项目组是否需要到客户单位驻场？系统测试是否需要在客户的系

统环境下测试？项目沟通的地点在何处？

6）How to do——定实施方案

双方项目组及相关人员需要对功能开发的具体实施方案进一步明确。例如，选择什么样的系统开发环境，需要什么配置？当进度延误时如何提高效率追赶进度？项目实施的具体工作步骤如何安排？工作质量如何保证？

7）How much——定成本和收益

软件公司要对项目的交付及产出有所预期：成本费用有多少？投入多少人日？项目合同金额是多少？

通过上述的七类问题，软件公司可对此系统功能开发项目有进一步的思路和解决方案。

（3）案例三——问题诊断

某公司有一类项目延期交付率很高，公司希望通过调查和诊断，找出延期的主要原因，提高这类项目的正常交付率。可采用5W2H分析法对比进行诊断。

1）Why

通过几个Why层层发问找出根本原因，而不是仅看到表象。对于每个原因，都应该分析原因背后的原因。

某生产项目为什么延期？可能是人员不够、设计变更、供应商供货不及时、产品返工或客户要求工期紧等某方面或多方面的原因。例如，因为测试时产品满足不了质量要求延误交付。通过进一步调查，发现不满足测试要求是某元器件总是损坏，损坏原因是设计电路时没有考虑电流可能有过大的情况。后来发现是硬件工程师参与该类项目的时间较短和较晚导致部分设计信息不了解，主管设计也没有对设计核对。因此，公司对产品设计的质量把关不严是造成本生产项目不能按时交付的主要原因。

2）What

哪些项目出现了延期交付？统计项目延期的具体情况，区分不同项目延期的天数和项目规模等信息。

3）Who

项目延期是由公司内部的其他部门、项目团队，还是由外部客户或供应商造成的？内部项目团队的责任人在什么岗位？

4）When

延期交付一般发生在什么时间，年初、年末，还是项目较多的时间段？对于项目进度控制，采取了哪些措施？这些措施有没有落实？

5）Where

项目延期是在何处造成的？是供应商方加工或调试时、本公司生产时，还是客户方调试时造成的？

6）How to do

针对项目延期做了哪些预防措施？事先有哪些风险预警和防范措施？

7）How much

项目延期给公司带来了什么影响，造成了什么损失？

通过梳理这七类问题，该公司对某类项目的交付和运作效率有了系统的、体系化的改善思路，优化内部的项目实施流程、职责分工和工作标准，最终改善该类项目的延期情况。

49 工作清单

1. 清单为什么重要

在《清单革命》[1]一书，作者阿图·葛文德详细讲解了如何通过清单，持续、正确、安全地把事情做好。作者赋予清单伟大的责任，用清单重新审视专业技术，抓住"关键点"，保证知识正确、安全、稳定地发挥功效，避免"无能之错"和"无知之错"。《清单革命》通过医院里多种场景案例的解释，肯定清单的力量——"清单可以提醒操作者不要忘记一些必要的步骤，明白该干什么，清单不仅是一种检查方法，也是一种保障高水平绩效的纪律"。

（1）清单类型

清单可以是管理内容、控制要点或事项条目，清单为基准绩效建立标准。根据管理目的的不同，清单可以分为以下三类。

台账式清单，主要是管理各类计划、流水、日程及资料的记录及梳理汇总。台账式清单反映管理的整体情况，管理者通过查阅台账式清单，可在日常中检查、核实工作实际情况。

检查式清单，细化了最小标准事项。按检查式清单执行、检查及考核，不易遗漏关键内容。这类检查式清单通常以操作手册、技术手册、工作标准等形式出现，如手术前准备清单、体检表、××设备技术手册、设备故障分析与排除表、飞机操作手册等。

追踪式清单，跟踪反映任务/事项状态，对多项内容状态进行即时追踪、观察

---

[1] 阿图·葛文德.清单革命[M].王佳艺,译.北京：北京联合出版公司,2017.

和监控，实现动态化管理。随着技术的进步，很多追踪式清单已经实现了系统化的自动追踪和可视化呈现，可应用在电子货物跟踪单、动态血糖监测报警系统、仓库温湿度监控等不同场景。

（2）清单管理特点

在管理中，企业可通过清单，推行工作标准化，改善工作效率。利用管理体系及管理模型，设计清单来管理工作任务，逐步提高企业的工作精细化水平。源自不同管理体系、技术体系下的管理标准、技术标准和工作标准融合在清单设计的过程，既是经验显性化的过程，也是统一流程要求和管理工具的过程。这个过程（见图1），必然是结合了各个管理体系的复杂性、专业性的思考，在某个管理节点上达成的协调，是集体智慧的结晶。

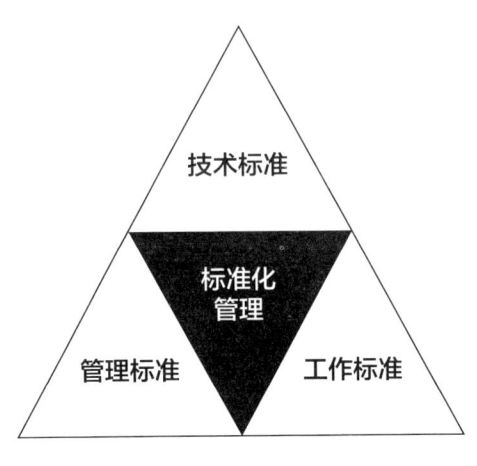

图1 标准化管理模型

清单管理是体系管理固化的重要形式。清单管理在企业管理中有如下特点：
- 针对某项管理活动，使操作内容细化、量化、全面化，简明扼要且目标明确；
- 实现部分权力分散授权，使前台业务操作自由、灵活；
- 实现行为准确性和工作效益，精准高效解决问题；
- 多个清单的交叉管理，可实现产品/服务标准的一致性，构建质量和绩效基准，清单是安全和高质量服务的关键；
- 清单便于操作，实用性强、可检验性强。

2. 工作清单奏效的关键

阿图·葛文德认为"管理中，高层需要做的并不是直接进行决策，而是督促大家积极参与讨论，担负起自己的那一份责任。这就是清单奏效的关键所在"。

"工作清单要奏效关键在于将决策权分散到外围，而不是聚集在中心，让参与工作的每一个人担负起自己的责任。"因此，仅针对企业要制订的某项工作清单来说，决定不做的事情比决定要做的事情更难。也就是决定哪些权力分散、哪些责任明确到哪些人。

3. 如何编制作清单

一份好的清单在工作执行或基层管理中有着至关重要的作用，直接提高效率和大幅降低管理风险。由此，清单的制订尤为重要。《清单革命》建议编制清单时注意以下六大要点。

（1）设定清晰的检查点

使用者在这些检查节点根据清单列出的项目执行检查程序。除了检查点之外，在某些特殊或紧急情况发生时也需要检查，譬如设备警示灯亮起或发生突发状况时。

（2）选择一种清单类型

编制者需要在"操作—确认"和"边读边做"两种清单类型中作一个选择。前者"操作—确认"是团队成员根据自己的记忆和管理经验完成各自的操作，然后一同确认是否都已做好；后者"边读边做"是使用者一边读出检查项，一边执行检查。编制清单前，要根据实际情况选择适合的类型。

（3）简明扼要，不宜太长

按照人类工作记忆，检查项目5至9项为宜，但需要结合具体情况具体分析。同时，要把注意力放在那些一旦跳过可能造成严重威胁、但又常被人忽视的步骤上。如果某个检查点停留超过60至90秒钟，使用者会因不耐烦跳过一些步骤。所以，清单要尽可能地简明扼要。

（4）用语精练、准确

清单用语应是使用者熟悉的专业用语，这既能帮助使用者节约检查的时间，又能提高检查的准确率。

（5）版式整洁，切忌杂乱无章

清单需要排版整齐、颜色搭配合理、字体得当，使用者阅读轻松并且感觉可以轻松完成。

（6）必须在现实中接受检验

制订完清单，要进行改进并不断测试，直到在各种现实环境中清单都能顺利使用。反复测试修订清单，规范要求、新知识甚至经验教训都可以系统地转变为简单的操作办法。

4. 清单使用原则

在过往的咨询中德衍睿通发现清单管理是实现标准化的一个有力抓手。不管是工作标准化的制定还是工作成果的评估，清单作为一种管理理念，以工具和表单的形式发挥了巨大作用。依据企业推行标准化的经验，清单在编制与使用的过程中，需要结合使用清单的场景和管理目的，遵循以下三个使用原则。

（1）清单内容要有序分类

每个清单中的具体条目不是随机、自由呈现的，一定按照某种规律进行整合。可以按照流程顺序、时间阶段、内容模块、业务类别等不同分类方式对清单条目进行梳理。例如，按项目阶段拆分，培训项目准备清单可以细分为商务策划清单、培训组织清单、培训服务准备清单等。其中，按照对象不同，培训服务准备清单还可以分为会场布置类、师资及教学用具类、学员用品准备等清单。

（2）不同类型的清单适用场景不同，要区分使用

清单不是无所不包、一单到底的，一个清单仅针对具体某个管理场景。例如，同样是用于产品质量的检查清单，生产部门质量检验员和质量部门专职检验员的检查清单设计的侧重点应有所不同，前者是关注整体性和全面性的具体质量检查内容的清单，后者是关键性质量指标式的检查清单。

（3）对应清单归属人，必要时增加核查人

清单是分权的一种手段，为清单设定归属人，由归属人负责具体拆分清单的工作，是清单顺利执行的关键。在实际使用清单中，需要解读清单、核查清单中工作执行情况甚至修订迭代清单，因此，可以根据实际情况和复杂性决定是否增加清单

核查人。

5. 工作清单的应用案例

工作清单按以上阐述的不同形式贯穿各个层面的生活、管理场景里，广泛应用于日常生活、工作、管理中。生活中随处可见各项清单，从菜谱、考勤表、手术前检查项目清单，到飞行员操作手册、航天员任务清单等，不胜枚举。

在企业质量标准体系建设中，建立标准体系文件清单，区分基础资料清单和对标评审清单，可以快速帮助企业识别体系要求程序文件中的缺失项，按分工部门查漏补缺。例如，某集体培训中心的培训服务改善项目，从教学、教务资源、学员等维度细致化地梳理了培训过程的各个准备事项，形成检查式清单，统一培训服务标准。

行政体系改革也可通过权力清单和责任清单推进依法行政。用清单形式明确列示各级政府工作部门行使的行政职权、依据主体、运行流程及责任等，既明确了行政职责边界、权责分工，也形成监督、制约和协调的机制。

很多问题的解决可以先从建立清单做起。当清单成为习惯，工作理所当然地有条不紊。

50 金字塔原理——自上而下的思维表达方式

1. 金字塔原理介绍

金字塔原理是一种重点突出、逻辑清晰、层次分明的逻辑思路、表达方式和规范动作，可以帮助我们更有效地思考、表达和解决问题。

金字塔原理目前被各行各业争相应用并奉为经典，因为它规范统一了解决问题的思考模式，即：任何事情都可以归纳出一个中心论点（中心思想），在其之下有3至7个论据支撑，每个论据本身又可作为论点再细分为3至7个论据，同样，细分论据又可被3至7个下一级的论点支撑，如此重复层层延伸。在《金字塔原理》[1]一书中，金字塔原理的基本结构是：中心思想明确，结论先行，以上统下，归类分组，逻辑递进；先主要后次要，先总结后具体，先全局后细节，先结论后原因，先结果后过程，先论点后论据。搭建金字塔结构的具体做法是：自上而下表达，自下而上思考，纵向总结概括，横向归类分组，序言讲故事，标题提炼思想精华（见图1）。

2. 金字塔原理与结构化思维

结构化思维需要以事实为依据、以假设为前提，用金字塔原理的逻辑顺序和方法，推理论证假设，形成中心思想（结论），甚至解决方案。

（1）用金字塔原理可以将思维结构化

说话或写作时需要围绕一个中心思想（大主题）将内容结构化，归纳出3至4个重点。按照人的记忆力特点，大脑短期记忆一次容纳约7个记忆内容，3个是比较容

---

[1] 芭芭拉·明托.金字塔原理[M].汪洱、高愉，译.海口：南海出版公司，2019.

易记住的数量。因此，把零散的思路整理总结为3至4个重点，同时遵循一定的逻辑顺序，才能结构化。金字塔原理提出了四种逻辑顺序归纳和组织思想，分别是演绎顺序、时间顺序（第一、第二、第三）、结构/空间顺序（北京、天津、重庆）、程度顺序（重要、次要）。其中，演绎顺序是用大前提加小前提的方式推导出结论。

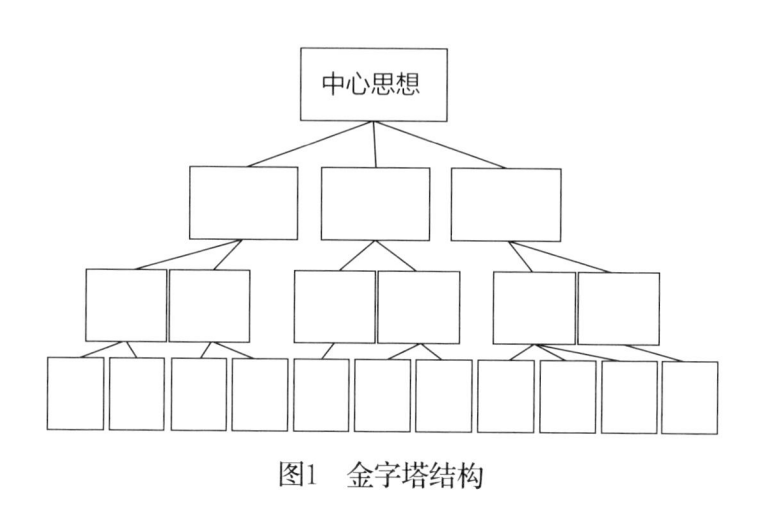

图1　金字塔结构

（2）用金字塔原理自上而下地表达思想

可以先抛出一个中心观点或者结论，形成3至4个重点，自上而下地层层拆解和论证。金字塔原理以纵向向上、纵向向下和横向三种方式将思想关联起来，也就是任何一个层次上的思想（论点）都必须是下一层次思想（论点）的概括，每组思想必须同属于一个范围，遵循一样的逻辑顺序。这样的逻辑下，每个重点都要言之有物，传递明确观点。因此，当对问题已有思路，需要清晰表达时，可用自上而下表达法。

（3）用金字塔原理自下而上地整理思路

针对存在较多混乱想法的情况，用分类归纳（自下而上）的方法使思维更清晰、条理。分类归纳是在每个分类分组内罗列、穷举共性内容，用前述某种逻辑顺序（归纳或演绎）进行组织，再概括每组思想，提炼主题。分类方法可以是演绎推论，也可以是归纳推理。将问题整体分为不同的类别、组别时，每组思想的范畴需要统一，必须尽量保证各部分的独立性、没有重叠、有排他性；所有部分完全穷尽，没有遗漏，这样才能保证思考过程的完整性，完善思路归纳的过程。

3. 金字塔结构的应用场景

金字塔原理在日常的生活工作中，可广泛适用于谈话沟通、演讲汇报、写文章等场景。金字塔原理的应用和表达，不仅可以梳理问题和思路，突出沟通表达重点，对知识整理与记忆也是大有裨益的。

（1）梳理解决问题的思路

当需要解决某些特定问题，达到自身预期时，可以用金字塔原理来梳理解决问题的思路。围绕假定结论，引导思考问题是什么、为什么、如何知道，列举所有问题，研究导致这些问题的原因；再依据现状思考应该做什么、如何做来解决问题，明确解决问题的方法。运用这种结构化思维有效地理顺思路，高效地解决问题。

金字塔原理可引发思考者深度思考，使其不断洞悉事物本质，完善思路。使用金字塔原理形成特定的思考逻辑，用这种逻辑来检查思想的有效性、一致性和完整性，可以发现某些遗漏的细节，或者拓展新创意。

（2）沟通表达，突出重点

良好的沟通可以使表述更全面、更准确，使其更容易地被听众接受、理解。运用金字塔原理进行沟通可以突出重点。结论先行，再阐述缘由，可以避免流水账式的描述，使听众快速掌握所要表达的观点和态度，避免因重点不突出而产生理解偏差或者遗漏重要信息。

（3）利于知识整理与记忆

记录或学习时，将内容知识整理成金字塔式框架进行理解，既可以促进对信息的回忆，也能增强对信息的记忆。若能在潜移默化中刻意练习，有意识地将内容组织成金字塔结构，体现出信息之间的逻辑关系，加深记忆的同时，更有助于系统地理解和消化所接收的知识和信息，并形成个人结构化的知识体系。此外，刻意的金字塔结构化练习，也能使思考更深入。

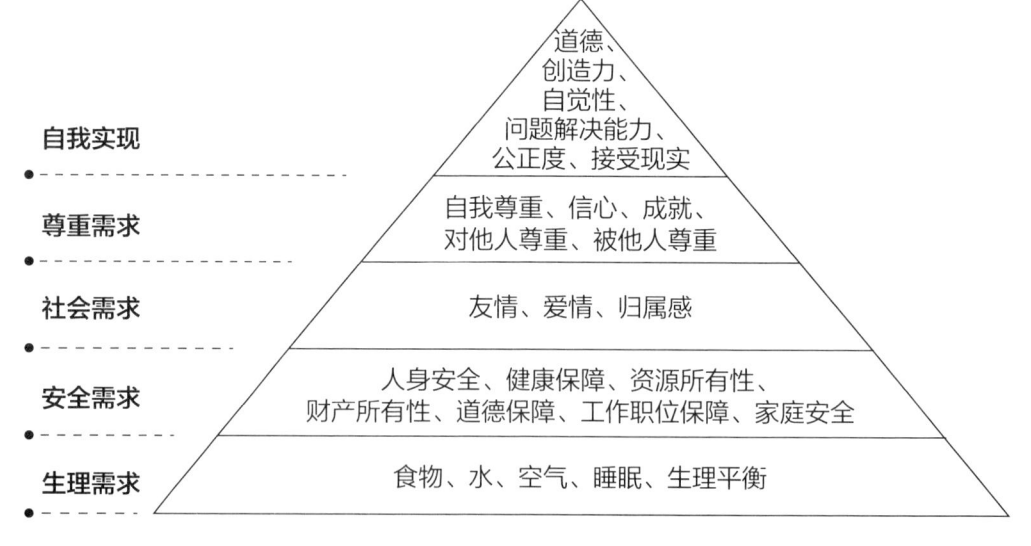

51 马斯洛需求层次理论

1. 马斯洛需求层次理论的内容

美国心理学家亚伯拉罕·马斯洛从人类动机的角度提出需求层次理论[1]，该理论强调人的动机是由需求决定的，是心理学中的激励理论。

马斯洛需求层次理论，通常被描绘成金字塔形状，从底部向上分别为：生理需求、安全需求、社会需求、尊重需求和自我实现五个层次。需求是由低到高逐级形成并得到满足的（见图1）。不同时期会有不同的需求占主导地位，其他需求处于从属地位。

自我实现	道德、创造力、自觉性、问题解决能力、公正度、接受现实
尊重需求	自我尊重、信心、成就、对他人尊重、被他人尊重
社会需求	友情、爱情、归属感
安全需求	人身安全、健康保障、资源所有性、财产所有性、道德保障、工作职位保障、家庭安全
生理需求	食物、水、空气、睡眠、生理平衡

图1 马斯洛需求层次理论

---

[1] Maslow,A.H. A Theory of Human Motivation [J]. Psychological Review, 1943, 50(4), 370-396.

（1）生理需求

人类维持自身生存的最基本要求，包括食物、水、空气、睡眠、生理、健康方面的需求。生理需求是推动人行动的最强大的动力，只有最基本的需求得到满足，其他需求才能成为新的激励因素。

（2）安全需求

人在人身安全、健康保障、资源所有性、财产所有性、道德保障、工作职位保障、家庭安全方面的需求。

（3）社会需求

友情、爱情和归属的需求，指人要求与他人建立情感联系，以及隶属于某一群体并在群体中享有地位的需求。

（4）尊重需求

较高层次的需求，包括自我尊重、信心、成就、对他人尊重和被他人尊重的需求。尊重需求既包括对成就或自我价值的个人感觉，也包括他人对自己的认可与尊重。

（5）自我实现

最高层次的需求，指人希望最大限度地发挥自身潜能，实现个人理想、抱负，发挥最大能力实现自己理想的需求，包括对道德、创造力、自觉性、问题解决能力、公正度、接受现实等方面的需求实现。

2. 马斯洛需求层次之间的关系

五种需求从低到高，按层次逐级递升。一般来说，某一层次的需求相对满足，就会追求高一层次需求，追求更高层次的需求就成为驱使行为的动力。当低一级需求的高峰过去但未完全消失时，高一级需求开始逐步增强，直到占据绝对优势。低层次需求得到基本满足后，其激励作用开始下降，优势地位将不再保持，高层次的需求会取代其成为推动行为的主要动力。需求一经满足，便不能激发人类的行动，其他需求取而代之。

人在不同时期表现出来的各种需要的迫切程度是不同的。最迫切的需要才是激励人行动的主要原因和动力。人的需求是从外部得来的满足逐渐向内在得到满足的转化。

3. 马斯洛需求层次理论的应用场景

马斯洛需求层次理论作为一种对人类心理洞察的分析工具，应用场景广泛。

（1）个人生活学习中的应用

在学习及生活中，可以用于规划个人梦想实现的路径并激励个人实现梦想，量化现实与理想的差距。通过五层需求的对照，看清内心本质想法和欲求，进一步明确自身的目标和选择，并为目标的实现增加动力。按照马斯洛需求层次理论，可以将具体目标的实现进行阶段性拆分，并设置实现不同阶段里程碑目标，就可获得不同层次的自我奖励。

（2）企业管理中的应用

在管理中，企业针对不同层次的需求，实行人性化管理。向上理解领导管理意志，向下理解员工诉求，改善管理制度和工作环境。

围绕员工衣、食、住、行方面的生理需求，改善工作条件、工作环境，提供满足生理需求的福利待遇。

针对员工的工作稳定性、安全及健康需求，企业可以采取保险、保障、长期劳动合同等福利及激励措施满足员工的安全需求。

针对员工社交等感情需求，可通过企业文化活动、员工活动、比赛、社团俱乐部等方式予以满足。

针对尊重需求，满足员工自尊心和荣誉感的诉求，设计相应的表彰、奖励、晋升、导师制等激励措施。

针对自我实现需求，尤其是对渴望个人潜力充分发挥、成为榜样/期望的人才的需求，可以通过更多人性化的激励管理方式予以肯定，如使其负责更多职责、参与决策等。

（3）企业经营中的应用

在企业经营中，常见的马斯洛需求应用场景是市场营销，对客户（消费者）需求按马斯洛需求层次的区分，策划营销策略或者开展产品定位设计。

成功的营销策略，是基于对消费者需求的深入洞察，营销方法建立在客户需求的基础上，并通过产品、营销动作等满足消费者需求。每个需求层次上的消费者对产品的要求都千差万别。除了设计不同的产品样式、功能满足不同的需求层次外，针对不同客户的需求，还需要设计不同的营销手段去迎合消费者不同层次上的心理满足。例如：满足最低需求层次的市场，产品具备一般功能即可；要满足与众不同等尊重需求，则需要产品在基础功能上具备更多的卖点（复杂功能、品牌形象、价格、地位）和象征意义。

好的销售人员，需要时刻观察客户联系人需求的发展变化，根据其当前的主要需求进行相应的销售活动。销售人员对客户联系人的需求按照马斯洛需求的五个层次进行分析、识别，找到客户联系人的核心需求，并根据其需求制订相应的销售活动。同时，通过对客户需求层次的了解，销售人员也可以找到沟通切入点和适当的沟通方法，更快推动需求转化为合同。

附录

[1] Agarwal, F. The PESTEL model for macro-environmental analysis[J]. Strategic Management Journal, 1967, 8 (2), 153-160.

[2] 迈克尔·波特. 竞争战略[M]. 陈丽芳, 译. 北京：中信出版社, 2014.

[3] 约翰逊, 斯科尔斯. 战略管理[M]. 6版. 王军, 等译. 北京：人民邮电出版社, 2004.

[4] 罗伯特·卡普兰、大卫·诺顿. 战略地图：化无形资产为有形成果[M]. 刘俊勇, 孙薇, 译. 广州：广东经济出版社有限公司, 2005.

[5] 罗伯特·卡普兰、大卫·诺顿. 战略中心型组织：平衡计分卡的制胜方略[M]. 上海博意门咨询有限公司, 译. 北京：北京联合出版公司, 2017.

[6] 王京刚, 谢雄. 华为的战略[M]. 北京：华文出版社, 2020

[7] 蒂莫西·克拉克, 亚历山大·奥斯特瓦德, 伊夫·皮尼厄. 商业模式新生代：一张画布重塑你的职业生涯[M]. 毕崇毅, 译. 北京：机械工业出版社, 2012.

[8] 亨利·明茨伯格. 卓有成效的组织. [M]. 魏青江, 译. 杭州：浙江教育出版社, 2020.

[9] 亚当·斯密. 国富论[M]. 孙善春、李春长, 译. 开封：河南大学出版社, 2020.

[10] 北京德衍睿通科技有限公司. 组织效能评估模型：国作登字-2022-F-10019140[P]. 2022-01-26

[11] 北京德衍睿通科技有限公司. Dwise人力资源价值提升模型：国作登字-2022-K-10254551[P]. 2022-12-08

[12] 彭剑锋. 人力资源管理概论[M]. 3版. 上海：复旦大学出版社, 2018.

[13] 北京德衍睿通科技有限公司. Dwise基于人力资源与流程的管理手册模型（HRPMF模型）：国作登字-2020-K-01077484[P]. 2020-07-22.

[14] 北京德衍睿通科技有限公司. Dwise岗位工作手册：国作登字-2020-K-01077485[P]. 2020-07-22.

[15] 迈克尔·哈默, 詹姆斯·钱皮. 企业再造[M]. 王珊珊, 等译. 上海：上海译文出版社, 2007.

[16] 迈克尔·哈默, 丽莎·赫什曼. 端到端流程：为客户创造真正的价值[M]. 方也可, 译. 北京：机械工业出版社, 2019.

[17] 陈立云、罗均丽. 跟我们学建流程体系[M]. 北京：中华工商联合出版社, 2014.

[18] Project Management Institute. 项目管理知识体系指南（PMBOK® guide）（第6版）. 2017.

［19］美国生产力与质量中心APQC（American Productivity and Quality Center）. Aerospace And Defense Process Classification Framework Version 7.2.1.2020

［20］迈克尔·E. 麦格拉思. 培思的力量：产品及周期优化法在产品开发中的应用［M］. 徐智群，朱战备，等译. 上海：上海科学技术出版社，2004.

［21］安索夫. 新公司战略［M］. 曹德骏，范映红，袁松阳，译. 成都：西南财经大学出版社，2009.

［22］APICS. SCOR: Supply Chain Operations Reference model.2019.

［23］英国政府办公室. PRINCE 2®成功的项目管理方法论. TSO（The Stationery Office）. 2009.

［24］Carnegie Mellon University. CMMI for development, version 1.3. Software Engineering Institute.2010.

［25］国际项目管理协会. IPMA卓越项目基准：项目与项目集中的卓越实现［M］. 1版. 2018

［26］阿图·葛文德. 清单革命［M］. 王佳艺，译. 北京：北京联合出版公司，2017.

［27］芭芭拉·明托. 金字塔原理［M］. 汪洱，高愉，译. 海口：南海出版公司，2019.

［28］Maslow, A.H. A Theory of Human Motivation［J］. Psychological Review, 1943, 50（4），370-396.